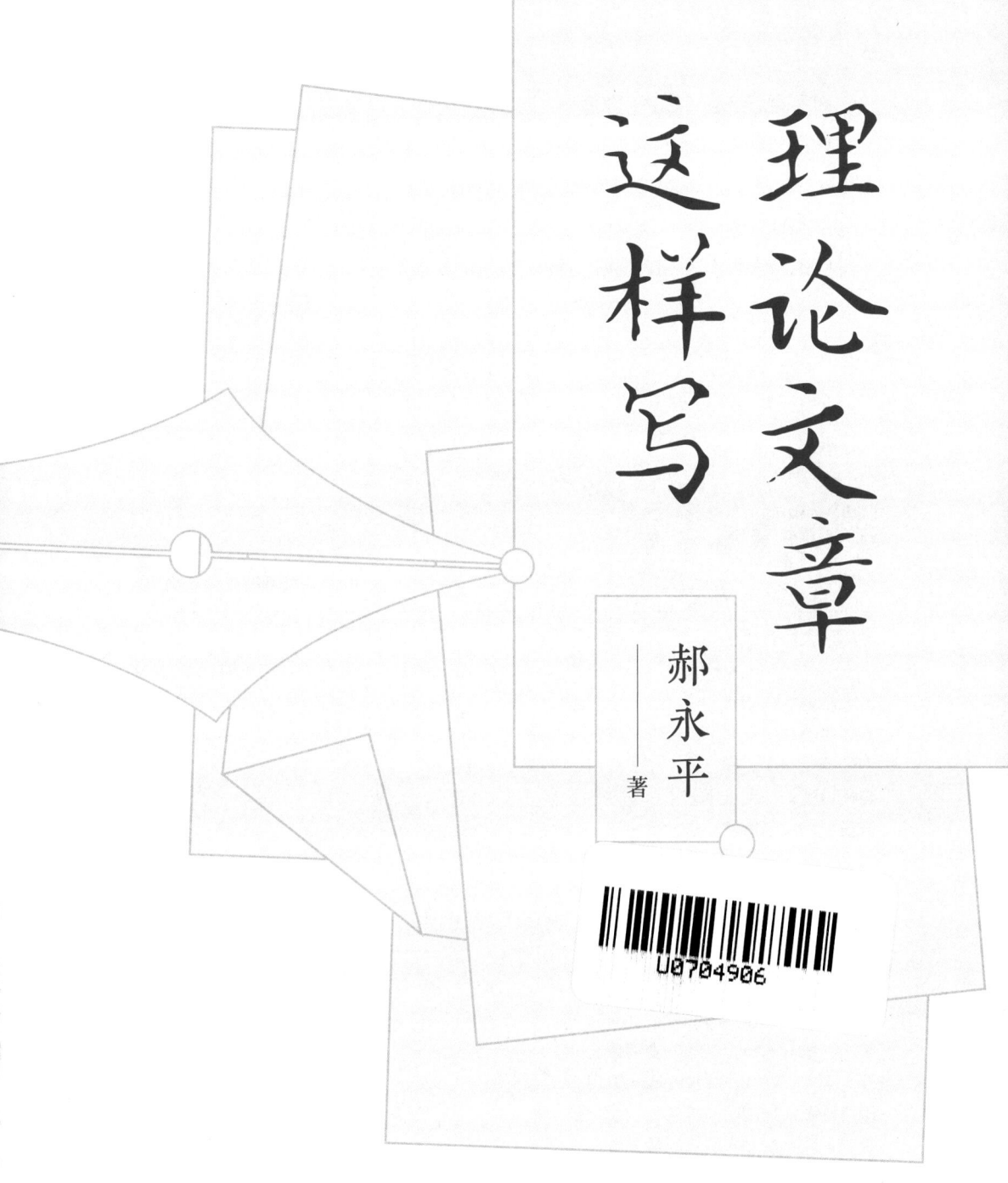

理论文章这样写

郝永平 著

SPM 南方传媒 广东人民出版社
·广州·

图书在版编目（CIP）数据

理论文章这样写 / 郝永平著. -- 广州：广东人民出版社, 2025. 4. -- ISBN 978-7-218-18462-3

Ⅰ．H152.2

中国国家版本馆 CIP 数据核字第 2025WQ8397 号

LILUN WENZHANG ZHEYANG XIE
理 论 文 章 这 样 写

郝永平　著

版权所有　翻印必究

出 版 人：肖风华

出版统筹：卢雪华
策划编辑：曾玉寒
责任编辑：李宜励
装帧设计：广大迅风艺术　刘瑞锋
责任技编：吴彦斌

出版发行：广东人民出版社
地　　址：广州市越秀区大沙头四马路10号（邮政编码：510199）
电　　话：（020）85716809（总编室）
传　　真：（020）83289585
网　　址：https://www.gdpph.com
印　　刷：珠海市豪迈实业有限公司
开　　本：787mm × 1092mm　1/16
印　　张：18.25　　字　　数：278千
版　　次：2025年4月第1版
印　　次：2025年4月第1次印刷
定　　价：78.00元

如发现印装质量问题，影响阅读，请与出版社（020-85716849）联系调换。
售书热线：020-87716172

序言

写作理论文章必须以党的理论创新成果为思想指导与行动遵循

理论宣传是党的宣传思想文化工作的重要组成部分，是通过各种途径对党的理论创新成果进行阐释与论证、推广与普及，以便为广大党员干部与人民群众所接受、所理解，从而更好地发挥武装头脑、统一思想、指导实践的重要作用。理论宣传重在立心铸魂，其目标是推动党的事业不断向前发展，推进社会主义现代化强国建设，实现中华民族伟大复兴，实现好、维护好、发展好人民群众的根本利益；其途径是坚持主导坚持真理、引领方向引领前程、坚定理想坚定信念、凝聚人心凝聚共识、夯实根基夯实底气、激发斗志激发动力、统一思想统一意志、批驳模糊批驳错误、展示形象展示活力、推动实践推动发展；其要义是适应与配合在现实与实践层面党团结带领人民为实现宏伟奋斗目标而进行的伟大奋斗、伟大创造，积极主动地在精神、思想、舆论层面加油鼓劲、鸣锣开道、呐喊助威、凝心聚力、营造氛围，及时弘扬主旋律，自觉传递正能量。简言之，理论宣传实质上是要不断巩固与强化党团结带领人民不懈奋斗的共同思想基础。

写作理论文章是理论宣传的一种重要方式，是党的宣传思想文化工作的重要任务，是社会主义意识形态建设的重要环节，是宣传党的理论和路线方针政策的重要手段，是广大理论工作者的重要职责。写作理论文章只有坚持以党的理论创新成果为思想指导与行动遵循，才能始终保持正确方向、锚定奋进目标、强化使命担当、坚定文化自信。

首先，要认真学习与深入领会习近平总书记关于加强和改进宣传思想文化工作的重要论述。宣传思想文化工作是党的一项极端重要的工作，为实现伟大梦想提供文化支撑，为推进伟大事业提供精神力量，为进行伟大斗争提供思想保证，为建设伟大工程提供思想基础。宣传思想文化工作就对象与范围来说，包括网上舆论工作、培育和弘扬核心价值观、新闻舆论工作、文艺工作、高校思想政治工作、国际传播工作等。2018年8月，习近平总书记在全国宣传思想工作会议上强调："在实践中，我们不断深化对宣传思想工作的规律性认识，提出了一系列新思想新观点新论断，这就是坚持党对意识形态工作的领导权，坚持思想工作'两个巩固'的根本任务，坚持用新时代中国特色社会主义思想武装全党、教育人民，坚持培育和践行社会主义核心价值观，坚持文化自信是更基础、更广泛、更深厚的自信，是更基本、更深沉、更持久的力量，坚持提高新闻舆论传播力、引导力、影响力、公信力，坚持以人民为中心的创作导向，坚持营造风清气正的网络空间，坚持讲好中国故事、传播好中国声音。这些重要思想，是做好宣传思想工作的根本遵循，必须长期坚持、不断发展。"[①]做好宣传思想文化工作就价值与意义来说，就是要巩固马克思主义在意识形态领域的指导地位，巩固全党全国人民团结奋斗的共同思想基础；做好党的新闻舆论工作，事关旗帜和道路，事关贯彻落实党的理论和路线方针政策，事关顺利推进党和国家各项事业，事关全党全国各族人民凝聚力和向心力，事关党和国家前途命运；文艺创作可以引导人们找到思想的源泉、力量的源泉、快乐的源泉，在幽微处发现美善、在阴暗中看到光明；互联网可成为党同群众交流沟通的新平台，成为了解群众、贴近群众、为群众排忧解难的新途径，成为发扬人民民主、接受人民监督的新渠道；建设具有强大凝聚力和引领力的社会主义意识形态，能够使全体人民在理想信念、价值理念、道德观念上紧紧团结在一起；宣传思想工作是做人的工作的，要把培养担当民族复兴重任的时代新人作为重要职责，完

---

① 《习近平谈治国理政》第3卷，外文出版社2020年版，第311页。

成好举旗帜、聚民心、育新人、兴文化、展形象的使命任务。关于加强和改进宣传思想文化工作的路径与举措,习近平总书记强调要加强党对宣传思想文化工作的全面领导,旗帜鲜明坚持党管宣传、党管意识形态,明确责任、形成合力,做到守土有责、守土负责、守土尽责;宣传思想文化工作必须围绕中心、服务大局、坚持党性原则,坚持以民为本、以人为本,坚持团结稳定鼓劲、正面宣传为主;要加强网上正面宣传,积极推进理念创新、手段创新、基层工作创新,特别要把握好舆论引导的时、度、效,更好凝聚社会共识;要坚持正确政治方向、正确舆论导向、正确新闻志向、正确工作取向,做政治坚定、引领时代、业务精湛、作风优良的新闻工作者;宣传思想干部要不断掌握新知识、熟悉新领域、开拓新视野,加强调查研究,不断增强脚力、眼力、脑力、笔力;要弘扬以伟大建党精神为源头的中国共产党人精神谱系,用好红色资源,推动理想信念教育常态化制度化,持续抓好党史、新中国史、改革开放史、社会主义发展史宣传教育;要加快构建中国特色哲学社会科学学科体系、学术体系、话语体系,培育壮大哲学社会科学人才队伍。

其次,要认真学习与深入领会习近平文化思想。2023年10月7—8日,全国宣传思想文化工作会议召开,首次提出了习近平文化思想。习近平文化思想的基本内容既包括2018年8月全国宣传思想工作会议提出的"九个坚持",也包括2023年6月在文化传承发展座谈会上提出的"十四个强调",还包括2023年10月提出的"七个着力"的要求;具体来说,坚持党的文化领导权,坚持"两个文明"协调发展,坚持"两个结合"的根本要求,坚持担负新的文化使命,坚持坚定文化自信,坚持培育和践行社会主义核心价值观,坚持加强网络治理,坚持以人民为中心的创作导向,坚持保护历史文化遗产,坚持构建中国话语和叙事体系,坚持促进文明交流互鉴。习近平文化思想既有文化理论观点上的创新和突破,又有文化工作布局上的部署和要求,坚持明体达用、体用贯通,实现体与用、认识与实践的统一;是新时代党领导中国特色社会主义文化建设实践经验的理论总结,绘制了新时代文化建设的路线图和任务表；是中国共产党认识与把握中国特色社会主义文化建设规律达到的新高度，是中国人民、中华民族不断增强历史自信和文化自信达到的新境界；是对马克思主义文化理论的继承与发展，构成了党的创新理论的文化篇；为做好新时代新征程的宣传思想文化工作提供了科学思想武器，为中国共产党人担负起新的文化使命、团结带领人民建设中华民族现代文明提供了根本行动指南。习近平文化思想在基本内容和精神实质上涵盖了习近平总书记关于加强和改进宣传思想文化工作的重要论述，在表述上更加简明与凝练，是党的理论创新成果的最新概括。在写作理论文章方面，切实把握与精确领悟习近平文化思想，有助于我们在立足大局中谋划本职、在凝心聚力中担当作为、在抵制错误思想中追求真理、在以文化人中展示形象、在着眼现实中开创未来。

最后，要认真学习与深入领会习近平新时代中国特色社会主义思想。习近平新时代中国特色社会主义思想是当代中国马克思主义、二十一世纪马克思主义，是中国文化和中国精神的时代精华，实现了马克思主义中国化时代化新的飞跃。党的十九大把习近平新时代中国特色社会主义思想确立为党必须长期坚持的指导思想并写入党章，十三届全国人大一次会议将其载入宪法，作为新的历史起点上坚持和发展中国特色社会主义的根本指针，作为全党全国人民为实现中华民族伟大复兴而共同奋斗的行动指南。党的十九届六中全会提出，"两个确立"具有决定性意义。2023年，全党自上而下行动起来，分两批开展了学习贯彻习近平新时代中国特色社会主义思想主题教育。2024年全党开展的党纪学习教育，2025年全党开展的深入贯彻中央八项规定精神学习教育，都是从专题角度对习近平新时代中国特色社会主义思想的学习、宣传与贯彻。习近平新时代中国特色社会主义思想是一个系统严密、博大精深的科学体系，在理论内容维度上包括了"十个明确""十四个坚持""十三个方面成就"的主要内容，在解答问题维度上回答了三个重大时代课题，在把握规律维度上深化了对共产党执政规律、社会主义建设规律、人类社会发展规律的认识，在历史文化维度上吸取了中国文化的时代精华，在精髓要义维度上贯穿着马克思主义立场观点方法。完全可以说，习近平新时代中国特色社会主义思想是一座雄伟的理论高峰，需要我们在不断攀登中欣赏美景；也是一座丰厚的理论富矿，需要我们在不断挖掘中追寻宝藏。因此，对党的理论创新成果，我们必须秉持敬畏的态度，坚持全面系统学、及时跟进学、带着问题学、深入思考学、联系实际学，坚持学思用贯通、知信行统一。

学习领会习近平新时代中国特色社会主义思想，对于写作理论文章至关重要。这是写作理论文章的基本前提。面对写作理论文章的职责，我们所要宣传的内容是党的创新理论成果，即习近平新时代中国特色社会主义思想。如果不关注对象、不聚焦内容、不及时学习，那就不可能写成并写好理论文章。丢失了基本前提，当然不会有预期的效果。这也是写作理论文章的灵感源泉。习近平总书记的每一次重要讲话、每一篇重要文章，在选题上精准鲜明，在谋篇布局上新颖独特，在思想观点上不断创新，在文风上朴实清新。通过认真学习领会党的理论创新成果，有利于启迪智慧、打开思路、激发灵感、闪现火花。这还是写作理论文章的选题指南。习近平新时代中国特色社会主义思想在内容上涵盖了"党之大者""国之大者"，涉及内政外交国防、治党治国治军、改革发展稳定，关联着社会主义现代化强国建设的各领域各方面。在认真学习领会的基础上，可以及时、准确地找到写作理论文章的合适题目。因此，只有持续加强理论学习，才能不断增强对党的创新理论的政治认同、思想认同、情感认同，才能始终坚持并把稳正确的政治方向，才能始终保持思想上的清醒与坚定，才能有效抵制错误思想的侵蚀与干扰，才能顺利完成写作理论文章的任务，才能不断提升理论水平与写作能力。

目 录

| 精准选题篇 |

依托于长期积累与深入思考

"国之大者" ································· 2
有重大理论意义的问题 ····················· 19
有重要实践意义的问题 ····················· 34
可运用自身专业基础的问题 ················ 52

| 精心布局篇 |

在挖掘思想深度与论述新意上下功夫

主题引领 ··································· 56
逻辑贯通 ··································· 80
重点聚敛 ·································· 100
意义揭示 ·································· 111
历史追溯 ·································· 125
辩证分析 ·································· 140
理论批判 ·································· 153
深度挖掘 ·································· 165
　[附] 方法致用 ························· 177

| 精细把控篇 |
充分体现认真态度和严格要求

把握好宣传重点与非重点的关系……………………… 180
把握好文章共性与个性的关系…………………………… 193
把握好选题宏大与细小的关系…………………………… 202
把握好学理分析缺乏与过度的关系……………………… 213
把握好及时发声与自负责任的关系……………………… 225
把握好引证权威与合理的关系…………………………… 255
把握好语言规范性与生动性的关系……………………… 256
把握好字数多与少的关系………………………………… 277

结　语………………………………………………………… 278

后　记………………………………………………………… 280

精准选题篇

依托于长期积累与深入思考

"国之大者"

所谓"国之大者",就是事关党和国家事业发展的整体利益和长远利益的重大问题,是事关党、国家、民族的前途命运和人民福祉的重大问题,是事关我们举什么旗、走什么路,以什么样的精神状态、实现什么奋斗目标的重大问题。

进入新时代,围绕应对世情国情党情的深刻复杂变化,党中央提出的思想主张、确立的重大战略、完善的重大制度、推进的重大工作都是"国之大者"。

习近平总书记强调,"要自觉讲政治,对国之大者要心中有数,关注党中央在关心什么、强调什么,深刻领会什么是党和国家最重要的利益、什么是最需要坚定维护的立场"[1]。准确理解和把握"国之大者",有利于坚持和加强党的全面领导,有利于实现国家的繁荣昌盛和长治久安,有利于推动中国特色社会主义行稳致远,有利于推进中华民族伟大复兴,有利于维护好实现好发展好人民利益。

对"国之大者",既需要从理论上进行深入研究,也需要在实践中切实加以践行。

一、统筹"两个大局"

把握大局是党中央治国理政的基本前提。只有统筹国内国际"两个大局",才能做到知己知彼,在科学定位中谋划并推动事业发展,在集中力量

---

[1] 《习近平谈治国理政》第4卷,外文出版社2022年版,第39页。

办好自己事情的同时，更好发挥负责任大国的作用，把推动自身发展与促进世界共同发展结合起来。进一步来看，统筹"两个大局"，有利于在纷繁复杂的形势变化中把握历史潮流与发展大势，做到"不畏浮云遮望眼"；有利于保持战略定力、增强历史主动、坚定历史自信，做到不被诱惑所干扰、不被困难所吓倒。

党的二十大报告指出，"党中央统筹中华民族伟大复兴战略全局和世界百年未有之大变局，召开七次全会，分别就宪法修改、深化党和国家机构改革，坚持和完善中国特色社会主义制度、推进国家治理体系和治理能力现代化，制定'十四五'规划和二〇三五年远景目标，全面总结党的百年奋斗重大成就和历史经验等重大问题作出决定和决议"[①]。可见，统筹"两个大局"是推动新时代党和国家事业发展取得历史性成就、发生历史性变革的切入点和立足点。

参考选题

1．中华民族伟大复兴的战略全局；
2．世界百年未有之大变局；
3．"东升西降"的大趋势；
4．把握中国与世界关系的变化；
5．为解决当今世界难题提供中国理念、中国智慧、中国方案；
6．统筹"两个大局"的重大意义；
7．统筹"两个大局"的基本路径。

---

① 习近平：《高举中国特色社会主义伟大旗帜　为全面建设社会主义现代化国家而团结奋斗——在中国共产党第二十次全国代表大会上的报告》，人民出版社2022年版，第2页。

二、坚持党的集中统一领导

在当代中国，中国共产党的领导是最为重大与根本的政治原则之一，是必须牢牢坚守、不能动摇的政治立场。历史的经验告诉我们，什么时候坚持和加强党的领导，党和国家事业就能顺利发展并创造辉煌；反之，什么时候削弱和脱离了党的全面领导，党和国家事业发展就会遭受挫折，人民利益就会受到损害。现实情况充分表明，党的领导是"众星捧月""定海神针"，其地位是崇高的，特点是鲜明的，作用是重大的。

在新征程上，党的领导是推进强国建设、民族复兴的根本政治保证。正如党的二十大报告所指出的："坚持和加强党的全面领导。坚决维护党中央权威和集中统一领导，把党的领导落实到党和国家事业各领域各方面各环节，使党始终成为风雨来袭时全体人民最可靠的主心骨，确保我国社会主义现代化建设正确方向，确保拥有团结奋斗的强大政治凝聚力、发展自信心，集聚起万众一心、共克时艰的磅礴力量。"①

参考选题

1. 党的领导是中国特色社会主义的最本质特征与中国特色社会主义制度的最大优势；

2. 党的领导是党和国家的根本所在、命脉所在，是全国各族人民的利益所系、命运所系；

3. 中国共产党是最高政治领导力量；

4. 党的领导是全面的、系统的、整体的；

5. 保证党的团结统一是党的生命；

6. 党中央集中统一领导是党的领导的最高原则；

---

① 习近平：《高举中国特色社会主义伟大旗帜　为全面建设社会主义现代化国家而团结奋斗——在中国共产党第二十次全国代表大会上的报告》，人民出版社2022年版，第26-27页。

7. 加强和维护党中央集中统一领导是全党共同的政治责任；

8. 确保党发挥总揽全局、协调各方的领导核心作用；

9. "两个确立"的决定性意义；

10. 党的政治领导力、思想引领力、群众组织力、社会号召力；

11. 把党的领导贯彻落实到党和国家事业各领域各方面各环节。

三、坚持和发展中国特色社会主义

历史雄辩地证明，在坚持和发展中国特色社会主义的过程中，中国经济实现了持续快速健康发展，中国社会保持了长期和谐稳定，中国人民不断提升了获得感幸福感安全感，中华民族在世界上日益自信自立自强。中国特色社会主义道路既符合中国实际、反映人民意愿，又传承历史经验、适应时代发展要求，既走得通又走得稳。

党的二十大报告强调："坚持中国特色社会主义道路。坚持以经济建设为中心，坚持四项基本原则，坚持改革开放，坚持独立自主、自力更生，坚持道不变、志不改，既不走封闭僵化的老路，也不走改旗易帜的邪路，坚持把国家和民族发展放在自己力量的基点上，坚持把中国发展进步的命运牢牢掌握在自己手中。"[①]可以说，中国特色社会主义道路既能够提高效率又注重维护公平，既促进发展又保持稳定，既扩大开放又坚守自立，既坚持和加强党的领导又注重发挥人民群众的历史首创精神，是推进强国建设、民族复兴的必由之路与康庄大道。

参考选题

1. 中国特色社会主义是科学社会主义理论逻辑和中国社会发展历史逻

---

① 习近平：《高举中国特色社会主义伟大旗帜　为全面建设社会主义现代化国家而团结奋斗——在中国共产党第二十次全国代表大会上的报告》，人民出版社2022年版，第27页。

辑的辩证统一；

2. 中国特色社会主义进入新时代；

3. 把握我国社会主要矛盾的变化；

4. 中国特色社会主义的丰富内涵；

5. 中国特色社会主义道路自信、理论自信、制度自信和文化自信；

6. 坚持好、发展好中国特色社会主义需要一代又一代中国共产党人带领人民接续奋斗；

7. 坚持道不变、志不改，既不走封闭僵化的老路，也不走改旗易帜的邪路；

8. 坚持把中国发展进步的命运牢牢掌握在自己手中；

9. 中国特色社会主义是实现中华民族伟大复兴的必由之路。

四、实现中华民族伟大复兴

彻底改变中华民族近代以来落后挨打的屈辱命运，实现中华民族伟大复兴，是中国人民和中华民族近代以来最伟大的梦想。100多年来，中国共产党团结带领人民群众进行的一切奋斗、牺牲和创造，都是为了实现中华民族伟大复兴。实现民族复兴的伟大梦想，本质是国家富强、民族振兴、人民幸福，也就是实现中华民族由站起来、富起来到强起来的伟大飞跃。

实现伟大梦想，必须坚持和加强中国共产党领导，必须走中国特色社会主义道路，以中国式现代化推进强国建设、民族复兴。党的二十大报告强调：“我们对新时代党和国家事业发展作出科学完整的战略部署，提出实现中华民族伟大复兴的中国梦，以中国式现代化推进中华民族伟大复兴，统揽伟大斗争、伟大工程、伟大事业、伟大梦想，明确'五位一体'总体布局和'四个全面'战略布局，确定稳中求进工作总基调，统筹发展和安全，明确我国社会主要矛盾是人民日益增长的美好生活需要和不平衡不充分的发展之间的矛盾，并紧紧围绕这个社会主要矛盾推进各项工作，不断丰富和发展人类文明新形态。"①

> **参考选题**

1. 实现中华民族伟大复兴是中国人民和中华民族近代以来最伟大的梦想；
2. 把握"中国梦"的本质；
3. 实现"中国梦"必须走中国道路；
4. 实现"中国梦"必须弘扬中国精神；
5. 实现"中国梦"必须凝聚中国力量；
6. "今天，我们比历史上任何时期都更接近中华民族伟大复兴的目标"；
7. "实现中华民族伟大复兴进入了不可逆转的历史进程"；
8. 实现中华民族伟大复兴是中国共产党的历史使命。

五、进行伟大斗争

在新民主主义革命时期、社会主义革命和建设时期、改革开放和社会主义现代化建设新时期、中国特色社会主义新时代四个历史时期，党团结带领人民群众取得的伟大成就都是通过伟大斗争取得的。新时代进行伟大斗争，不是表明中国共产党人爱斗喜斗好斗，而是完全由世情国情党情的复杂变化所决定的，是由客观现实决定的行为选择。只有进行伟大斗争，才能及时化解风险挑战，才能顺利实现宏伟目标，才能切实维护人民利益，才能不断提升党的领导水平和执政能力。

2021年7月1日，习近平总书记在庆祝中国共产党成立100周年大会上的重要讲话中指出："以史为鉴、开创未来，必须进行具有许多新的历史特点

---

① 习近平：《高举中国特色社会主义伟大旗帜　为全面建设社会主义现代化国家而团结奋斗——在中国共产党第二十次全国代表大会上的报告》，人民出版社2022年版，第7页。

的伟大斗争。敢于斗争、敢于胜利，是中国共产党不可战胜的强大精神力量。实现伟大梦想就要顽强拼搏、不懈奋斗。今天，我们比历史上任何时期都更接近、更有信心和能力实现中华民族伟大复兴的目标，同时必须准备付出更为艰巨、更为艰苦的努力。"[①]因此，必须准确理解伟大斗争的基本含义，科学把握伟大斗争的合理边界，切实践行伟大斗争的实践要求，发扬斗争精神，增强斗争本领，不断夺取伟大斗争新胜利。

参考选题

1．伟大斗争的基本含义；
2．新时代进行伟大斗争的时代背景；
3．新时代伟大斗争的主要对象；
4．新时代伟大斗争的历史特点；
5．新时代伟大斗争的重要作用；
6．新时代伟大斗争与历史上阶级斗争的区别；
7．新时代伟大斗争与过去群众运动的差异；
8．敢于斗争、敢于胜利是中国共产党不可战胜的强大精神力量；
9．发扬斗争精神；
10．增强斗争本领。

六、坚持人民至上

从理论上说，人民群众是社会历史的创造者，是推动历史向前发展的决定性力量。从历史上看，中国共产党之所以能在百年奋斗历程中不断铸就辉煌，一个重要原因就是赢得了人民群众的信任、拥护与支持。进入新时代，

---

① 习近平：《在庆祝中国共产党成立100周年大会上的讲话》，人民出版社2021年版，第17页。

中国共产党坚持在发展中保障和改善民生，把实现人民对美好生活的向往作为奋斗目标，不断践行立党为公、执政为民的本质要求。

党的二十大报告强调："必须坚持人民至上。人民性是马克思主义的本质属性，党的理论是来自人民、为了人民、造福人民的理论，人民的创造性实践是理论创新的不竭源泉。一切脱离人民的理论都是苍白无力的，一切不为人民造福的理论都是没有生命力的。"[①]坚持人民至上包含着丰富的内容，如尊重人民群众主体地位、突出"江山就是人民，人民就是江山"、汲取人民智慧、依靠人民力量、经受人民评判、接受人民监督、维护人民利益、实现人民共享等。

参考选题

1．"党的根基在人民、血脉在人民、力量在人民"；
2．"民心是最大的政治"；
3．"党的最大政治优势是密切联系群众，党执政后的最大危险是脱离群众"；
4．党立于不败之地的根本所在；
5．"人民至上""生命至上"的基本含义；
6．"时代是出卷人，我们是答卷人，人民是阅卷人"；
7．"江山就是人民，人民就是江山"；
8．将"为了人民、依靠人民、造福人民"的要求落到实处；
9．"党的理论是来自人民、为了人民、造福人民的理论"；
10．"一切脱离人民的理论都是苍白无力的，一切不为人民造福的理论都是没有生命力的"。

---

① 习近平：《高举中国特色社会主义伟大旗帜　为全面建设社会主义现代化国家而团结奋斗——在中国共产党第二十次全国代表大会上的报告》，人民出版社2022年版，第19页。

七、统筹推进"五位一体"总体布局

2018年5月18日,习近平总书记在全国生态环境保护大会上的讲话中指出:"随着经济社会发展和实践深入,我们对中国特色社会主义总体布局的认识不断深化,从当年的'两个文明'到'三位一体'、'四位一体',再到今天的'五位一体',这是重大理论和实践创新,更带来了发展理念和发展方式的深刻转变。"①"五位一体"各方面相互联系、彼此促进,共同构筑起中国特色社会主义事业的全局。

其中,每一方面在中国特色社会主义事业发展中占据着不同地位、发挥着不同作用,经济建设奠定物质技术基础,政治建设提供政治保障,文化建设激发思想活力与精神动力,社会建设优化社会氛围,生态文明建设夯实生态基础。因此,要按照整体性目标要求,坚持以经济建设为中心,推动社会全面进步,促进生产关系与生产力、上层建筑与经济基础相适应,不断把新时代中国特色社会主义推向前进。

参考选题

1. 经济建设在"五位一体"总体布局中居于基础性、决定性地位;

2. 政治建设为坚持和发展中国特色社会主义提供政治保障;

3. 文化建设为坚持和发展中国特色社会主义提供思想引领与精神动力;

4. 社会建设为坚持和发展中国特色社会主义营造社会氛围;

5. 生态文明建设为坚持和发展中国特色社会主义提供生态支撑;

6. "五位一体"总体布局的提出与实施是重大理论与实践创新;

7. "五位一体"总体布局的统筹推进带来了发展理念和发展方式的深刻转变。

---

① 《习近平著作选读》第2卷,人民出版社2023年版,第169页。

八、协调推进"四个全面"战略布局

习近平总书记强调,"党的十八大以来,党中央从坚持和发展中国特色社会主义全局出发,提出并形成了全面建成小康社会、全面深化改革、全面依法治国、全面从严治党的战略布局。这个战略布局,既有战略目标,也有战略举措,每一个'全面'都具有重大战略意义。全面建成小康社会是我们的战略目标","全面深化改革、全面依法治国、全面从严治党是三大战略举措"。①

其中,全面建成小康社会(全面建设社会主义现代化国家)是战略目标,居于引领地位;全面深化改革是强劲动力,有利于激发社会创造活力;全面依法治国是法治保障,有利于保持社会和谐稳定、维护社会公平正义;全面从严治党是政治保障,有利于发挥党总揽全局、协调各方的领导核心作用。可以说,"四个全面"战略布局作为相互联系、彼此促进的统一体,是新时代坚持和发展中国特色社会主义的重大战略抉择。

参考选题

1. 把握"四个全面"战略布局中战略目标与战略举措的关系;
2. 全面深化改革在坚持和发展中国特色社会主义中居于重要地位;
3. 全面依法治国对坚持和发展中国特色社会主义发挥着重要作用;
4. 全面从严治党与坚持和发展中国特色社会主义具有密切关系;
5. 正确理解"四个全面"之间的有机联系;
6. 协调推进"四个全面"战略布局的重大意义。

---

① 《习近平谈治国理政》第2卷,外文出版社2017年版,第23页。

九、贯彻新发展理念

创新是引领发展的第一动力,协调是持续健康发展的内在要求,绿色是永续发展的必要条件和人民对美好生活追求的重要体现,开放是国家繁荣发展的必由之路,共享是中国特色社会主义的本质要求。新发展理念是在深刻洞察人类社会发展大势的基础上提出的,是在允分吸取国内外发展经验教训的基础上形成的,科学回答了新时代中国"实现什么样的发展、怎样实现发展"的重大问题,丰富发展了马克思主义发展观,也丰富发展了中国特色社会主义政治经济学。

党的二十大报告指出:"必须完整、准确、全面贯彻新发展理念,坚持社会主义市场经济改革方向,坚持高水平对外开放,加快构建以国内大循环为主体、国内国际双循环相互促进的新发展格局。"[①]贯彻新发展理念是关系我国发展全局的一场深刻变革,是推动经济社会发展的总体要求,是新时代中国发展壮大的必由之路。

参考选题

1. 新发展理念提出的时代背景;

2. 新发展理念丰富与发展了中国特色社会主义政治经济学;

3. 创新是引领发展的第一动力;

4. 协调是持续健康发展的内在要求;

5. 绿色是永续发展的必要条件和人民对美好生活追求的重要体现;

6. 开放是国家繁荣发展的必由之路;

7. 共享是中国特色社会主义的本质要求;

8. 贯彻新发展理念是关系我国发展全局的一场深刻变革。

---

① 习近平:《高举中国特色社会主义伟大旗帜 为全面建设社会主义现代化国家而团结奋斗——在中国共产党第二十次全国代表大会上的报告》,人民出版社2022年版,第28页。

十、坚持总体国家安全观

国家安全是安邦定国的重要基石，维护国家安全是全国各族人民的根本利益所系。在国家安全状态下，全国人民就能共享风调雨顺、岁月静好；相反，当国家安全受到严重威胁时，人民利益就会受到损害，什么事情也无法干成。以习近平同志为核心的党中央统筹国内国际"两个大局"，统揽国家安全全局，创造性地提出总体国家安全观，为新时代更好维护国家安全提供了行动指南。

总体国家安全观的五大要素是：以人民安全为宗旨，以政治安全为根本，以经济安全为基础，以军事、文化、社会安全为保障，以促进国际安全为依托。总体国家安全观涉及的五对关系是：外部安全与内部安全，国土安全与国民安全，传统安全与非传统安全，发展问题与安全问题，自身安全与共同安全。正如党的二十大报告所指出的："我们贯彻总体国家安全观，国家安全领导体制和法治体系、战略体系、政策体系不断完善，在原则问题上寸步不让，以坚定的意志品质维护国家主权、安全、发展利益，国家安全得到全面加强。共建共治共享的社会治理制度进一步健全，民族分裂势力、宗教极端势力、暴力恐怖势力得到有效遏制，扫黑除恶专项斗争取得阶段性成果，有力应对一系列重大自然灾害，平安中国建设迈向更高水平。"[①]

参考选题

1. 习近平总书记提出总体国家安全观的重大意义；
2. 正确理解总体国家安全观中的"总体"；
3. 国家安全是民族复兴的根基；
4. 国家安全道路的"中国特色"；

---

① 习近平：《高举中国特色社会主义伟大旗帜　为全面建设社会主义现代化国家而团结奋斗——在中国共产党第二十次全国代表大会上的报告》，人民出版社2022年版，第11—12页。

5. 把政治安全放在首要位置；

6. 维护国家安全需聚焦重点领域；

7. "统筹发展和安全"的实践路径。

十一、把人民军队全面建成世界一流军队

强国必须强军，军强才能国安。有了强大的军队与巩固的国防，才能彻底告别近代任人欺凌的历史悲剧，才能争取到和平的环境与有利的时机，才能守护好国家和人民的利益，才能成为反对霸权主义、维护国际公平正义的有生力量与中流砥柱，才能为推进强国建设、民族复兴营造安全的氛围。

党的二十大报告指出："如期实现建军一百年奋斗目标，加快把人民军队建成世界一流军队，是全面建设社会主义现代化国家的战略要求。"[①]因此，必须贯彻新时代党的强军思想和军事战略方针，坚持党对人民军队的绝对领导，坚持政治建军、改革强军、科技强军、人才强军、依法治军，坚持边斗争、边备战、边建设，坚持机械化现代化智能化融合发展，加快军事理论、军队组织形态、军事人员、武器装备现代化，不断提高捍卫国家主权、安全、发展利益的战略能力。

参考选题

1. 党对军队的绝对领导是人民军队建军之本、强军之魂；

2. 党在新时代的强军目标；

3. 巩固国防和强大人民军队是新时代坚持和发展中国特色社会主义、实现中华民族伟大复兴的战略支撑；

4. 全军要坚持战斗力这个唯一的根本的标准；

---

① 习近平：《高举中国特色社会主义伟大旗帜　为全面建设社会主义现代化国家而团结奋斗——在中国共产党第二十次全国代表大会上的报告》，人民出版社2022年版，第55页。

5. 党制定国防和军队现代化的新"三步走"战略安排；

6. 政治建军、改革强军、科技强军、人才强军、依法治军的内在关系；

7. 巩固提高一体化国家战略体系和能力。

十二、坚持和完善"一国两制"，推进祖国统一

"一国两制"是党领导人民实现祖国和平统一的一项重要制度。推进祖国统一是大势所趋、大义所在，是中华民族的根本利益，是推进强国建设、民族复兴的根本条件与必然选择。在祖国没有实现完全统一的条件下，是不可能全面建成社会主义现代化强国的，也是无法实现中华民族伟大复兴的。

党的二十大报告强调，"'一国两制'是中国特色社会主义的伟大创举，是香港、澳门回归后保持长期繁荣稳定的最佳制度安排，必须长期坚持"，"解决台湾问题、实现祖国完全统一，是党矢志不渝的历史任务，是全体中华儿女的共同愿望，是实现中华民族伟大复兴的必然要求"。[1]因此，必须全面准确、坚定不移贯彻"一国两制""港人治港""澳人治澳"高度自治的方针，落实中央全面管治权，落实"爱国者治港""爱国者治澳"原则，促进香港、澳门长期繁荣稳定；必须坚持贯彻新时代党解决台湾问题的总体方略，牢牢把握两岸关系主导权与主动权，坚定反"独"促统，坚定不移推进祖国统一大业。

参考选题

1. "一国两制"是中国特色社会主义的伟大创举；
2. "和平统一、一国两制"是实现两岸统一的最佳方式；

---

[1] 习近平：《高举中国特色社会主义伟大旗帜 为全面建设社会主义现代化国家而团结奋斗——在中国共产党第二十次全国代表大会上的报告》，人民出版社2022年版，第57-58页。

3. 祖国统一是中华民族的最高利益；

4. 坚持中央全面管治权与保障特别行政区高度自治权相统一；

5. 落实"爱国者治港""爱国者治澳"原则的重大意义；

6. 新时代党解决台湾问题的总体方略；

7. 绝不为各种形式的"台独"分裂活动留下任何空间。

十三、构建人类命运共同体

人类生活在同一个地球村里，生活在历史和现实交汇的同一个时空里，越来越成为你中有我、我中有你的命运共同体。面对复杂多变的国际形势，面对当今世界和平赤字、发展赤字、信任赤字、安全赤字、治理赤字加重的局面，没有哪个国家能够独立应对或独善其身；只有推动构建人类命运共同体，才能齐心协力应对严峻挑战，才能为建设更加繁荣美好的世界创造有利条件。

中国提出的构建人类命运共同体的倡议已被多次写入联合国文件，正在从理念转化为行动，产生越来越广泛而深远的国际影响。党的二十大报告进一步强调："中国始终坚持维护世界和平、促进共同发展的外交政策宗旨，致力于推动构建人类命运共同体。"[1]推动构建人类命运共同体，必须坚持对话协商，建设一个持久和平的世界；坚持共建共享，建设一个普遍安全的世界；坚持合作共赢，建设一个共同繁荣的世界；坚持交流互鉴，建设一个开放包容的世界；坚持绿色低碳，建设一个清洁美丽的世界。

参考选题

1. 科学看待当今世界"和平赤字、发展赤字、信任赤字、安全赤字、

---

[1] 习近平：《高举中国特色社会主义伟大旗帜 为全面建设社会主义现代化国家而团结奋斗——在中国共产党第二十次全国代表大会上的报告》，人民出版社2022年版，第60页。

治理赤字加重";

2．人类命运共同体的科学含义；

3．中国走和平发展道路是对"国强必霸"陈旧逻辑的根本超越；

4．"推动建设新型国际关系是构建人类命运共同体的基本路径"；

5．"全球发展倡议"的基本内容和重要意义；

6．"全球安全倡议"的基本内容和重要意义；

7．"全球文明倡议"的基本内容和重要意义；

8．坚持共商共建共享的全球治理观；

9．"建设持久和平、普遍安全、共同繁荣、开放包容、清洁美丽的世界"；

10．倡导"平等有序的世界多极化和普惠包容的经济全球化"。

十四、党的自我革命永远在路上

勇于自我革命，是马克思主义政党先进性质的必然要求，是中国共产党在百年奋斗历程中传承与弘扬的优良传统，是新时代具有"许多新的历史特点"的伟大斗争最鲜明的特点。自我革命是党找到的跳出治乱兴衰历史周期率的第二个答案，推进全面从严治党是新时代党的自我革命的生动实践。

党的二十大报告指出："全党必须牢记，全面从严治党永远在路上，党的自我革命永远在路上，决不能有松劲歇脚、疲劳厌战的情绪，必须持之以恒推进全面从严治党，深入推进新时代党的建设新的伟大工程，以党的自我革命引领社会革命。"[①]自我革命永远在路上的现实依据在于，党面临的执政、改革开放、市场经济、外部环境"四大考验"是长期的、复杂的、严峻的，精神懈怠、能力不足、脱离群众、消极腐败的"四大危险"更加尖锐地

---

① 习近平：《高举中国特色社会主义伟大旗帜　为全面建设社会主义现代化国家而团结奋斗——在中国共产党第二十次全国代表大会上的报告》，人民出版社2022年版，第64页。

摆在全党面前。只有持续不断开展自我革命，才能有效防范与化解各种风险挑战，才能更好地引领和推动社会革命，才能切实维护人民利益，才能为推进强国建设、民族复兴提供坚强政治保证。

参考选题

1. 自我革命是党找到的跳出治乱兴衰历史周期率的第二个答案；
2. 推进全面从严治党是新时代党的自我革命的生动实践；
3. 自我革命的理论基础；
4. 自我革命的主要对象；
5. 自我革命的表现形式；
6. 自我革命的重要意义；
7. 自我革命的宝贵历史经验；
8. 新时代自我革命取得的伟大成就；
9. 自我革命永远在路上的现实依据；
10. 自我革命以坚持党中央集中统一领导为根本保证；
11. 自我革命以引领伟大社会革命为根本目的；
12. 自我革命以习近平新时代中国特色社会主义思想为根本遵循；
13. 自我革命以跳出历史周期率为战略目标；
14. 自我革命以解决大党独有难题为主攻方向；
15. 自我革命以健全全面从严治党体系为有效途径；
16. 自我革命以锻造坚强组织、建设过硬队伍为重要着力点；
17. 自我革命以正风肃纪反腐为重要抓手；
18. 自我革命以自我监督和人民监督相结合为强大动力。

有重大理论意义的问题

有重大理论意义的问题,是在理论上还有挖掘余地和拓展空间、需要进一步深化研究的问题,是应当深入挖掘其道理、学理和哲理的问题,是对繁荣发展哲学社会科学有价值的问题。

有重大理论意义的问题也是习近平总书记高度关注的重要问题,侧重于揭示其理论价值,不排斥其实践意义。

一、新时代坚持和发展什么样的中国特色社会主义、怎样坚持和发展中国特色社会主义

"新时代坚持和发展什么样的中国特色社会主义、怎样坚持和发展中国特色社会主义",是党的创新理论回答的第一个重大时代课题。党的十九大报告明确指出:"十八大以来,国内外形势变化和我国各项事业发展都给我们提出了一个重大时代课题,这就是必须从理论和实践结合上系统回答新时代坚持和发展什么样的中国特色社会主义、怎样坚持和发展中国特色社会主义,包括新时代坚持和发展中国特色社会主义的总目标、总任务、总体布局、战略布局和发展方向、发展方式、发展动力、战略步骤、外部条件、政治保证等基本问题,并且要根据新的实践对经济、政治、法治、科技、文化、教育、民生、民族、宗教、社会、生态文明、国家安全、国防和军队、'一国两制'和祖国统一、统一战线、外交、党的建设等各方面作出理论分析和政策指导,以利于更好坚持和发展中国特色社会主义。"①

---

① 习近平:《决胜全面建成小康社会 夺取新时代中国特色社会主义伟大胜利——在中国共产党第十九次全国代表大会上的报告》,人民出版社2017年版,第18页。

中国特色社会主义既坚持科学社会主义基本原则，又根据时代条件赋予其鲜明的中国特色，是科学社会主义理论逻辑和中国社会发展历史逻辑的辩证统一。如果说"十个明确"着重回答了"坚持和发展什么样的中国特色社会主义"，是新时代坚持和发展中国特色社会主义的行动指南，那么"十四个坚持"着重回答了"怎样坚持和发展中国特色社会主义"，是新时代坚持和发展中国特色社会主义的实践纲领。新时代中国特色社会主义是中国共产党领导人民进行伟大社会革命的成果，也是党领导人民进行伟大社会革命的继续，必须一以贯之地进行下去，必须一代又一代地接续奋斗。

参考选题

1. 新时代坚持和发展中国特色社会主义的总目标；
2. 新时代坚持和发展中国特色社会主义的总任务；
3. 新时代坚持和发展中国特色社会主义的发展方向；
4. 新时代坚持和发展中国特色社会主义的发展方式；
5. 新时代坚持和发展中国特色社会主义的发展动力；
6. 新时代坚持和发展中国特色社会主义的战略步骤；
7. 新时代坚持和发展中国特色社会主义的外部条件；
8. 新时代坚持和发展中国特色社会主义的政治保证。

二、建设什么样的社会主义现代化强国、怎样建设社会主义现代化强国

"建设什么样的社会主义现代化强国、怎样建设社会主义现代化强国"，是党的创新理论回答的第二个重大时代课题。对于"是什么"问题，党的二十大报告明确指出，"中国式现代化，是中国共产党领导的社会主义现代化，既有各国现代化的共同特征，更有基于自己国情的中国特色"，"中国式现代化是人口规模巨大的现代化"，"中国式现代化是全体人民共

同富裕的现代化","中国式现代化是物质文明和精神文明相协调的现代化","中国式现代化是人与自然和谐共生的现代化","中国式现代化是走和平发展道路的现代化"。[①]

对于"怎么办"问题,党的十九大报告提出了新"两步走"战略;党的二十大报告强调要牢牢把握坚持和加强党的全面领导等五个重大原则,并从高质量发展到推进全面从严治党等各领域各环节作出全面部署;习近平总书记还特别强调,必须正确认识与妥善处理顶层设计与实践探索等六方面重大关系。

参考选题

1. 中国式现代化的历史推进过程;
2. 中国式现代化在新时代的成功拓展;
3. 中国式现代化是强国建设、民族复兴的唯一正确道路;
4. 中国式现代化的基本特征;
5. 中国式现代化的本质要求;
6. 中国式现代化的强国标准;
7. 推进中国式现代化必须把握的重大原则;
8. 推进中国式现代化需要正确处理好的重大关系;
9. 党的领导对推进中国式现代化的决定性意义;
10. 中国式现代化蕴含的独特哲学观念;
11. 政党有责任作出回答的现代化之问;
12. 中国式现代化的世界意义。

[①] 习近平:《高举中国特色社会主义伟大旗帜 为全面建设社会主义现代化国家而团结奋斗——在中国共产党第二十次全国代表大会上的报告》,人民出版社2022年版,第22-23页。

三、建设什么样的长期执政的马克思主义政党、怎样建设长期执政的马克思主义政党

"建设什么样的长期执政的马克思主义政党、怎样建设长期执政的马克思主义政党",是党的创新理论回答的第三个重大时代课题。对于"是什么"问题,总目标确定为"把党建设成为始终走在时代前列、人民衷心拥护、勇于自我革命、经得起各种风浪考验、朝气蓬勃的马克思主义执政党"。

关于"怎么办"问题,总要求是"坚持和加强党的全面领导,坚持党要管党、全面从严治党,以加强党的长期执政能力建设、先进性和纯洁性建设为主线,以党的政治建设为统领,以坚定理想信念宗旨为根基,以调动全党积极性、主动性、创造性为着力点"①;总布局是"全面推进党的政治建设、思想建设、组织建设、作风建设、纪律建设,把制度建设贯穿其中,深入推进反腐败斗争,不断提高党的建设质量"②。党的二十大报告指出:"我们要落实新时代党的建设总要求,健全全面从严治党体系,全面推进党的自我净化、自我完善、自我革新、自我提高,使我们党坚守初心使命,始终成为中国特色社会主义事业的坚强领导核心。"③

参考选题

1. 新时代党的建设的总要求;
2. 新时代党的建设的总布局;
3. 新时代党的建设的总目标;
4. 时刻保持解决大党独有难题的清醒和坚定;

---

① 习近平:《在全国组织工作会议上的讲话》,人民出版社2018年版,第3页。
② 习近平:《在全国组织工作会议上的讲话》,人民出版社2018年版,第3页。
③ 习近平:《高举中国特色社会主义伟大旗帜 为全面建设社会主义现代化国家而团结奋斗——在中国共产党第二十次全国代表大会上的报告》,人民出版社2022年版,第64页。

5．以党的政治建设为统领；

6．健全全面从严治党体系的主要内容；

7．全面从严治党永远在路上；

8．确保党永远不变质不变色不变味。

四、"两个结合"

坚持把马克思主义基本原理同中国具体实际相结合，着眼于回答中国面临的现实问题，形成与时俱进的理论创新成果，更好指导中国实践；坚持把马克思主义基本原理同中华优秀传统文化相结合，可以不断赋予科学理论以鲜明的中国特色，不断夯实马克思主义中国化时代化的历史根基与群众基础。

党的二十大报告指出："只有把马克思主义基本原理同中国具体实际相结合、同中华优秀传统文化相结合，坚持运用辩证唯物主义和历史唯物主义，才能正确回答时代和实践提出的重大问题，才能始终保持马克思主义的蓬勃生机和旺盛活力。"[①]"第一个结合"指的是思想理论与社会实践的关系，"第二个结合"则是指思想理论与思想文化资源的关系。如果说马克思主义是魂脉、中华优秀传统文化是根脉，那么社会实践就是实现"两个结合"的坚实基础。"两个结合"在空间上涉及外来文化与本土文化的关系，在时间上关联着传统与现代的关系，在实质内容上需要认识与处理守正与创新的关系。在推进"两个结合"中开辟马克思主义中国化时代化新境界、全面建成社会主义现代化强国，是中国共产党人的庄严历史责任。

[①] 习近平：《高举中国特色社会主义伟大旗帜 为全面建设社会主义现代化国家而团结奋斗——在中国共产党第二十次全国代表大会上的报告》，人民出版社2022年版，第17页。

> **参考选题**

1．"第一个结合"与"第二个结合"的区别与联系；

2．"两个结合"的前提是彼此契合；

3．"两个结合"的结果是相互成就；

4．"两个结合"筑牢了道路根基；

5．"两个结合"拓展了创新空间；

6．"两个结合"巩固了文化主体性；

7．在"两个结合"中开辟马克思主义中国化时代化新境界；

8．在"两个结合"中推进中国式现代化。

五、人类文明新形态

在实现现代化的历史进程中，资本主义文明形态以资本价值增殖为根本目的，极端索取物质文明，不可避免地引发生态危机、社会危机与人的危机，因而是单向度的文明形态。2021年7月1日，习近平总书记在庆祝中国共产党成立100周年大会上的重要讲话中指出："我们坚持和发展中国特色社会主义，推动物质文明、政治文明、精神文明、社会文明、生态文明协调发展，创造了中国式现代化新道路，创造了人类文明新形态。"①

中国共产党领导人民群众在推进中国式现代化的过程中，不断发展社会主义物质文明、政治文明、精神文明、社会文明、生态文明，创造出人类文明新形态。人类文明这一新形态是整体性而非单向度的文明，是各种文明要素相互促进而非彼此对立的，是对资本设置红绿灯而非任其野蛮生长的，是推动人的自由全面发展而非颠倒人与物的关系的，是尊重顺应保护自然而非污染与破坏环境的，是充分尊重人类文明多样性而非奉行弱肉强食逻辑的。中国式现代化与人类文明新形态打破了"现代化=西方化"的迷思，是对世

---

① 《习近平著作选读》第2卷，人民出版社2023年版，第483页。

界现代化理论与实践的重大创新。

> **参考选题**

1．中国式现代化是一种全新的人类文明形态；

2．人类文明新形态是各种文明要素相互协调的文明形态；

3．人类文明新形态是对资本设置红绿灯的文明形态；

4．人类文明新形态是坚持以人民为中心的文明形态；

5．人类文明新形态是尊重、顺应与保护自然的文明形态；

6．人类文明新形态是走和平发展道路的文明形态；

7．人类文明新形态打破了"现代化＝西方化"的理论迷思。

六、认识和把握资本的特性与行为规律

资本是市场经济中最活跃的要素，其本质就是逐利最大化。资本的积极作用毋庸置疑，但其消极作用也不可忽视。资本主义市场经济崇尚以资本为中心，颠倒了人与物的关系，资本奴役人民、实行两极分化的弊端难以消除。

在坚持和发展中国特色社会主义的历史进程中，必须正确认识和把握资本的特性与行动规律，为资本发展设置红绿灯，充分发挥其积极作用，切实限制其消极作用，防止其野蛮生长与肆意渗透；特别是要健全资本发展的法律制度，依法规范和引导资本健康发展；最关键的是，要切实理顺资本与人民的关系，让人民拥有资本，让资本为人民服务，走共同富裕的康庄大道。党的二十大报告强调："健全资本市场功能，提高直接融资比重。加强反垄断和反不正当竞争，破除地方保护和行政性垄断，依法规范和引导资本健康发展。"①

---

① 习近平：《高举中国特色社会主义伟大旗帜　为全面建设社会主义现代化国家而团结奋斗——在中国共产党第二十次全国代表大会上的报告》，人民出版社2022年版，第30页。

> **参考选题**

1. 资本是市场经济中最活跃的要素;
2. 科学把握资本的逐利本性;
3. 在社会主义市场经济条件下需为资本设置红绿灯;
4. 充分发挥资本的积极作用;
5. 切实限制资本的消极作用;
6. 合理规范资本与人民的关系;
7. 健全资本发展的法律制度。

七、党的百年奋斗的宝贵经验

100多年来,党领导人民进行伟大奋斗,在进取中突破,于挫折中奋起,从总结中提高,积累了宝贵的历史经验。《中共中央关于党的百年奋斗重大成就和历史经验的决议》概括了具有根本性和长远指导意义的十条历史经验,即坚持党的领导、坚持人民至上、坚持理论创新、坚持独立自主、坚持中国道路、坚持胸怀天下、坚持开拓创新、坚持敢于斗争、坚持统一战线、坚持自我革命。

这十条历史经验是系统完整、相互贯通的有机整体,揭示了党和人民事业不断成功的根本保证,揭示了党始终立于不败之地的力量源泉,揭示了党始终掌握历史主动的根本原因,揭示了党永葆先进性和纯洁性、始终走在时代前列的根本途径。

> **参考选题**

1. 坚持党的领导;
2. 坚持人民至上;
3. 坚持理论创新;

4．坚持独立自主；

5．坚持中国道路；

6．坚持胸怀天下；

7．坚持开拓创新；

8．坚持敢于斗争；

9．坚持统一战线；

10．坚持自我革命。

八、反对历史虚无主义

历史虚无主义肆意抹黑党史、国史，随意污名化烈士英雄，否定唯物史观，质疑党的领导的合理合法性，否定党百年奋斗的辉煌成就，离间党同人民群众的血肉联系。历史虚无主义本质上是唯心史观，是一种极其错误和反动的社会思潮。历史虚无主义的严重危害在于，同我党争夺阵地，扰乱人心，危及国家安全。因此，反对历史虚无主义是一场关乎意识形态安全的伟大斗争。

2021年2月20日，习近平总书记在党史学习教育动员大会上指出："要实事求是看待党史上的一些重大问题，既不能因为成就而回避失误和曲折，也不能因为探索中的失误和曲折而否定成就。要旗帜鲜明反对历史虚无主义，加强思想引导和理论辨析，澄清对党史上一些重大历史问题的模糊认识和片面理解，更好正本清源、固本培元。"[①]为反对历史虚无主义，必须坚持正确党史观，树立大历史观，准确把握党的历史发展的主题主线、主流本质，正确对待党在前进道路上经历的失误和曲折，引导人民知史爱党、知史爱国，不断坚定中国特色社会主义共同理想。

---

① 习近平：《在党史学习教育动员大会上的讲话》，人民出版社2021年版，第24-25页。

📖 **参考选题**

1．历史虚无主义的错误观点与严重危害；
2．软性历史虚无主义的辨识与防范；
3．历史虚无主义本质上是唯心史观；
4．坚持正确党史观、树立人历史观；
5．准确把握党的历史发展的主题主线、主流本质；
6．澄清对党史上一些重大历史问题的模糊认识和片面理解；
7．反对历史虚无主义是一场关乎意识形态安全的伟大斗争。

九、抵制新自由主义

新自由主义思潮作为资本主义国家的意识形态，主张绝对自由化、彻底私有化、完全市场化，渗透到我国后，对我国经济、政治、思想领域造成一定危害。新自由主义攻击我国现行经济制度，鼓吹"市场万能论""非国有化论""去国有化论"等错误论调，其险恶用心在于否定中国特色社会主义，企图将中国引向资本主义邪路。

习近平总书记曾指出："我们讲的供给侧结构性改革，同西方经济学的供给学派不是一回事，不能把供给侧结构性改革看成是西方供给学派的翻版，更要防止有些人用他们的解释来宣扬'新自由主义'，借机制造负面舆论。"①因此，抵制新自由主义不仅是意识形态领域的一场伟大斗争，而且是一项关乎党和国家前途命运的重大任务。从理论与实践相统一的逻辑看，公有制经济是巩固党的执政地位、保证人民共享发展成果、彰显社会主义制度优越性的可靠基石，非公有制经济是国家税收的重要来源、技术创新的重要主体、经济持续健康发展的重要力量，公有制经济与非公有制经济是相辅相成的关系，任何想把二者对立起来或否定任何一方的企图都是有害的、错误的。

---

① 《习近平谈治国理政》第2卷，外文出版社2017年版，第251页。

> **参考选题**

1. 新自由主义对"市场万能论""去国有化论"的鼓吹；
2. 新自由主义企图将中国引向资本主义邪路；
3. 毫不动摇巩固和发展公有制经济；
4. 毫不动摇鼓励、支持、引导非公有制经济发展；
5. 把有效市场和有为政府结合起来；
6. 优化民营经济发展环境；
7. 抵制新自由主义是意识形态领域的一场伟大斗争。

十、中国文化的时代精华

中华优秀传统文化对中华文明形成发展、对中国社会发展进步等都发挥了十分重要的作用。中华优秀传统文化蕴藏着宝贵的精神财富，如治国理政的智慧、格物致知的经验、人际交往的准则、修身养性的要求等。在百年奋斗历程中，中国共产党人始终是中华优秀传统文化的忠实继承者与积极弘扬者，在新时代不仅确立了"坚持创造性转化、创新性发展"的文化方针，而且提出了"铸就中华文化新辉煌"的目标任务。

党的十九届六中全会通过的《中共中央关于党的百年奋斗重大成就和历史经验的决议》指出："习近平新时代中国特色社会主义思想是当代中国马克思主义、二十一世纪马克思主义，是中华文化和中国精神的时代精华，实现了马克思主义中国化新的飞跃。"[①]这一重大论断科学阐明了习近平新时代中国特色社会主义思想的重大意义，表明了习近平新时代中国特色社会主义思想在马克思主义发展史、中华文明发展史上的重要地位。"两个结合"特别是"第二个结合"的提出，不仅表明中国共产党的历史自信、文化自信

---

① 《中共中央关于党的百年奋斗重大成就和历史经验的决议》，人民出版社2021年版，第26页。

达到了新高度，而且进一步夯实了马克思主义中国化时代化的历史基础与群众基础，进一步彰显了党的创新理论的本土化、民族化特色。

参考选题

1. 中华优秀传统文化的重要历史作用；
2. 中华优秀传统文化是中华文明的智慧结晶；
3. 不断赋予科学理论鲜明的中国特色；
4. 不断夯实马克思主义中国化时代化的历史基础与群众基础；
5. 中国共产党人对待中华优秀传统文化的基本态度；
6. 中华优秀传统文化在增强文化自信中的重要地位；
7. 中华优秀传统文化的创造性转化和创新性发展；
8. 建设中华民族现代文明；
9. 新时代中国共产党的文化使命。

十一、铸牢中华民族共同体意识

在历史演进中，我国各民族在时空上交错杂居、在经济上相互依存、在情感上彼此亲近、在文化上兼收并蓄，形成了统一的国家、大一统的制度、大一统的理念。中华民族是多元一体的，各民族的发展都有其独特内涵与价值，在相互交流与彼此吸收的基础上共同构建出丰富多彩的中华文化，形成了高度稳固的身份认同与共有的精神家园。

在中国共产党领导下，党的民族工作取得了伟大成就，走出了一条中国特色解决民族问题的正确道路。党的二十大报告指出："以铸牢中华民族共同体意识为主线，坚定不移走中国特色解决民族问题的正确道路，坚持和完善民族区域自治制度，加强和改进党的民族工作，全面推进民族团结进步事业。"①铸牢中华民族共同体意识,就是要引导各族人民树立国土不可分、民族要凝聚、文明要绵延的意识,树牢荣辱与共、命运与共、休戚与共的共同体理念。只有铸牢中华民族共同体意识,才能夯实我国民族关系发展的思想基础,才能巩固和强化中华民族伟大复兴的思想根基。

参考选题

1. 各民族多元一体是我国的重要优势;
2. 中国特色解决民族问题的正确道路;
3. 民族团结是我国各族人民的生命线;
4. 做好新时代党的民族工作必须以铸牢中华民族共同体意识为主线;
5. 正确把握共同性和差异性的关系;
6. 正确把握中华民族共同体意识和各民族意识的关系;
7. 正确把握中华文化和各民族文化的关系;
8. 正确把握物质和精神的关系;
9. 铸牢中华民族共同体意识必须贯穿党的民族工作全过程各方面。

十二、伟大建党精神与中国共产党人的精神谱系

100多年前,中国共产党的先驱们创建了中国共产党,形成了坚持真理、坚守理想,践行初心、担当使命,不怕牺牲、英勇斗争,对党忠诚、不负人民的伟大建党精神,这是中国共产党的精神之源。2021年7月1日,在庆祝中国共产党成立100周年大会上的重要讲话中,习近平总书记指出:"一百年来,中国共产党弘扬伟大建党精神,在长期奋斗中构建起中国共产

---

① 习近平:《高举中国特色社会主义伟大旗帜　为全面建设社会主义现代化国家而团结奋斗——在中国共产党第二十次全国代表大会上的报告》,人民出版社2022年版,第39-40页。

党人的精神谱系，锤炼出鲜明的政治品格。"①

中国共产党人的精神谱系在名称上涉及人物、事件、会议、地点等，在内容上涵盖政治、文化、科技、军事、生态等。精神谱系展示了历史与现实的关联，有些精神虽产生于当时的历史条件下，但在传承和弘扬中影响延伸到现实中。精神谱系体现了个体与整体的统一，有些精神虽以个体名字命名，但反映了共产党人某一群体乃至整体的精神面貌。精神谱系的共同内容是坚定理想信念、不忘初心使命、崇尚艰苦奋斗、进行伟大斗争、奉献国家人民等，充分反映了中国共产党人在政治觉悟、意志品质、思想道德、工作作风方面的崇高风范，为立党兴党强党提供了丰厚的精神滋养与强大的精神动力。

参考选题

1. 伟大建党精神的丰富内涵；
2. 伟大建党精神的鲜明特点；
3. 伟大建党精神是中国共产党的精神之源；
4. 伟大建党精神孕育着中国共产党人精神谱系的红色基因；
5. 伟大建党精神塑造了中国共产党人精神谱系的崇高品格；
6. 伟大建党精神确立了中国共产党人精神谱系的基本功能；
7. 伟大建党精神是指引和激励中国共产党人不断前进的精神动力。

十三、弘扬全人类共同价值

所谓"自由、民主、人权"的普世价值，是美西方进行意识形态渗透、策动"颜色革命"的思想武器，具有极大的虚伪性和欺骗性。人类生活在同

---

① 习近平：《在庆祝中国共产党成立100周年大会上的讲话》，人民出版社2021年版，第8页。

一个地球上，已成为风雨同舟、荣辱与共的命运共同体，利益共生、权利共享、责任共担是最大公约数，弘扬全人类共同价值是必然选择。

党的二十大报告指出："我们真诚呼吁，世界各国弘扬和平、发展、公平、正义、民主、自由的全人类共同价值，促进各国人民相知相亲，尊重世界文明多样性，以文明交流超越文明隔阂、文明互鉴超越文明冲突、文明共存超越文明优越，共同应对各种全球性挑战。"[①]弘扬全人类共同价值，应当以宽广胸怀把握不同文明对价值内涵的理解，不将自己的价值观和发展模式强加于人，不搞冷战思维和意识形态对抗；应当坚持文明平等、互鉴、对话、包容，重视文明传承创新，共同推动人类文明发展进步；应当直面当今世界所面临的前所未有的挑战，顺应时代发展潮流，开展全球性协作，共同构建人类命运共同体。

参考选题

1．全人类共同价值的基本内涵；

2．弘扬全人类共同价值的重大意义；

3．揭露西方"普世价值"的虚伪性与欺骗性；

4．任何国家都不应该将自己的价值观和发展模式强加于人；

5．尊重世界文明多样性；

6．反对冷战思维和意识形态对抗。

[①] 习近平：《高举中国特色社会主义伟大旗帜　为全面建设社会主义现代化国家而团结奋斗——在中国共产党第二十次全国代表大会上的报告》，人民出版社2022年版，第63页。

理论文章这样写

有重要实践意义的问题

有重要实践意义的问题,也就是需要认真贯彻落实有关政策和切实加以解决的问题,还是有效解决后能推动党和国家事业向前发展、能维护和实现人民根本利益的问题。

需要说明的是,有重要实践意义的问题也是习近平总书记和党中央作出科学部署的问题。这些问题侧重于展示其实践价值,但并不排斥其理论探索。

一、高质量发展

党的二十大报告指出:"高质量发展是全面建设社会主义现代化国家的首要任务。发展是党执政兴国的第一要务。没有坚实的物质技术基础,就不可能全面建成社会主义现代化强国。"[①]坚持高质量发展的决定性意义在于,它是社会全面进步的基础,是改善人民生活、实现共同富裕的前提,是应对风险挑战的基石,是综合国力竞争的关键,是实现宏伟奋斗目标的保障,是构建人类命运共同体的重要条件。

为推动高质量发展,必须完整准确全面贯彻新发展理念,坚持社会主义市场经济改革方向,坚持高水平对外开放,把实施扩大内需战略同深化供给侧结构性改革有机结合起来,增强国内大循环内生动力和可靠性,提升国际循环质量与水平,加快建设现代化经济体系,着力提高全要素生产率,着力提升产业链供应链韧性和安全水平,着力推进城乡融合和区域协调发展,推动经济实现质的有效提升和量的合理增长。

---

① 习近平:《高举中国特色社会主义伟大旗帜 为全面建设社会主义现代化国家而团结奋斗——在中国共产党第二十次全国代表大会上的报告》,人民出版社2022年版,第28页。

> **参考选题**

1. 高质量发展是全面建设社会主义现代化国家的首要任务；
2. 坚持高质量发展是我国进入新发展阶段的内在要求；
3. 坚持高质量发展是应对国际环境严峻挑战的必然选择；
4. 坚持高质量发展是满足人民日益增长的美好生活需要的有效途径；
5. 建设现代化经济体系与推动高质量发展的关系；
6. 把实施扩大内需战略同深化供给侧结构性改革结合起来；
7. 推动经济实现质的有效提升和量的合理增长。

二、新质生产力

唯物史观强调，生产力是推动社会进步的最活跃、最革命的要素，生产力发展是评价与衡量社会发展的基础性、根本性标准。新质生产力是创新起主导作用的、摆脱传统经济增长方式的、具有高科技高效能高质量特征的、符合新发展理念的先进生产力质态，是劳动者、劳动资料、劳动对象及其优化组合的跃升，是生产力现代化的重要体现。新质生产力有关论述的提出，是对马克思主义唯物史观的丰富与发展，是对中国特色社会主义政治经济学的守正创新。

习近平总书记在2023年12月中央经济工作会议上的讲话中强调："要以科技创新推动产业创新，特别是以颠覆性技术和前沿技术催生新产业、新模式、新动能，发展新质生产力。"[①]培养壮大新质生产力是一项长期任务与系统工程，为此必须全面深化改革，形成和完善与之相适应的新型生产关系；必须培养大量新型人才，以科技创新推动劳动资料升级与劳动对象拓展，实现三者关系的优化组合与协同升级；必须推进创新链产业链资金链人才链"四链"融合，推进高端化数字化智能化绿色化"四化"发展，不断提升企业的综合竞争力。

---

① 《中央经济工作会议在北京举行》，《人民日报》2023年12月13日。

> **参考选题**

1．新质生产力提出的时代背景；
2．新质生产力的基本含义与鲜明特征；
3．新质生产力是生产力现代化的重要表现形式；
4．新质生产力对高质量发展的推动与支撑；
5．新质生产力与科技创新的关系；
6．新质生产力与构建现代化产业体系的关系；
7．新质生产力与推动创新链产业链资金链人才链"四链"融合；
8．新质生产力与推进高端化数字化智能化绿色化"四化"发展；
9．新质生产力与提升企业的综合竞争力；
10．新质生产力与全方位提高劳动者素质；
11．新质生产力有关论述对唯物史观的丰富发展；
12．新质生产力有关论述对中国特色社会主义政治经济学的守正创新。

三、构建新发展格局

新发展格局的含义是以国内大循环为主体、国内国际双循环相互促进。构建新发展格局是为实现第二个百年奋斗目标、统筹发展和安全而作出的重大战略决策。加快构建新发展格局是贯彻新发展理念的客观要求，是推动高质量发展的重大举措，是把握未来发展主动权的战略部署。

党的二十大报告指出："必须完整、准确、全面贯彻新发展理念，坚持社会主义市场经济改革方向，坚持高水平对外开放，加快构建以国内大循环为主体、国内国际双循环相互促进的新发展格局。"① 为加快构建新发展格局，必须以全国统一大市场基础上的国内大循环为主体，不能搞自我小循环

---

① 习近平：《高举中国特色社会主义伟大旗帜　为全面建设社会主义现代化国家而团结奋斗——在中国共产党第二十次全国代表大会上的报告》，人民出版社2022年版，第28页。

与地区封锁，而要把构建新发展格局同实施区域重大战略有机衔接起来；必须将开放的大门进一步打开，抓住发展机遇，稳步扩大规则、规制、管理、标准等制度型开放，增强我国在全球产业链供应链创新链中的影响力。可以说，国内循环越顺畅，越有利于形成与巩固参与国际竞争与合作的新优势。

参考选题

1. 构建新发展格局是推动高质量发展的重大举措；
2. 构建新发展格局是把握未来发展主动权的战略部署；
3. 构建新发展格局以全国统一大市场基础上的国内大循环为主体；
4. 增强国内国际两个市场两种资源的联动效应；
5. 稳步扩大规则、规制、管理、标准等制度型开放；
6. 把构建新发展格局同实施区域重大战略有机衔接。

四、推进乡村振兴

农业强国是社会主义现代化强国的根基，全面建设社会主义现代化国家的最艰巨最繁重的任务仍然在农村。"民族要复兴，乡村必振兴。"[①]农业农村实现了现代化，社会主义现代化强国才能全面建成。

习近平总书记指出，建设农业强国，必须走中国特色社会主义乡村振兴道路，大力实施乡村振兴战略，全面推进乡村振兴。实施乡村振兴战略，总方针是坚持农业农村优先发展，总要求是产业兴旺、生态宜居、乡风文明、治理有效、生活富裕。制度保障是建立健全城乡融合发展的体制机制和政策体系，奋斗目标是推动农业全面升级、农村全面进步、农民全面发展。实施乡村振兴战略，必须处理好长期目标与短期任务的关系，处理好顶层设计与基层探索的关系，处理好充分发挥市场决定性作用和更好发挥政府作用的关

---

① 《习近平谈治国理政》第4卷，外文出版社2022年版，第192页。

系，处理好增强群众获得感与适应不同发展阶段的关系。

参考选题

1. 农业强国是社会主义现代化强国的根基；
2. 坚持农业农村优先发展的总方针；
3. 落实产业兴旺、生态宜居、乡风文明、治理有效、生活富裕的总要求；
4. 建立健全城乡融合发展的体制机制和政策体系；
5. 实现乡村产业振兴、人才振兴、文化振兴、生态振兴、组织振兴；
6. 巩固拓展脱贫攻坚成果；
7. 推进乡村振兴需处理好长期目标与短期目标的关系；
8. 推进乡村振兴需处理好顶层设计与基层探索的关系；
9. 推进乡村振兴需处理好市场与政府的关系；
10. 推进乡村振兴需处理好增强群众获得感与适应发展阶段的关系。

五、实施国家重大发展战略

战略问题是一个政党、一个国家的根本性问题。制定战略规划、确定重大发展战略，是中国共产党一以贯之的治国理政方法，是党领导和推进社会主义现代化建设的一条基本经验。进入新时代，党中央对事关党和国家事业的全局和长远问题作出战略谋划和战略部署，提出并实施了一系列重大发展战略，这些战略正在或将要对我国经济社会发展产生积极的、深刻的影响。

党的二十大报告指出："深入实施区域协调发展战略、区域重大战略、主体功能区战略、新型城镇化战略，优化重大生产力布局，构建优势互补、高质量发展的区域经济布局和国土空间体系。推动西部大开发形成新格局，推动东北全面振兴取得新突破，促进中部地区加快崛起，鼓励东部地区加快推进现代化。支持革命老区、民族地区加快发展，加强边疆地区建设，推进兴边富民、稳边固边。推进京津冀协同发展、长江经济带发展、长三角一体化发展，推动黄河流域生态保护和高质量发展。高标准、高质量建设雄安新区，推动成渝地区双城经济圈建设。"[①]深入实施国家重大发展战略，着眼于解决发展不平衡不充分的问题，着眼于统筹城乡发展、促进区域协调发展，着眼于把握与处理好整体推进与重点突破的关系，从而为推进社会主义现代化强国建设、不断满足人民群众对美好生活的需要创造有利条件。

参考选题

1．实施国家重大发展战略的着力点是以重点突破带动发展水平的整体提升；

2．深入实施区域协调发展战略；

3．深入实施主体功能区战略；

4．推进京津冀协同发展；

5．推进长江经济带发展、长三角一体化发展；

6．推动黄河流域生态保护和高质量发展；

7．高标准、高质量建设雄安新区；

8．推进粤港澳大湾区建设；

9．推动成渝地区双城经济圈建设；

10．推进以人为核心的新型城镇化。

六、坚持教育优先发展、科技自立自强、人才引领驱动

党的二十大报告指出："教育、科技、人才是全面建设社会主义现代化国家的基础性、战略性支撑。必须坚持科技是第一生产力、人才是第一资

---

① 习近平：《高举中国特色社会主义伟大旗帜　为全面建设社会主义现代化国家而团结奋斗——在中国共产党第二十次全国代表大会上的报告》，人民出版社2022年版，第31-32页。

源、创新是第一动力,深入实施科教兴国战略、人才强国战略、创新驱动发展战略,开辟发展新领域新赛道,不断塑造发展新动能新优势。"[①]教育、科技、人才对全面建成小康社会的突出贡献已被载入实现第一个百年奋斗目标的光辉史册,在新征程上推进强国建设、民族复兴必然依赖其继续发挥重要作用。

进一步来看,在中美战略博弈不断加剧的历史背景下,有效解决关键核心技术"卡脖子"问题,顺利推进高水平的科技自立自强,客观上要求教育、科技、人才提供基础性、战略性支撑。因此,要坚持教育优先发展、科技自立自强、人才引领驱动,不断夯实人力资源深度开发基础,坚持独立自主、开拓创新,巩固发展优势并赢得竞争主动,从而为推进中国式现代化提供强大人才支撑与知识创新贡献。

参考选题

1. 教育、科技、人才是全面建设社会主义现代化国家的基础性、战略性支撑;

2. 科技是第一生产力;

3. 人才是第一资源;

4. 创新是第一动力;

5. 办好人民满意的教育;

6. 完善科技创新体系;

7. 实施创新驱动发展战略;

8. 深入实施人才强国战略。

[①] 习近平:《高举中国特色社会主义伟大旗帜 为全面建设社会主义现代化国家而团结奋斗——在中国共产党第二十次全国代表大会上的报告》,人民出版社2022年版,第33页。

七、全过程人民民主

人民民主是社会主义的生命，是全面建设社会主义现代化国家的应有之义。党的二十大报告指出："全过程人民民主是社会主义民主政治的本质属性，是最广泛、最真实、最管用的民主。必须坚定不移走中国特色社会主义政治发展道路，坚持党的领导、人民当家作主、依法治国有机统一，坚持人民主体地位，充分体现人民意志、保障人民权益、激发人民创造活力。"[①]

全过程人民民主充分体现了过程民主与成果民主、程序民主与实质民主、直接民主与间接民主、人民民主与国家意志的有机统一，形成了全面、广泛、有机衔接的人民当家作主制度体系，构建了多样、畅通、有序的民主渠道，深刻彰显了社会主义制度优势与人民群众主体地位。发展全过程人民民主，能够在集思广益中凝聚政治共识，能够保障人民当家作主的权利，能够汇聚起人民群众的磅礴力量，能够有效维护生动活泼、安定团结的政治局面。因此，必须健全人民当家作主制度体系，扩大人民有序政治参与，保证人民依法实行民主选举、民主协商、民主决策、民主管理、民主监督，充分发挥人民群众积极性主动性创造性。

参考选题

1. 全过程人民民主是社会主义民主政治的本质属性；
2. 人民民主是全面建设社会主义现代化国家的应有之义；
3. 走中国特色社会主义政治发展道路；
4. 全过程人民民主是过程民主与成果民主的统一；
5. 全过程人民民主是程序民主与实质民主的统一；

[①] 习近平：《高举中国特色社会主义伟大旗帜　为全面建设社会主义现代化国家而团结奋斗——在中国共产党第二十次全国代表大会上的报告》，人民出版社2022年版，第37页。

6. 全过程人民民主是直接民主与间接民主的统一；

7. 全过程人民民主是人民民主与国家意志的统一；

8. 民主是用来解决人民需要解决的问题的；

9. 保证和支持人民当家作主必须落实到国家政治生活和社会生活之中。

八、国家治理现代化

与以专政为工具、以强力维持秩序的国家统治不同，与一味管卡、约束、罚没的国家管理相区别，国家治理突出国家制度建设，坚持全面依法治国，充分运用法治的力量、市场的力量、社会的力量，实现法治、德治、共治、自治，实现各方面治理的制度化、规范化、程序化、民主化。在国家治理现代化中，治理体系现代化是国家治理组织系统结构的现代化，治理能力现代化是国家治理者素质与治理方式的现代化；国家治理现代化既包括社会生活各个领域的治理现代化，也包括政党、市场、社会、基层等的治理现代化。

党的二十大报告指出，"未来五年是全面建设社会主义现代化国家开局起步的关键时期"，主要目标任务之一是"改革开放迈出新步伐，国家治理体系和治理能力现代化深入推进，社会主义市场经济体制更加完善，更高水平开放型经济新体制基本形成"。①国家治理现代化的核心要义是，彻底消除历史上"人治"的遗迹，坚持按制度、法治、程序处理问题与解决矛盾。国家治理现代化是推进强国建设的重要支撑，与新"两步走"战略具有一致性、同步性。

---

① 习近平：《高举中国特色社会主义伟大旗帜　为全面建设社会主义现代化国家而团结奋斗——在中国共产党第二十次全国代表大会上的报告》，人民出版社2022年版，第25页。

> **参考选题**

1．我国国家制度和国家治理体系具有多方面的显著优势；

2．坚持和完善支撑中国特色社会主义制度的根本制度、基本制度、重要制度；

3．加强系统治理、依法治理、综合治理、源头治理；

4．把我国制度优势更好转化为国家治理效能；

5．坚持和完善党的领导制度体系；

6．坚持和完善人民当家作主制度体系；

7．坚持和完善中国特色社会主义法治体系；

8．坚持和完善中国特色社会主义行政体制；

9．坚持和完善共建共治共享的社会治理制度；

10．各级领导干部要切实强化制度意识。

九、管好建好用好互联网

互联网在飞速发展中深刻改变着舆论生成方式和传播方式，不断带来许多新情况新问题，极大地影响了人们的思想、生活与交往方式。由于一些错误思潮往往以网络为温床而生成、传播与发酵，互联网已经成为意识形态斗争的主阵地和主战场。在这个没有硝烟的战场上，谁掌握了互联网，谁就把握住了时代主动权；过不了互联网这一关，就过不了长期执政这一关。

习近平总书记明确指出："我多次说过，正能量是总要求，管得住是硬道理，现在还要加一条，用得好是真本事。媒体融合发展不仅仅是新闻单位的事，要把我们掌握的社会思想文化公共资源、社会治理大数据、政策制定权的制度优势转化为巩固壮大主流思想舆论的综合优势。要抓紧做好顶层设计，打造新型传播平台，建成新型主流媒体，扩大主流价值影响力版图，让党的声音传得更开、传得更广、传得更深入。"①在治理互联网方面，必须旗帜鲜明弘扬主旋律、传递正能量，巩固壮大主流思想舆论；必须坚持一体化发展方向，推动媒体融合向纵深发展；必须健全网络综合治理体系，推动构建风清气正的网络生态；必须坚持移动优先策略，牢牢占据传播制高点。

参考选题

1. 互联网已成为意识形态斗争的主阵地与主战场；
2. 过不了互联网这一关，就过不了长期执政这一关；
3. 唱响网上主旋律，巩固壮大主流思想舆论；
4. 深入开展网上舆论斗争；
5. 加快构建全媒体传播格局；
6. 健全网络综合治理体系；
7. 营造良好的网络生态；
8. 推动构建网络空间命运共同体。

十、扎实推进共同富裕

共同富裕是马克思主义社会理想的基本目标，是社会主义制度优势的充分彰显，是中国共产党百年奋斗历程的执着坚守，是新时代坚持和发展中国特色社会主义的亮眼底色，是推进中国式现代化的根本要求。共同富裕既是整体富裕和个体富裕的统一，也是物质富裕和精神富裕的统一，更是共建与共享的统一。实现共同富裕不仅是经济问题，而且是夯实党的执政基础的重大政治问题。

党的二十大报告指出："共同富裕是中国特色社会主义的本质要求，也是一个长期的历史过程。我们坚持把实现人民对美好生活的向往作为现代化

---

① 《习近平谈治国理政》第3卷，外文出版社2020年版，第318—319页。

建设的出发点和落脚点,着力维护和促进社会公平正义,着力促进全体人民共同富裕,坚决防止两极分化。"① 为切实推进共同富裕,必须推动高质量发展,完善基础性制度安排,强化思想观念的引领作用;必须正确处理好理论探索与实践推进的关系,正确处理好党的领导与人民主体的关系,正确处理好提高效率与维护公平的关系,正确处理好把握机遇和应对挑战的关系。

参考选题

1. 共同富裕的理论指导;
2. 共同富裕的基本内涵;
3. 推进共同富裕的历史进程;
4. 推进共同富裕与全面建设社会主义现代化国家的同步性;
5. 推进共同富裕的挑战与机遇;
6. 推进共同富裕的物质基础;
7. 推进共同富裕的制度保障;
8. 推进共同富裕的观念引领;
9. 推进共同富裕与西方福利主义的区别;
10. 推进共同富裕是重大政治问题;
11. 推进共同富裕需要处理好的辩证关系;
12. 推进共同富裕必须消除两极分化;
13. 推进共同富裕必须扩大中等收入群体;
14. 推进共同富裕必须实现基本公共服务均等化;
15. 推进共同富裕必须坚决打赢反腐败斗争攻坚战持久战总体战;
16. 推进共同富裕的世界意义。

---

① 习近平:《高举中国特色社会主义伟大旗帜 为全面建设社会主义现代化国家而团结奋斗——在中国共产党第二十次全国代表大会上的报告》,人民出版社2022年版,第22页。

十一、防范和化解重大风险

中国共产党在内忧外患中诞生、在历经磨难中成长、在攻坚克难中壮大，正是心存忧患而接续奋斗，才不断从弱小走向强大，才创造出"两个奇迹"。在推进中国式现代化的新征程中，前进道路上充满了各种风险挑战，"黑天鹅""灰犀牛"事件随时可能发生，极易给党和国家事业发展带来消极影响与严重后果。

2021年12月8日，习近平总书记在中央经济工作会议上的讲话中指出："要正确认识和把握防范化解重大风险。要继续按照稳定大局、统筹协调、分类施策、精准拆弹的方针，抓好风险处置工作，加强金融法治建设，压实地方、金融监管、行业主管等各方责任，压实企业自救主体责任。要强化能力建设，加强金融监管干部队伍建设。化解风险要有充足资源，研究制定化解风险的政策，要广泛配合，完善金融风险处置机制。"①因此，广大党员干部要坚持底线思维并增强忧患意识，把从坏处着眼与从好处着手统一起来，变被动为主动、变压力为动力，既要下好防范风险的先手棋，也要有化解风险的好招数。为防范与化解重大风险，必须提高政治判断力领悟力执行力，具备"风雨不动安如山"的战略定力；必须坚持透过现象看本质，善于防患于未然，提高科学研判风险挑战的能力；必须注重凝聚各方面力量，增强化解风险挑战的合力。

参考选题

1. 忧患意识是中华民族的一个重要精神特质；

2. 中国共产党是在内忧外患中诞生、在历经磨难中成长、在攻坚克难中壮大的；

3. 当前国际国内风险挑战的复杂性与叠加性；

---

① 《中央经济工作会议在北京举行》，《人民日报》2021年12月11日。

4．防范和化解重大风险的战略意义；

5．预判风险所在与把握风险走向是防范和化解重大风险的前提；

6．不断完善风险防控机制；

7．善于整合风险防控力量；

8．守住不发生系统性金融风险的底线；

9．防范和化解重大风险必须发扬斗争精神。

十二、应对全球气候变化

世界气象组织发布报告确认，2021年全球平均气温比工业化前（1850—1900年）水平高出约1.11 ℃，2024年成为全球有纪录以来最暖年。中国是全球气候变化的敏感区之一。全球气候变暖的主要原因是，工业革命以来的人类活动，尤其是发达国家在工业化过程中大量消耗能源资源、大量燃烧化石燃料，进而大量排放温室气体（二氧化碳、甲烷、氧化亚氮等），导致大气层中温室气体浓度增加。全球气候变暖，将使一些地方暴雨、洪水和泥石流加剧，另一些地方沙漠化和沙尘暴加重；将使昆虫大量繁殖，传播登革热、霍乱等疾病的概率大为增加；将导致海平面上升，使一些低洼的海岛及海岛国家被淹没；将使百万物种的生存受到直接威胁。虽然制定了《联合国气候变化框架公约》《京都议定书》《巴黎协定》等文件，但在落实和实施的过程中存在严重分歧。发达国家强调，后发国家在赶超过程中采取高能耗高排放高污染的方式，应承担主要责任；同时，必须按照实现工业化之后的新的更高标准，来限排限放、低排低放。而后发国家则呼吁，发达国家在推进工业化过程中排放了大量温室气体，必须承担历史责任；发达国家既不提供也不转让技术，在失信中加剧了实施的难度；如果按新的更高标准来限排限放，必将阻止后发国家的发展步伐，甚至威胁到后发国家的生存。

为应对全球气候变暖，中国一直在付出努力，发挥建设性作用。中国致力于转变经济发展方式，加大生态文明建设力度，已经取得明显成效，人工造林规模和可再生能源开发利用规模均居全球第一;中国坚持共同但有区别的责任原则,主动承担同国情、发展阶段和实际能力相适应的环境治理义务;中国向世界作出碳达峰、碳中和的郑重承诺,从碳达峰到碳中和间隔时间只要30年,远少于美国和欧盟;中国率先出资成立昆明生物多样性基金,积极推动《巴黎协定》的生效与实施。党的二十大报告指出:"深入推进能源革命,加强煤炭清洁高效利用,加大油气资源勘探开发和增储上产力度,加快规划建设新型能源体系,统筹水电开发和生态保护,积极安全有序发展核电,加强能源产供储销体系建设,确保能源安全。完善碳排放统计核算制度,健全碳排放权市场交易制度。提升生态系统碳汇能力。积极参与应对气候变化全球治理。"[①]

参考选题

1. 全球气候变暖的历史成因;
2. 全球气候变暖的严重后果;
3. 应对全球气候变暖的国际行动与深刻分歧;
4. 中国坚持共同但有区别的责任原则;
5. 中国积极参与全球气候治理并作出重要贡献。

十三、共商共建共享"一带一路"

2013年秋,习近平总书记提出了共建"丝绸之路经济带"和"21世纪海上丝绸之路"的倡议,把中国发展同沿线国家和世界其他国家发展结合起来,赋予古代丝绸之路以全新的时代内涵。共建"一带一路"崇尚共商共建共享原则,确立高标准、可持续、惠民生的目标,坚持开放、绿色、廉洁的

[①] 习近平:《高举中国特色社会主义伟大旗帜 为全面建设社会主义现代化国家而团结奋斗——在中国共产党第二十次全国代表大会上的报告》,人民出版社2022年版,第51-52页。

理念，追求"硬联通""软联通""心联通"相统一，努力建成和平之路、繁荣之路、开放之路、绿色之路、创新之路、文明之路。共建"一带一路"是经济合作倡议，不是地缘政治联盟或军事同盟；是不断推进的开放包容进程，不是关起门来搞小圈子；是中国与相关国家共享机遇共促发展的康庄大道，不是搞零和游戏的"陷阱"。

十多年来，共建"一带一路"正在从绘就"大写意"走向绘制"工笔画"，正在沿着高质量发展方向不断前进，已成为深受欢迎的国际公共产品与国际合作平台。2024年12月2日，在第四次"一带一路"建设工作座谈会上，习近平总书记强调："自2013年提出共建'一带一路'倡议以来，在党中央坚强领导下，经过各方共同努力，共建'一带一路'始终秉持和平合作、开放包容、互学互鉴、互利共赢的丝路精神，始终坚持共商共建共享的原则，合作领域不断拓展、合作范围不断扩大、合作层次不断提升，国际感召力、影响力、凝聚力不断增强，取得了重大成就，为增进同共建国家友谊、促进共建国家经济社会发展作出了中国贡献。"①

参考选题

1. "一带一路"倡议的提出；

2. 共建"一带一路"秉持共商共建共享原则；

3. 共建"一带一路"坚持开放、绿色、廉洁理念；

4. 共建"一带一路"以高标准、可持续、惠民生为目标；

5. 坚持"硬联通""软联通""心联通"相统一；

6. 把"一带一路"建设成和平之路、繁荣之路、开放之路、绿色之路、创新之路、文明之路；

7. 共建"一带一路"已成为深受欢迎的国际公共产品与国际合作平台；

---

① 《坚定战略自信　勇于担当作为　全面推动共建"一带一路"高质量发展》，《人民日报》2024年12月3日。

8．推动共建"一带一路"高质量发展。

十四、培养造就中青年干部

干部队伍新老交替保证了党和国家事业发展薪火相传、后继有人，彰显了党的蓬勃生机与旺盛活力。广大中青年干部具有一些明显的特点，如学历高、知识新、干劲足等，但也存在政治历练不够、思想淬炼不够、斗争锻炼不够等短板。因此，如何培养造就堪当民族复兴重任的时代新人，年轻干部如何顺利接好党的事业发展接力棒，如何修炼好共产党人的"心学"，就成为重大而紧迫的现实问题，也成为习近平总书记高度关注的重大问题。

从2018年中央党校和国家行政学院机构合并到党的二十大召开之前，习近平总书记为中青班开班式讲授了六堂"开学第一课"，在2024年3月1日又作出重要指示。这些重要讲话虽有不同的侧重点，但关键词都是忠诚、干净、担当、为民、务实、斗争，共同点都是对广大中青年干部提出要求、寄予厚望、指明方向、作出警示。"年轻干部是党和国家事业发展的希望，必须筑牢理想信念根基，守住拒腐防变防线，树立和践行正确政绩观，练就过硬本领，发扬担当和斗争精神，贯彻党的群众路线，锤炼对党忠诚的政治品格，树立不负人民的家国情怀，追求高尚纯粹的思想境界，为党和人民事业拼搏奉献，在新时代新征程上留下无悔的奋斗足迹。"[①]

参考选题

1．中青年干部的优长与短板；

2．培养造就堪当民族复兴重任的时代新人；

3．中青年干部要顺利接好党的事业发展的接力棒；

[①]《筑牢理想信念根基树立践行正确政绩观　在新时代新征程上留下无悔的奋斗足迹》，《人民日报》2022年3月2日。

4．中青年干部要自觉做党的创新理论的笃信笃行者；

5．中青年干部要自觉做对党忠诚老实的模范践行者；

6．中青年干部要自觉做矢志为民造福的无私奉献者；

7．中青年干部要自觉做勇于担当作为的不懈奋斗者；

8．中青年干部要自觉做良好政治生态的有力促进者；

9．中青年干部要筑牢理想信念根基、践行正确政绩观；

10．中青年干部要信念坚定、对党忠诚、实事求是、担当作为；

11．中青年干部要立志做党的光荣传统和优良作风的忠实传人；

12．中青年干部要不断提高解决实际问题的能力；

13．中青年干部要发扬斗争精神、增强斗争本领；

14．中青年干部要在常学常新中加强理论修养、在知行合一中主动担当作为。

可运用自身专业基础的问题

一、夯实专业功底

每个人毕业于不同学校，获得不同学位，拥有不同的学科与专业背景。各自的学科与专业作为哲学社会科学的重要组成部分，既是为党和国家事业发展贡献力量的重要支撑，也是实现人生价值的可靠依托。无论从事什么工作，也无论有多忙，建议将时间化零为整，下功夫夯实自己的学科与专业功底。不要轻易丢掉或放弃自己的学科与专业，不要疏忽学以致用、学用结合的能力。

为了夯实学科与专业功底，必须从多方面作出努力。一是熟读马克思主义经典著作，把握贯穿其中的科学世界观与方法论，奠定坚实的理论基础。二是掌握中华优秀传统文化，继承其中的智慧与精华，奠定厚实的历史文化根基。三是批判地借鉴西方学术成果，拓宽学术视野，吸取有益成分。四是及时关注学术前沿进展，把握学术动态，从中寻求新的突破点。只有练就过硬的专业本领，写作理论文章才有底气和自信。

二、找准结合点

特别需要强调的是，对西方思想理论的有益成果当然可以学习与参考，但一定要采取批判借鉴的态度，绝不能机械地照抄照搬，更不能"言必称西方"。无可辩驳的事实是，中国创造经济快速发展与社会长期稳定的"两大奇迹"，人民群众不断提升获得感幸福感安全感，是在马克思主义中国化时代化的理论成果指导下取得的，绝不是西方什么思想影响的结果。因此，必须坚定中国特色社会主义"四个自信"，在构建具有中国特色、中国风格、中国气派的哲学社会科学学科体系、学术体系、话语体系上闯新路开新局。

在认真学习领会党的理论创新成果的前提下，调动与运用自身学科与专业知识，写好"结合"的文章。为此，要贯通相关问题，聚焦相关领域，寻找观点与方法的一致性，挖掘视野与资源的契合性，最大限度地把握好结合点、切入点、立足点与突破点，在发挥自身专业优势的过程中写好理论文章。

比如，对于哲学专业与学科的人来说，应当注重贯通党的创新理论与自己专业的相关领域和相关问题，将"人民至上"理念对应于群众史观，将"五位一体"总体布局与社会全面进步原理挂钩，将疫情防控中排查"密切接触者"与普遍联系原理相关联，将"实干兴邦、空谈误国"的政治论断与"实践第一"的哲学观点相衔接，等等。同时，注重运用哲学思维方法来分析问题，努力把握事物的整体面貌，充分揭示事物发展的长远趋势。比如：从人民性的视角来探讨打赢脱贫攻坚战、全面建成小康社会、全面建设社会主义现代化强国的价值追求；从对几对矛盾的辩证关系的分析来揭示中国共产党从弱小到壮大、从胜利走向新的胜利的成功密码；从系统思维的角度来挖掘中国式现代化之使命崇高、责任重大、前途光明、工程浩大，等等。

三、避免说外行话

对于不熟悉的题目或距离自己学科与专业较远的问题，即使受到邀约，也应婉拒，以避免说外行话。如我的专业是哲学，在写作理论文章时应突出用马克思主义立场观点方法来分析问题，努力挖掘相关问题的哲学基础，强化问题论证的学理支撑。相反，如遇到探讨与分析"资本""碳达峰与碳中和"等问题的机会，必须做"不"的选择。只有专业与问题对称并说内行话，才有底气、出深度。一定要让专业的人干专业的事，让专业的人说专业的话，让专业的人写专业的理论文章。

精心布局篇

在挖掘思想深度与论述新意上下功夫

理论文章这样写

主题引领

一、围绕主题来设置框架并展开论述

始终聚焦主题，选择直接相关的问题来谋篇布局，既展示这一主题的整体面貌，又呈现其发展趋势；坚持以大带小，即用大标题统领小标题、小标题统领具体论述。

示例文章 1

集中力量办大事的显著优势成就"中国之治"①

我国国家制度和国家治理体系具有多方面的显著优势，其中，"坚持全国一盘棋，调动各方面积极性，集中力量办大事"②这一显著优势对于推动党和国家事业发展具有独特作用，是实现"中国之治"的重要原因。面向未来、面对挑战，我们需要进一步发挥好集中力量办大事这一显著优势，努力实现"两个一百年"奋斗目标、实现中华民族伟大复兴的中国梦。

集中力量办大事是我国国家制度和国家治理体系的显著优势

习近平总书记指出："我们最大的优势是我国社会主义制度能够集中力量办大事。这是我们成就事业的重要法宝。"③新中国成立70多年来，随着

---

① 郝永平、黄相怀：《集中力量办大事的显著优势成就"中国之治"》，《人民日报》2020年3月13日。

② 《中共中央关于坚持和完善中国特色社会主义制度 推进国家治理体系和治理能力现代化若干问题的决定》，人民出版社2019年版，第3页。

③ 《习近平谈治国理政》第2卷，外文出版社2017年版，第273页。

我国国家制度和国家治理体系不断完善和发展，集中力量办大事的显著优势日益彰显。

集中力量办大事的显著优势是在实践中形成并不断完善和发展的。在5000多年文明发展史中，中国人民团结一心、同舟共济，集中力量办成过许多大事。新中国成立后，随着社会主义基本制度的确立，集中力量办大事在体制机制上有了保障，有力地促进了我国社会主义建设。比如，为了尽快增强国防实力、保卫和平，我国作出研制"两弹一星"的重大决策。在党的集中统一领导下，全国一盘棋，26个部委、20多个省区市、1000多家单位的精兵强将和优势力量大力协同、集中攻关，展现了社会主义中国攻克尖端科技难关的伟大创造力量。改革开放以来，集中力量办大事的显著优势得到进一步发挥，推动中国特色社会主义事业不断开创新局面。中国特色社会主义进入新时代，集中力量办大事的体制机制不断完善和发展，推动党和国家事业取得历史性成就、发生历史性变革。

我国国家制度和国家治理体系有利于形成集中力量办大事的显著优势。我国国家制度和国家治理体系有利于坚持全国一盘棋，调动各方面积极性，集中力量办大事。党的领导制度是我国的根本领导制度，确保党始终发挥总揽全局、协调各方的领导核心作用，避免各自为政、各行其是。民主集中制是我们党的根本组织原则和领导制度，强调民主基础上的集中和集中指导下的民主相结合，有利于在充分发扬民主的基础上集中各方面力量，调动各方面积极性。人民代表大会制度、中国共产党领导的多党合作和政治协商制度等，有利于在顺应民心、汲取民智中进行科学民主决策，有利于统筹兼顾不同利益群体的合理诉求，避免党派纷争掣肘，防止特殊利益集团干扰。社会主义基本经济制度有利于调节市场与政府、效率与公平、活力与秩序的关系，从而实现集中力量办大事。

我们党的性质宗旨、初心使命推动形成集中力量办大事的显著优势。我国国家制度和国家治理体系之所以能形成集中力量办大事的显著优势，根本还在于我们党的性质宗旨、初心使命。我们党作为中国工人阶级的先锋队,同时是中国人民和中华民族的先锋队,始终代表中国最广大人民的根本利益,能够在妥善处理人民当前利益与长远利益的关系中制定大政方针,能够在统筹兼顾局部利益与整体利益的关系中作出战略部署,因此能够坚持全国一盘棋,调动各方面积极性。我们党把为中国人民谋幸福、为中华民族谋复兴作为初心和使命,坚持以马克思主义为指导,能够准确把握时代脉搏,正确认识社会发展规律,立足我国国情提出奋斗目标,始终保持战略定力,"一张蓝图绘到底"。我们党组织严密、纪律严明,具有强大的执行力,能够为自己确立的奋斗目标不懈努力。我们党的一系列特质,决定了在党的领导下能够集中力量办大事。

"中国之治"彰显集中力量办大事的显著优势

习近平总书记指出,"正是因为始终在党的领导下,集中力量办大事,国家统一有效组织各项事业、开展各项工作,才能成功应对一系列重大风险挑战、克服无数艰难险阻,始终沿着正确方向稳步前进"[①]。新中国成立以来,我国能够创造经济快速发展奇迹和社会长期稳定奇迹,形成举世瞩目的"中国之治",一个重要原因就是充分发挥集中力量办大事的显著优势。

集中力量办大事使我国在落后条件下实现赶超发展。新中国成立后,我们在十分落后的条件下开启现代化进程,只有付出更大努力、实现更快发展,才能体现社会主义优越性。为此,在工业发展方面,我国集中力量发展重工业、国防工业等,在不太长的时间里就建立起独立的比较完整的工业体系和国民经济体系,为我国此后成为制造业第一大国打下了坚实基础。在基础设施建设方面,坚持全国动员、全民动手,通过修建水利设施、治理淮河、建设铁路等,改善了社会生产条件和人民群众生活条件。在社会建设方面,集中实施扫盲、义务教育、防治血吸虫病等措施,迅速提高了人民群众的文化水平与健康素质。改革开放以来,我们党领导人民在大踏步赶上时代

---

① 习近平:《论坚持全面依法治国》,中央文献出版社2020年版,第264页。

的历史进程中，既充分发挥市场在资源配置中的决定性作用，又更好发挥政府作用，集中力量建设了一个个重大工程、重点项目，极大地提升了我国综合国力与国际地位，也极大地提高了人民生活水平。中国特色社会主义进入新时代，我们党进一步发挥集中力量办大事的显著优势，办成了许多过去想办而没有办成的大事，推动我国实现了从"赶上时代"到"引领时代"的伟大跨越。

集中力量办大事使我们不断战胜前进道路上的各种风险挑战。任何国家的发展都不是一帆风顺的，对于中国这样的大国来说，前进道路上面临的风险挑战更多更复杂。回顾新中国成立以来70多年的历史，我们之所以能够战胜前进道路上的各种风险挑战，与集中力量办大事这一显著优势紧密相关。改革开放以来，我国能够有力应变局、平风波、战洪水、防"非典"、抗地震、化危机，离不开集中力量办大事这一显著优势。当前，全党全军全国各族人民正在以习近平同志为核心的党中央坚强领导下抗击新冠疫情。在党中央集中统一领导下，中央应对疫情工作领导小组及时研究部署工作，国务院联防联控机制加大政策协调和物资调配力度，全国各地坚持一方有难、八方支援，各地区和军队的大量医务工作者火速驰援武汉和湖北其他地区……这些都体现了集中力量办大事的显著优势。充分发挥集中力量办大事的显著优势，我们必定能战胜一切风险挑战。

集中力量办大事使我们有效实现好维护好发展好人民群众的根本利益。我国国家制度和国家治理体系始终坚持以人民为中心，深得人民拥护。这决定了集中力量办大事与实现好维护好发展好人民群众根本利益是高度一致的。我们集中力量所要办的大事，是体现人民整体意志、符合人民根本要求、代表人民长远利益的大事，是有利于改善人民群众生产生活条件、保障人民群众权利、让发展成果更多更公平惠及全体人民的大事。比如，打好三大攻坚战是我们集中力量要办的大事，与人民群众的利益息息相关。就脱贫攻坚战而言，从2012年底到2019年底，我国贫困人口累计减少9348万人，也就是说，在2012—2019年，平均每年脱贫人数超过1000万。2020年，脱贫攻坚战将全面收官。这无疑是我们集中力量办成的与人民群众利益息息相关的大事，具有重要历史意义。

新时代进一步发挥集中力量办大事的显著优势

坚持和完善中国特色社会主义制度，必须长期保持并不断增强我国国家制度和国家治理体系的显著优势。中国特色社会主义进入新时代，我们要创造新的更大的奇迹，必须进一步发挥集中力量办大事的显著优势。

坚持和加强党的全面领导。我们党能够始终把握时代脉搏，顺应时代潮流，走在时代前列，在历史前进的逻辑中前进，在时代发展的潮流中发展，不断彰显自己的先进性。坚持和加强党的全面领导是中国特色社会主义事业不断开创新局面的根本保证，也是发挥集中力量办大事这一显著优势的根本保证。在前进道路上，我们面临的风险挑战只会越来越复杂，甚至会遇到难以想象的惊涛骇浪。面对这些风险挑战，知难而进、迎难而上并取得胜利，离不开进一步发挥集中力量办大事的显著优势。这就要求我们坚持和加强党的全面领导，全面提高党把方向、谋大局、定政策、促改革的定力和能力，全面增强全党思想上的统一、政治上的团结、行动上的一致，更好保障集中力量办大事。

坚持全国一盘棋，调动各方面积极性。在我国，各地区各部门的工作都是党和国家事业的重要组成部分，人民群众在根本利益上是一致的。这是能够坚持全国一盘棋、调动各方面积极性的原因所在，也是能够集中力量办大事的原因所在。新时代，更好发挥集中力量办大事的显著优势，必须进一步坚持全国一盘棋，强化大局意识，克服地方保护主义和本位主义等错误倾向；有效化解社会矛盾，广泛凝聚社会共识，全力画好同心圆，调动各方面积极性。特别需要指出的是，坚持全国一盘棋，调动各方面积极性，必须增强"四个意识"，坚定"四个自信"，做到"两个维护"，认真贯彻落实党中央决策部署，切实做到令行禁止。

适应治理现代化要求更好完善体制机制。新时代发挥集中力量办大事的显著优势，应当具有新时代特征、用好新时代条件。要适应推进国家治理体系和治理能力现代化的要求，更加注重制度之间的协同性、耦合性，形成集中力量办大事的最优实现路径。充分发挥中国特色社会主义民主政治优势，坚持和完善民主集中制，在决策、执行、监督等方面完善集中力量办大事的体制机制，提高集中力量办大事的民主化、科学化水平。按照社会主义市场经济要求发挥集中力量办大事的显著优势，既用好政府这只"看得见的手"，也用好市场这只"看不见的手"，让"两只手"有机配合、协同发力。

心得体会

  本文围绕突出制度优势这一主题，从三个维度展开论证：一是阐释集中力量办大事的显著优势是如何在实践中形成和发展的，其中国家制度与国家治理体系、党的性质宗旨与初心使命是重要因素；二是阐明集中力量办大事具有三个方面的重要意义，最为关键的是成就了"中国之治"；三是阐述新时代如何进一步发挥集中力量办大事的显著优势。

示例文章 2

把握中国式现代化蕴含的历史观[①]

  习近平总书记指出："中国式现代化蕴含的独特世界观、价值观、历史观、文明观、民主观、生态观等及其伟大实践，是对世界现代化理论和

---

① 郝永平、赵慧：《把握中国式现代化蕴含的历史观》，《光明日报》2023年7月21日。

实践的重大创新。"①历史观是人们关于人类社会历史的总的看法和根本观点。唯物主义历史观把实践的唯物主义的原则贯彻到社会历史领域，对历史观基本问题予以科学解答，揭示了人类社会历史的实践本质及其发展的一般规律，为无产阶级政党和人民群众认识世界与改造世界提供了科学世界观和方法论。准确把握中国式现代化蕴含的历史观，对于正确理解和大力推进中国式现代化、以中国式现代化全面推进中华民族伟大复兴具有重要意义。

历史必然性与主体选择性相统一

社会历史的发展有其自身规律，既体现为内在的、客观的、本质的联系，又展示为确定不移的发展趋势。但社会历史活动是作为主体的人的活动，人们在顺应历史必然性的前提下能够作出自己的选择，以满足自身的需要和利益。正是从这个意义上说，社会历史规律是人们自己的"社会行动的规律"。

从传统社会向现代社会演进是不可阻挡的历史潮流，是社会发展进步的必然趋势。马克思指出："工业较发达的国家向工业较不发达的国家所显示的，只是后者未来的景象。"②在这个过程中，没有任何一个国家、民族可以游离于现代化潮流之外，否则就会被历史潮流所抛弃。近代以来，从洋务运动、戊戌变法到辛亥革命，无数仁人志士为追求现代化艰辛求索、进行各种尝试，但都因找不到正确道路而以失败告终。探索中国现代化道路的重任，历史地落在了中国共产党身上。中国共产党在深刻吸取历史教训的基础上，团结领导中国人民主动而自觉地选择了社会主义道路，经过革命、建设、改革各个历史时期的不懈探索，在坚持和发展中国特色社会主义实践中成功推进与拓展了中国式现代化。

---

① 《正确理解和大力推进中国式现代化》，《人民日报》2023年2月8日。
② 《马克思恩格斯文集》第5卷，人民出版社2009年版，第8页。

由此可见，中国式现代化既是顺应历史潮流和世界大势的战略之举，又是自觉选择社会主义制度并在中国特色社会主义道路上推进现代化的主动作为，是在实践基础上历史必然性与主体选择性的有机统一。

生产力发展与社会全面进步相统一

马克思主义认为，生产力是社会发展的最终决定力量，"物质生活的生产方式制约着整个社会生活、政治生活和精神生活的过程"[①]。同时，社会进步又是社会系统各要素以一定形式和结构相互作用而形成的整体，涉及生产关系（经济基础）、政治的和观念的上层建筑。其中，生产力和经济基础分别决定生产关系和上层建筑，生产关系和上层建筑分别反作用于生产力和经济基础；社会基本矛盾运动构成了社会历史的基本规律，推动着社会历史不断进步。

经济现代化始终是推进中国式现代化的重中之重。中国式现代化最重要的任务是解放和发展社会生产力，推动经济高质量发展。以经济建设为中心，解放与发展生产力是社会全面进步的基础，是改善人民生活的前提，是应对风险挑战的基石，是综合国力竞争的关键，是实现宏伟奋斗目标的保障，是构建人类命运共同体的条件。推进中国式现代化首先要坚持以经济建设为中心，通过加快建设现代化产业体系、实施创新驱动发展战略、构建高水平社会主义市场经济体制等，为社会全面进步奠定坚实基础。

与此同时，中国式现代化致力于推动社会全面进步，实现经济、政治、文化、社会、生态各领域的协调发展。党的二十大擘画了以中国式现代化全面推进中华民族伟大复兴的宏伟蓝图，明确了全面建成社会主义现代化强国"两步走"的战略安排：从2020年到2035年基本实现社会主义现代化，从2035年到本世纪中叶把我国建成富强民主文明和谐美丽的社会主义现代化强国。从战略安排上看，中国式现代化立足"五位一体"总体布

---

① 《马克思恩格斯选集》第1卷，人民出版社1972年版，第10页。

局，以经济高质量发展为基础与根本，统筹推进经济建设、政治建设、文化建设、社会建设、生态文明建设，推动社会主义现代化强国目标的顺利实现。

历史普遍性与历史特殊性相统一

人类社会历史发展是普遍性和特殊性的有机统一。普遍性是历史发展的共性，是无条件的、绝对的；特殊性是历史发展的个性，是有条件的、相对的。普遍性与特殊性相互联结，普遍性寓于特殊性之中，并通过特殊性表现出来，没有历史的特殊性就没有历史的普遍性，历史的特殊性也离不开历史的普遍性。

现代化作为一场全面而深刻的社会变革，呈现出普遍性、共通性的特征：在生产方面，表现为从使用简单、传统的技能到运用先进科学知识和工艺技术的转变；在经济方面，实现从自然经济到商品经济、从小农经济到市场经济的转变；在政治方面，表现为从专制向民主的转变，从倚重"人治"到突出"法治"的转变；在文化方面，表现为从神圣化、一元化向世俗化、多元化的转变；在社会生活方面，表现为从封闭性社会到流动性社会的转变；等等。但这种历史普遍性在不同国家、不同民族无疑具有不同特点和表现形式，展现出历史特殊性。习近平总书记强调："一个国家走向现代化，既要遵循现代化一般规律，更要符合本国实际，具有本国特色。中国式现代化既有各国现代化的共同特征，更有基于自己国情的鲜明特色。"[①]我国与西方发达国家在社会制度、文化传统、现实国情等方面存在显著不同，中国式现代化既体现出人类现代化的共性，又彰显出鲜明的中国特色、中国风格。党的二十大报告概括了中国式现代化五个方面的鲜明特色。中国式现代化是现代化普遍性与特殊性的有机结合，创造了人类文明新形态。这种结合不仅克服与超越了西方现代化的严重弊端，把现代化之路引向

---

① 《正确理解和大力推进中国式现代化》，《人民日报》2023年2月8日。

光明前景，而且以不争的事实打破了"现代化＝西方化"的理论迷思，实现了世界现代化理论的重大创新，为人类追求与实现现代化提供了全新选项。

人民主体地位与党的坚强领导相统一

能否正确评价人民群众在历史发展中的重要作用，是否承认人民群众的历史主体地位，是唯物史观与唯心史观的分水岭。唯物史观认为，人民群众是物质财富的创造者，是精神财富的创造者，是推动历史前进的决定性力量。只有紧紧依靠人民群众，才能汇聚起推动社会进步的磅礴力量，才能汲取推动社会进步的深厚智慧，才能获得推动社会进步的民意基础。列宁指出，"群众是划分为阶级的……在通常情况下，在多数场合，至少在现代的文明国家内，阶级是由政党来领导的；政党通常是由最有威信、最有影响、最有经验、被选出担任最重要职务而称为领袖的人们所组成的比较稳定的集团来主持的"①。在社会历史发展中，要更好地发挥人民群众创造历史的作用，必须对其进行充分动员与有效组织，由先进阶级及其政党予以领导，以统一的思想、统一的意志、统一的行动来实现共同的奋斗目标。

中国式现代化是以人民为中心的现代化，是亿万人民自己的事业。党的二十大报告提出，"坚持把实现人民对美好生活的向往作为现代化建设的出发点和落脚点"②。一方面，中国式现代化既是人口规模巨大的现代化，也是全体人民共同富裕的现代化。在推进中国式现代化的历史进程中，必须尊重人民的主体地位，把满足人民对美好生活的向往与期盼当作目标追求，把听取人民的智慧与意见作为重要条件，把实现人民的根本利益视为核心要义，把接受人民的评判与检验当作基本遵循，把现代化建设成果更多更公平

---

① 《列宁全集》第39卷，人民出版社2017年版，第21页。
② 习近平：《高举中国特色社会主义伟大旗帜　为全面建设社会主义现代化国家而团结奋斗——在中国共产党第二十次全国代表大会上的报告》，人民出版社2022年版，第22页。

惠及全体人民奉为价值追求。习近平总书记强调："只有坚持以人民为中心的发展思想，坚持发展为了人民、发展依靠人民、发展成果由人民共享，才会有正确的发展观、现代化观。"①另一方面，党的领导是中国特色社会主义的最本质特征，是实现中国式现代化的政治保证，也是保障人民群众在现代化建设中主体地位的最高政治力量。党的领导决定中国式现代化的根本性质，确保了在推进中国式现代化过程中不偏离航向、不丧失灵魂、不犯颠覆性错误；党的领导推动改革创新，勇于破除各方面体制机制弊端，激发建设中国式现代化的强劲动力。党的百年奋斗历程及辉煌成就为中国式现代化打下了坚实基础，增强了中国人民的志气、骨气、底气。党的十八大以来，在习近平新时代中国特色社会主义思想的指引下，党团结带领人民推进一系列变革性实践、实现一系列突破性进展、取得一系列标志性成果，为中国式现代化提供了更为完善的制度保证、更为坚实的物质基础、更为主动的精神力量。人民主体为推进中国式现代化提供了力量源泉、价值追求，党的领导为实现中国式现代化提供了坚强领导力量与政治保证，科学把握党的领导核心地位与人民历史主体地位相统一的规律性要求，为推进中国式现代化提供了无坚不摧、战无不胜的有力保障。

心得体会

习近平总书记指出："中国式现代化蕴含的独特世界观、价值观、历史观、文明观、民主观、生态观等及其伟大实践，是对世界现代化理论和实践的重大创新。"②本文是一篇学习体会文章，从四个方面作出阐发。

本文围绕"中国式现代化的历史观"这一主题，以习近平总书记

---

① 《习近平谈治国理政》第4卷，外文出版社2022年版，第171页。
② 《正确理解和大力推进中国式现代化》，《人民日报》2023年2月8日。

关于中国式现代化的重要论述为指导，坚持把中国式现代化的共时态与历时态作为重点内容，充分挖掘其背后所蕴含的唯物史观原理，以此来搭建文章的框架结构。

从生成过程看，中国式现代化体现了历史必然性与主体选择性相统一；从基本内容看，中国式现代化体现了生产力发展与社会全面进步相统一；从表现形式看，中国式现代化体现了历史普遍性与历史特殊性相统一；从推动力量看，中国式现代化体现了人民主体地位与党的坚强领导相统一。

推荐阅读

郝永平、黄相怀：《坚持党的基本路线的深刻启示——纪念邓小平同志诞辰110周年》，《光明日报》2014年8月20日。

郝永平、黄相怀：《长期执政如何过好互联网这一关》，《光明日报》2017年12月11日。

郝永平、黄相怀：《进入新时代的基本依据》，《学习时报》2017年11月15日。

二、以核心观点贯穿全文

确定了主题词或关键词之后，必须始终紧盯核心观点，充分挖掘逻辑上并列的有关方面，以此来谋篇布局；必须一以贯之地在文章各部分加以体现，不能随意偏离，而要"一根红线串到底"。

理论文章这样写

示例文章

坚持把中国发展进步的命运牢牢掌握在自己手中①

党的二十大报告进一步指明了党和国家事业的前进方向，是我们党团结带领全国各族人民在新时代新征程坚持和发展中国特色社会主义的政治宣言和行动纲领。习近平总书记在党的二十大报告中指出，"坚持把国家和民族发展放在自己力量的基点上，坚持把中国发展进步的命运牢牢掌握在自己手中"②。这是深刻总结历史经验、科学审视当今世界和当代中国发展大势作出的重要战略判断，对于我们在全面建设社会主义现代化国家新征程上行稳致远具有十分重要的意义。

关键在于办好自己的事

一个国家、一个民族的发展，立足点在于走好自己的路，关键在于办好自己的事。"坚持把中国发展进步的命运牢牢掌握在自己手中"③的重要论述，深刻体现了以习近平同志为核心的党中央对如何推动当前和今后一个时期党和国家事业发展的战略思考，具有充分的理论依据、历史依据和现实依据。

这是对事物发展规律的科学把握。唯物辩证法认为，事物发展变化是内因和外因共同作用的结果，内因是事物发展变化的根据，决定着事物发展的基本趋势，外因通过内因起作用。中国共产党人历来重视充分发挥"内因"的作用，认为革命、建设、改革主要靠自己，必须把命运掌握在自己手中。

---

① 郝永平、黄相怀：《坚持把中国发展进步的命运牢牢掌握在自己手中》，《人民日报》2022年11月14日。

② 习近平：《高举中国特色社会主义伟大旗帜　为全面建设社会主义现代化国家而团结奋斗——在中国共产党第二十次全国代表大会上的报告》，人民出版社2022年版，第27页。

③ 习近平：《高举中国特色社会主义伟大旗帜　为全面建设社会主义现代化国家而团结奋斗——在中国共产党第二十次全国代表大会上的报告》，人民出版社2022年版，第27页。

毛泽东同志指出："中国的事情，要靠共产党办，靠人民办。"①邓小平同志指出："一切决定于我们自己的事情干得好不好。"②新时代，面对世情国情党情的深刻变化，习近平总书记指出，"中国的事情必须按照中国的特点、中国的实际来办，这是解决中国所有问题的正确之道"③，"多从内因着眼、着手、着力，找准症结就有的放矢、对症下药"④。历史和现实都表明，只有把国家和民族发展放在自己力量的基点上，才能把中国发展进步的命运牢牢掌握在自己手中。

这是党百年奋斗历程的深刻启示。自成立以来，党团结带领中国人民进行的一切奋斗、一切牺牲、一切创造，归结起来就是一个主题：实现中华民族伟大复兴。新民主主义革命时期，党团结带领人民推翻帝国主义、封建主义、官僚资本主义三座大山，建立了人民当家作主的中华人民共和国，创造了新民主主义革命的伟大成就，为实现中华民族伟大复兴创造了根本社会条件。社会主义革命和建设时期，党团结带领人民确立社会主义基本制度，推进社会主义建设，创造了社会主义革命和建设的伟大成就，为实现中华民族伟大复兴奠定了根本政治前提和制度基础。改革开放和社会主义现代化建设新时期，党团结带领人民坚定不移推进改革开放，开创、坚持、捍卫、发展中国特色社会主义，创造了改革开放和社会主义现代化建设的伟大成就，为实现中华民族伟大复兴提供了充满新的活力的体制保证和快速发展的物质条件。中国特色社会主义新时代，党团结带领人民如期实现全面建成小康社会目标，顺利开启实现第二个百年奋斗目标新征程，创造了新时代中国特色社会主义的伟大成就，为实现中华民族伟大复兴提供了更为完善的制度保证、更为坚实的物质基础、更为主动的精神力量。100多年来，我们党之所以能

---

① 《毛泽东选集》第4卷，人民出版社1991年版，第1162页。
② 《邓小平文选》第2卷，人民出版社1994年版，第240页。
③ 《习近平谈治国理政》第2卷，外文出版社2017年版，第13页。
④ 《加大支持力度增强内生动力　加快东北老工业基地振兴发展》，《人民日报》2015年7月20日。

团结带领人民书写中华民族几千年来最恢宏的史诗，一个重要原因就是锚定奋斗目标，在每个历史阶段都把中国发展进步的命运牢牢掌握在自己手中。

这是推进中华民族伟大复兴的战略谋划。习近平总书记指出："从现在起，中国共产党的中心任务就是团结带领全国各族人民全面建成社会主义现代化强国、实现第二个百年奋斗目标，以中国式现代化全面推进中华民族伟大复兴。"①以中国式现代化全面推进中华民族伟大复兴，是以习近平同志为核心的党中央把国家和民族发展放在自己力量基点上作出的重大决策，也是把中国发展进步的命运牢牢掌握在自己手中的宏伟事业。中国式现代化具有中国特色、符合中国实际，是人口规模巨大、全体人民共同富裕、物质文明和精神文明相协调、人与自然和谐共生、走和平发展道路的现代化。坚持以中国式现代化全面推进中华民族伟大复兴，要求我们坚持中国共产党领导，依靠中国人民力量，既不走封闭僵化的老路，也不走改旗易帜的邪路，坚定不移在中国特色社会主义道路这条唯一正确的道路上实现民族复兴。

坚持团结奋斗，增强历史主动

越是接近民族复兴，越不会一帆风顺。越是斗争形势复杂，越要坚持把中国发展进步的命运牢牢掌握在自己手中。在全面建设社会主义现代化国家新征程上，要坚持团结奋斗、增强历史主动、发扬斗争精神，不为任何风险所惧，不为任何干扰所惑，风雨无阻向前行。

坚持团结奋斗。习近平总书记指出，"团结奋斗是中国人民创造历史伟业的必由之路"②。坚持把中国发展进步的命运牢牢掌握在自己手中，要求全党坚持全心全意为人民服务的根本宗旨，树牢群众观点，贯彻群众路线，尊重人民首创精神，坚持一切为了人民、一切依靠人民，从群众中来、到群

---

① 习近平：《高举中国特色社会主义伟大旗帜　为全面建设社会主义现代化国家而团结奋斗——在中国共产党第二十次全国代表大会上的报告》，人民出版社2022年版，第21页。

② 习近平：《高举中国特色社会主义伟大旗帜　为全面建设社会主义现代化国家而团结奋斗——在中国共产党第二十次全国代表大会上的报告》，人民出版社2022年版，第70页。

众中去，始终保持同人民群众的血肉联系。只要我们始终同人民同呼吸、共命运、心连心，全党全国各族人民就能在党的旗帜下团结成"一块坚硬的钢铁"，心往一处想、劲往一处使，推动中华民族伟大复兴号巨轮乘风破浪、扬帆远航，真正把中国发展进步的命运牢牢掌握在自己手中。

增强历史主动。习近平总书记指出："拥有马克思主义科学理论指导是我们党坚定信仰信念、把握历史主动的根本所在。"[①]马克思主义是我们立党立国、兴党兴国的根本指导思想。实践告诉我们，中国共产党为什么能，中国特色社会主义为什么好，归根结底是马克思主义行，是中国化时代化的马克思主义行。坚持把中国发展进步的命运牢牢掌握在自己手中，必须继续高举中国特色社会主义伟大旗帜，始终不渝走中国特色社会主义道路，全面贯彻习近平新时代中国特色社会主义思想，增强历史主动，创造性地解答和解决事关中国发展进步的重大理论和实践问题。

发扬斗争精神。开启全面建设社会主义现代化国家新征程，面临的风险和考验一点也不会比过去少。坚持把中国发展进步的命运牢牢掌握在自己手中，要增强志气、骨气、底气，不信邪、不怕鬼、不怕压，知难而进、迎难而上；要积极主动、未雨绸缪，见微知著、防微杜渐，做好经济上、政治上、文化上、社会上、外交上、军事上各种斗争的准备；要以越是艰险越向前的精神奋勇搏击、迎难而上，自觉加强斗争历练，在斗争中学会斗争，在斗争中成长提高，发扬斗争精神，增强斗争本领，敢打硬仗、善打胜仗，全力战胜前进道路上各种困难和挑战，依靠顽强斗争打开事业发展新天地。

坚持系统观念，加强统筹协调

当前，世界百年未有之大变局加速演进，世界之变、时代之变、历史之变的特征更加明显，我国发展进入战略机遇和风险挑战并存、不确定难预料

---

① 习近平：《高举中国特色社会主义伟大旗帜　为全面建设社会主义现代化国家而团结奋斗——在中国共产党第二十次全国代表大会上的报告》，人民出版社2022年版，第16页。

因素增多的时期,各种"黑天鹅""灰犀牛"事件随时可能发生。前进道路上,我们要坚持系统观念,加强统筹协调,把我们自己的事情办好,准备经受风高浪急甚至惊涛骇浪的重大考验,真正在自己力量的基点上牢牢掌握中国发展进步的命运。

统筹好国内国际"两个大局"。当今世界正经历百年未有之大变局,我国正处于实现中华民族伟大复兴的关键时期。这是一个"船到中流浪更急、人到半山路更陡"的时候,是一个愈进愈难、愈进愈险而又不进则退、非进不可的时候。把中国发展进步的命运牢牢掌握在自己手中,要统筹好国内国际"两个大局",保持战略定力,不断发展壮大自己,夯实应对世界变局的战略基石,以自身发展的稳定性应对外部环境的不确定性。

统筹好发展和安全两件大事。当前,世界进入新的动荡变革期,全球发展和安全形势错综复杂。统筹发展和安全,增强忧患意识,做到居安思危,是我们党治国理政的一个重大原则。坚持把中国发展进步的命运牢牢掌握在自己手中,要求我们增强忧患意识,树立底线思维,把困难估计得更充分一些,把风险思考得更深入一些,注重堵漏洞、强弱项,下好先手棋、打好主动仗,有效防范化解各类风险挑战,塑造有利于经济社会发展的安全环境。要保持战略自信、战略耐心,聚精会神搞建设、一心一意谋发展,运用发展成果夯实国家安全的实力基础,牢牢掌握战略主动权,着力增强对国家安全的主动塑造能力。

统筹好疫情防控和经济社会发展。百年不遇的新冠疫情发生以来,我们坚持人民至上、生命至上,最大程度保护了人民生命安全和身体健康,统筹疫情防控和经济社会发展取得重大积极成果。要完整、准确、全面贯彻落实党中央决策部署,坚定不移坚持人民至上、生命至上,坚定不移落实"外防输入、内防反弹"总策略,坚定不移贯彻"动态清零"总方针,按照疫情要防住、经济要稳住、发展要安全的要求,高效统筹疫情防控和经济社会发展,最大程度保护人民生命安全和身体健康,最大程度减少疫情对经济社会发展的影响。

心得体会

习近平总书记在党的二十大报告中指出,"坚持把国家和民族发展放在自己力量的基点上,坚持把中国发展进步的命运牢牢掌握在自己手中"①。这实际上就是"自立自强"的问题。对此,本文从三个方面作出阐释。

一是从依据来说,关键在于办好自己的事。这是对事物发展规律的科学把握,是党百年奋斗历程的深刻启示,是推进中华民族伟大复兴的战略谋划。这是理论基础、历史经验与实践需要的有机统一。

二是从着力点来说,越是接近民族复兴,越不会一帆风顺,越需要我们坚持团结奋斗、增强历史主动、发扬斗争精神。只要全党全国人民团结奋斗,只要能够增强历史主动,只要能够以斗争精神防范与化解风险挑战,就能掌握中国发展进步的命运。

三是从基本路径来说,前进道路上,我们要坚持系统观念,统筹好国内国际"两个大局",统筹好发展和安全两件大事,统筹好疫情防控和经济社会发展。

示例文章 2

把创新摆在国家发展全局的核心位置②

党的十八大以来,习近平总书记高度重视创新、着力推进创新,把创新摆在了国家发展全局的核心位置。深入学习领会习近平总书记关于创新特别

---

① 习近平:《高举中国特色社会主义伟大旗帜 为全面建设社会主义现代化国家而团结奋斗——在中国共产党第二十次全国代表大会上的报告》,人民出版社2022年版,第27页。

② 郝永平、黄相怀:《把创新摆在国家发展全局的核心位置》,《光明日报》2016年9月18日。

是关于四种创新形式的重要论述，对于协调推进"四个全面"战略布局，深入贯彻新发展理念，实现"两个一百年"奋斗目标和中华民族伟大复兴中国梦，具有重要意义。

理论创新：不断书写中国特色社会主义理论体系新的篇章

在总体方向上提出了一系列具有创新性的战略思想。党的十八大以来，党的理论创新成果丰富多样，涵盖了中国特色社会主义事业的各个领域，为马克思主义中国化理论宝库增添了新的精神财富，书写了中国特色社会主义理论体系新的篇章。从总的方面看，主要包括：一是提出了实现中华民族伟大复兴中国梦的宏伟愿景，二是明确了坚持和发展中国特色社会主义这一主线，三是提出了"五位一体"的总体布局，四是提出了协调推进"四个全面"战略布局这一治国理政方略，五是提出了树立新发展理念的新思想等。

就具体工作做出了许多新判断新概括。在经济社会发展的各方面和各领域，习近平总书记作出了许多具体的、富有创造性的理论概括和判断。在经济建设领域，提出要主动适应、把握、引领经济发展新常态；在政治建设领域，提出要发展适合我国国情的社会主义政治制度；在文化建设领域，提出要用社会主义核心价值观凝心聚力；在社会建设领域，提出要构建全民共建共享的社会治理格局；在生态文明建设领域，提出要实行最严格的生态环境保护制度等。

对理论创新本身进行明确而系统的阐发。关于当代中国理论创新的根本任务，习近平总书记指出："我国哲学社会科学的一项重要任务就是继续推进马克思主义中国化、时代化、大众化，继续发展21世纪马克思主义、当代中国马克思主义。"[①]关于理论创新的出发点，他强调："只有聆听时代的声音，回应时代的呼唤，认真研究解决重大而紧迫的问题，才能真正把握住历史脉络、找到发展规律，推动理论创新。"[②]他还明确提出了理论创新的

---

① 习近平:《在哲学社会科学工作座谈会上的讲话》，人民出版社2016年版，第9—10页。
② 习近平:《在哲学社会科学工作座谈会上的讲话》，人民出版社2016年版，第14页。

基本要求："只有以我国实际为研究起点,提出具有主体性、原创性的理论观点,构建具有自身特质的学科体系、学术体系、话语体系,我国哲学社会科学才能形成自己的特色和优势。"①

制度创新:推进国家治理体系和治理能力现代化

推动制度更加成熟定型是历史性的任务。推动形成更加成熟、更加定型的制度的任务,落在了以习近平同志为核心的党中央肩上。为了实现这个目标,党的十八届三中全会提出了"推进国家治理体系和治理能力现代化"的任务,其实质就在于,以进一步解放思想、解放和发展社会生产力、解放和增强社会活力为导向,坚持和完善社会主义制度,加快实现经济、政治、文化、社会、生态文明和党的建设制度的现代化。同时,坚持社会主义市场经济的改革方向,以实现国家治理体系和治理能力现代化为目标,治理党、治理国家、治理军队。

制度创新是推动国家治理现代化的战略支撑。习近平总书记深刻认识到,制度问题更带有根本性、全局性、稳定性、长期性。比如,关于推动落实新发展理念,要围绕形成有利于落实新发展理念的体制机制,对准瓶颈和短板,精准对焦、协同发力,努力在增强创新能力、推动发展平衡、改善生态环境、提高开放水平、促进共享发展上取得新突破。关于全面从严治党,他强调要坚持思想建党和制度治党紧密结合,依法依规治党,把权力关进制度的笼子里,用制度从严管理干部等。

推进制度创新须把握好变与不变的关系。习近平总书记所强调的制度创新,是立足于中国国情和实际的制度创新,是坚持底线思维和战略定力的制度创新。这就要求推进制度创新,必须把握好变与不变的辩证关系:对于阻碍社会生产力发展,不利于国家富强、民族昌盛和人民福祉改善的体制机制,要坚决、大胆、果断地改革;对于植根于我国国情、经过长期社会主义

---

① 《在哲学社会科学工作座谈会上的讲话》,《人民日报》2016年5月19日。

实践检验证明有效的基本制度，无论如何也不能改、任何时候都不能变。

科技创新：推动实现有质量有效益可持续的发展

科技创新对于国家健康良性发展具有至关重要的作用。当今世界，科技创新已经成为提高综合国力的关键支撑，成为社会生产方式和生活方式变革进步的强大引领，谁牵住了科技创新这个牛鼻子，谁走好了科技创新这步先手棋，谁就能占领先机、赢得优势。只有不断推进科技创新，不断解放和发展社会生产力，不断提高劳动生产率，才能实现经济社会持续健康发展。因此，习近平总书记指出，"科技进步造就的新产业和新产品，是历次重大危机后世界经济走出困境、实现复苏的根本"①。

必须着力破除制约科技创新的体制机制障碍。习近平总书记指出，必须深化科技体制改革，破除一切制约科技创新的思想障碍和制度藩篱，处理好政府和市场的关系，推动科技和经济社会发展深度融合，打通从科技强到产业强、经济强、国家强的通道，以改革释放创新活力，加快建立健全国家创新体系。这就需要健全激励机制、完善政策环境，激发科技创新的积极性和主动性，坚持科技面向经济社会发展的导向，围绕产业链部署创新链，围绕创新链完善资金链，消除科技创新中的"孤岛现象"，破除制约科技成果转移扩散的障碍，提升国家创新体系整体效能。

必须坚持自主创新的方向和"不拘一格降人才"的原则。习近平总书记强调："我们是一个大国，在科技创新上要有自己的东西。"②中国要牢牢把握科技进步大方向，瞄准世界科技前沿领域和顶尖水平，力争在基础科技领域有大的创新，在关键核心技术领域取得大的突破。同时，习近平总书记指出，必须在创新实践中发现人才、在创新活动中培育人才、在创新事业中凝聚人才，必须大力培养造就规模宏大、结构合理、素质优良的创新型科技

---

① 习近平：《创新增长路径 共享发展成果》，《人民日报》2015年11月16日。
② 《坚定不移全面深化改革开放 脚踏实地推动经济社会发展》，《人民日报》2013年7月24日。

人才。要努力造就一批世界水平的科学家、科技领军人才、工程师和高水平创新团队,注重培养一线创新人才和青年科技人才。

文化创新:着力增强中华民族奋力前进的文化自信

文化自信是文化创新的前提和基础。早在浙江工作期间,习近平同志就认识到,文化是经济发展的助推器、政治文明的导航灯、社会和谐的黏合剂。推动文化创新离不开文化自信,文化自信是文化创新的前提与基础。在庆祝中国共产党成立95周年大会上,习近平总书记指出,"文化自信,是更基础、更广泛、更深厚的自信"①。坚定文化自信,就要坚持马克思主义的指导地位,培育和践行社会主义核心价值观,弘扬以爱国主义为核心的民族精神和以改革创新为核心的时代精神,不断增强全党全国各族人民的精神力量。

培育和践行社会主义核心价值观是文化创新的灵魂工程。核心价值观在一定社会的文化中是起中轴作用的,是决定文化性质和方向的最深层次要素,是一个国家的重要稳定器。社会主义核心价值观深入回答了我们要建设什么样的国家、建设什么样的社会、培育什么样的公民的重大问题。在文化创新上,习近平总书记高度重视培育和弘扬社会主义核心价值观的重大战略作用。他指出,要"用社会主义核心价值观凝魂聚力,更好构筑中国精神、中国价值、中国力量,为中国特色社会主义事业提供源源不断的精神动力和道德滋养"②。

继承和发展中华优秀传统文化是文化创新的出发点。习近平总书记高度重视中华优秀传统文化,并将其作为治国理政的重要思想文化资源。他反复强调,中华优秀传统文化是中华民族的突出优势,中华民族伟大复兴需要以

---

① 习近平:《在中国文联十大、中国作协九大开幕式上的讲话》,人民出版社2016年版,第6页。
② 《更好构筑中国精神、中国价值、中国力量 为中国特色社会主义事业提供精神动力和道德滋养》,《人民日报》2015年10月14日。

中华文化发展繁荣为条件，必须结合新的时代条件传承和弘扬好中华优秀传统文化。他强调，要坚持马克思主义的方法，采取马克思主义的态度，坚持古为今用、推陈出新，有鉴别地加以对待，有扬弃地予以继承，取其精华、去其糟粕，用中华民族创造的一切精神财富来以文化人、以文育人。

让网络空间清朗起来是文化创新的新任务。互联网深刻改变着舆论生成方式和传播方式，切实关系到党的执政安全与意识形态领导权和话语权。面对新形势，必须改进创新网络宣传工作，发展健康向上的网络文化；必须大力推进传统媒体和新兴媒体的融合发展，增强主流媒体的传播力、公信力、影响力；必须加强网络新技术新应用的管理，推进网络依法有序规范运行；必须增强主动性、掌握主动权，敢抓敢管，敢于亮剑和发声。习近平总书记指出，要"运用网络传播规律，弘扬主旋律，激发正能量，大力培育和践行社会主义核心价值观，把握好网上舆论引导的时、度、效，使网络空间清朗起来"[1]。

总之，在习近平总书记关于创新的重要论述中，理论创新是先导，制度创新是保障，技术创新是动力，文化创新是底蕴。习近平总书记关于创新的重要论述既全面系统又突出重点，体现了理论阐述、政策举措与实践要求的统一，包含了宏大的创新蓝图、科学的创新内容和积极的创新态度，为我国深入推进实施创新驱动发展战略和建设创新型国家提供了理论指南和实践指导。

心得体会

本文将创新这个核心观点贯穿全文，从理论创新、制度创新、科技创新、文化创新等四个逻辑上并列的方面入手，全面阐释了习近平总书记关于创新的重要论述，强调"理论创新是先导，制度创新是保障，技术创新是动力，文化创新是底蕴"。

---

[1] 《习近平谈治国理政》第1卷，外文出版社2018年版，第198页。

本文的结构是"一核心贯穿四论点":一是理论创新,不断书写中国特色社会主义理论体系新的篇章(今天可改为"不断开辟马克思主义中国化时代化的新境界");二是制度创新,推进国家治理体系和治理能力现代化;三是科技创新,推动实现有质量有效益可持续的发展(今天可改为"推动高质量发展");四是文化创新,着力增强中华民族奋力前进的文化自信。

推荐阅读

郝永平、孙林:《国之大者在为民》,《北京日报》2020年7月20日。

郝永平、黄相怀:《脱贫攻坚彰显中国发展的强劲内生动力》,《解放军报》2020年10月26日。

逻辑贯通

一、"历史逻辑、理论逻辑、实践逻辑"三者统一

历史逻辑追踪事物或问题的发展历程，理论逻辑探求事物或问题的理论底蕴，实践逻辑挖掘事物或问题的现实态势。坚持历史逻辑、理论逻辑和实践逻辑相统一，就能抓住事物或问题的根本。

示例文章

必须坚持中国共产党的坚强领导[①]

在庆祝中国共产党成立100周年大会上，习近平总书记以深邃的历史眼光和高瞻远瞩的宏大视野，站在党和人民事业发展全局的战略高度，把"坚持中国共产党坚强领导"作为"九个必须"之首提出来，深刻回答了中国共产党"为什么能够成功""未来怎样才能继续成功"这一重大问题，为坚持并不断完善党的全面领导提供了行动纲领和根本遵循。

从以史为鉴看，"四个伟大成就"得益于中国共产党的坚强领导。中国共产党的坚强领导是党和人民事业发展的决定性因素，关乎事业成败、关乎前途命运。近代以来在各种救国方案轮番失败的情势下，历史和人民选择中国共产党以新的思想引领救亡运动、以新的组织凝聚革命力量。100年来中国共产党坚持对革命、建设和改革的坚强领导，团结带领中国人民完成了近代各种政治力量都没有完成的历史使命，创造了"四个伟大成就"，推动中

[①] 郝永平：《必须坚持中国共产党的坚强领导——"以史为鉴，开创未来"系列评论之一》，《光明日报》2021年8月18日。

华民族实现了三次"伟大飞跃"。

中国共产党的坚强领导在革命、建设和改革历史进程中焕发出强大政治领导力,使新民主主义革命一次又一次转危为安,使社会主义革命和建设能够根据中国国情在探索中前行,使改革开放和社会主义现代化建设得以开创与推进,使新时代中国特色社会主义发生历史性变革,为创造"四个伟大成就"提供了正确的方向指引和坚定的道路抉择。中国共产党的坚强领导在革命、建设和改革历史进程中焕发出强大思想引领力,使百年来党和人民事业在马克思列宁主义和马克思主义中国化理论创新成果指导下不断从胜利走向胜利,使一代又一代中国共产党人在不断丰富发展的精神谱系激励下奋勇前进,为创造"四个伟大成就"提供了科学的理论指导和强大的精神动力。中国共产党的坚强领导在革命、建设和改革历史进程中焕发出强大群众组织力,始终代表最广大人民根本利益,始终与人民休戚与共、生死相依,为创造"四个伟大成就"提供了深厚的群众基础和磅礴的力量来源。中国共产党的坚强领导在革命、建设和改革历史进程中焕发出强大社会号召力,使拥护中国共产党、社会主义、祖国统一以及致力于中华民族伟大复兴的各社会阶级、阶层群众及其政治力量代表团结在党的旗帜下共同奋斗,为创造"四个伟大成就"提供了广泛的政治认同和有力的社会支持。

从理论建构看,党的坚强领导与社会主义事业兴旺发达是内在统一的。社会主义作为先进的事业必须由先进的政党来领导。马克思、恩格斯指出,"在无产阶级和资产阶级的斗争所经历的各个发展阶段上,共产党人始终代表整个运动的利益"①。这就指明了社会主义事业必须由共产党领导,而共产党的奋斗目标就包括社会主义。中国共产党在成立之初就把社会主义写入自己的纲领,中共一大党纲强调"党的根本政治目的是实行社会革命",并提出"承认无产阶级专政""生产资料,归社会公有"等社会主义主张。自

---

① 马克思、恩格斯:《共产党宣言》,人民出版社2014年版,第41页。

那时起，中国共产党便担负起领导社会主义事业发展的历史重任。

中国共产党的坚强领导是社会主义事业兴旺发达的政治保证。毛泽东同志指出："中国共产党是全中国人民的领导核心。没有这样一个核心，社会主义事业就不能胜利。"① 习近平总书记强调，"中国共产党领导是中国特色社会主义最本质的特征，是中国特色社会主义制度的最大优势"②。这些重要论述深刻阐明了党的坚强领导对社会主义事业发展的决定性作用。从社会主义事业历史发展进程看，100年来中国共产党的坚强领导贯穿于新民主主义革命、社会主义革命和建设、改革开放和社会主义现代化建设、新时代坚持和发展中国特色社会主义的全部历史过程，创造了一系列社会主义事业发展的伟大成就，使具有500年历史的社会主义主张在世界上人口最多的国家成功开辟出具有高度现实性和可行性的正确道路，让科学社会主义在21世纪焕发出新的蓬勃生机。在中国社会主义百年历史发展进程中，党和社会主义已高度融合在一起，党的坚强领导与社会主义事业兴旺发达已有机统一、相辅相成。党的领导越是坚强有力，社会主义事业越能沿着正确方向稳步前行；社会主义事业越是兴旺发达，党的领导越是坚不可摧。

从开创未来看，实现中华民族伟大复兴必须坚持中国共产党的坚强领导。实现中华民族伟大复兴是一项前无古人的伟大事业，是一项前所未有的伟大梦想。100年来，在中国共产党的坚强领导下，一系列伟大成就的创造，特别是中国特色社会主义新时代伟大成就的创造，为实现中华民族伟大复兴提供了更为完善的制度保证、更为坚实的物质基础、更为主动的精神力量，推动中华民族伟大复兴进入了不可逆转的历史进程。展望第二个百年奋斗目标，必须继续坚持中国共产党的坚强领导，最重要的是坚决维护习近平总书记党中央的核心、全党的核心地位，坚决维护党中央权威和集中统一领

---

① 《毛泽东文集》第7卷，人民出版社1999年版，第303页。

② 习近平：《在庆祝中国共产党成立100周年大会上的讲话》，人民出版社2021年版，第11页。

导,为早日顺利实现中华民族伟大复兴提供强大政治保障。

只有坚持中国共产党的坚强领导,才能在百年未有之大变局中顺应时代发展潮流,深化对共产党执政规律、社会主义建设规律、人类社会发展规律的认识,始终掌握事业发展的主动,为实现伟大复兴把方向谋大局;只有坚持中国共产党的坚强领导,才能坚定不移地推进全面深化改革,不断向顽瘴痼疾开刀,突破利益固化藩篱,不断冲破思想束缚,突破体制机制障碍,不断解放和发展生产力,为实现伟大复兴定政策促改革;只有坚持中国共产党的坚强领导,才能发挥密切联系群众的最大政治优势,始终与人民想在一起、干在一起,充分激发人民群众的积极性、主动性、创造性,为实现伟大复兴聚民心汇伟力;只有坚持中国共产党的坚强领导,才能科学把握重要战略机遇期,进行具有许多新的历史特点的伟大斗争,勇于战胜国内外各种风险挑战,为实现伟大复兴守底线防风险。

心得体会

习近平总书记"七一"重要讲话是一篇光辉的马克思主义纲领性文献,具有深厚的政治分量、理论含量、精神能量、实践力量。这篇讲话系统阐述了以史为鉴、开创未来的"九个必须",为全党全国各族人民向第二个百年奋斗目标迈进指明了前进方向、提供了根本遵循。

本文从以史为鉴、理论建构、开创未来三个维度出发,综合分析了四个历史时期的"伟大成就"得益于中国共产党的坚强领导,党的坚强领导与社会主义事业兴旺发达是内在统一的,实现中华民族伟大复兴必须坚持中国共产党的坚强领导。

二、从问题的各个重要维度加以挖掘并予以呈现

面对一个问题,需要从各个重要维度进行梳理,把问题的正面、反面、侧面加以统筹思考,从中把握重要的、根本的环节,舍弃那些无关的或不直接相关的方面。这是文章谋篇布局的一个重要支点。

示例文章 1

用担当诠释对党和人民的忠诚[①]

习近平总书记在"不忘初心、牢记使命"主题教育工作会议上强调,要牢记我们党肩负的实现中华民族伟大复兴的历史使命,勇于担当负责,积极主动作为,保持斗争精神,敢于直面风险挑战,以坚忍不拔的意志和无私无畏的勇气战胜前进道路上的一切艰难险阻。对党员干部来说,担当是立身之本,是为政之基,也是成事之要。习近平总书记指出,"能否敢于负责、勇于担当,最能看出一个干部的党性和作风","要用知重负重、攻坚克难的实际行动,诠释对党的忠诚、对人民的赤诚"。[②]这就为新时代党员干部健康成长进步、尽心履职作为指明了方向,提供了遵循。

担当是马克思主义的崇高使命

在揭示人类社会发展规律的基础上指明无产阶级解放的正确道路,憧憬共产主义理想境界,这是马克思主义创立与发展的崇高使命。

正是基于这样的历史担当,马克思、恩格斯坚定地站在无产阶级与劳动人民的立场上;正是基于这样的历史担当,他们持续开展着对资本主义制度的批判与揭露;正是基于这样的历史担当,他们才矢志不渝地从事艰辛的科学研究与理论创造,写下了一系列深刻影响人类历史进程的鸿篇巨制;正

[①] 郝永平、吴江华:《用担当诠释对党和人民的忠诚》,《光明日报》2019年7月2日。
[②] 《习近平谈治国理政》第3卷,外文出版社2020年版,第522页。

是基于这样的历史担当，他们才义无反顾地投身于工人运动，精心指导正义者同盟的改组与共产主义者同盟的建立，热情支持巴黎公社革命，从理论上引领第一国际的成立与发展，在与机会主义斗争中推动第二国际的创立与活动，并在晚年深入探讨了经济落后国家跨越资本主义发展阶段的问题；正是基于这样的历史担当，他们才为探索共产主义社会和实现人类美好未来呕心沥血，坚韧不拔地进行斗争。

正如习近平总书记在纪念马克思诞辰200周年大会上的讲话中所概括的，马克思的一生，是胸怀崇高理想、为人类解放不懈奋斗的一生；是不畏艰难险阻、为追求真理而勇攀思想高峰的一生；是为推翻旧世界、建立新世界而不息战斗的一生。

担当是中国共产党人的政治本色

中国共产党是以马克思主义理论武装起来的先进政党，是中国工人阶级的先锋队，同时是中国人民和中华民族的先锋队，其初心和使命就是为中国人民谋幸福，为中华民族谋复兴。由党的性质、宗旨和奋斗目标所决定，担当是共产党人的政治本色。

中国共产党人担当的目标，即全心全意为人民服务，为实现共产主义奋斗终身；同时，要在加强学习中提高为人民服务的本领，在生产、工作、学习和社会生活中起先锋模范作用，坚持党和人民的利益高于一切，自觉遵守党的纪律和国家的法律法规，维护党的团结和统一，切实开展批评与自我批评，密切联系群众，发扬社会主义新风尚。每一位党员在面向党旗宣誓时，都要对担当目标发出庄严承诺，即对党忠诚、为党和人民牺牲一切、为共产主义奋斗终身；也要对担当要求作出郑重表态，包括拥护党的纲领、遵守党的章程、履行党员义务、执行党的决定、严守党的纪律、保守党的秘密、积极工作等。

作为共产党人的政治本色，担当具有一些鲜明的特征：一是先进性，顺应历史潮流，在与时代同行中追求崇高理想；二是实践性，崇尚实干，艰苦奋斗，拒绝空谈；三是主动性，坚持主动作为，抵制被动应付；四是公共性，自觉维护党和人民的利益，坚持个人利益服从党和人民的利益；五是原则性，敢于旗帜鲜明地坚持原则，在大是大非面前勇于较真碰硬；六是责任性，权力与责任对等，履职必须尽责负责。

中国共产党依靠担当立党、兴党、强党，近百年来由小到大、由弱到强的发展历程就是在担当中铸就的。我们党取得的伟大成就，充分展现了共产党人的担当精神。

在革命时期，中国共产党人发扬不怕牺牲的担当精神，团结带领中国人民进行28年浴血奋战，结束了旧中国半殖民地半封建社会的历史，结束了旧中国一盘散沙的局面，废除了列强强加给中国的不平等条约和帝国主义在中国的一切特权，实现了中国从几千年封建专制政治向人民民主的伟大飞跃。

在建设时期，中国共产党人发扬艰苦奋斗的担当精神，在百废待举、百业待兴的条件下攻坚克难，完成了中华民族有史以来最为广泛而深刻的社会变革，为当代中国一切发展进步奠定了政治前提和制度基础，为中国发展富强、中国人民生活富裕奠定了坚实基础，实现了中华民族由不断衰落到根本扭转命运、持续走向繁荣富强的伟大飞跃。

在改革开放新时期，中国共产党人发扬改革创新的担当精神，坚决破除阻碍国家和民族发展的一切思想和体制障碍，积极推进改革开放新的伟大革命，成功开辟了中国特色社会主义道路，形成了中国特色社会主义理论体系，实现了中国人民从站起来、富起来到强起来的伟大飞跃。

历史告诉我们，近百年中国走过的历程，中国人民和中华民族走过的历程，是中国共产党和中国人民用汗水、泪水和鲜血写就的，是与中国共产党人团结带领广大人民群众一以贯之发扬担当精神分不开的，是与党的几代领导集体在实现民族复兴征途中的接续担当分不开的，是与不同历史时期各级党组织积极担当作为分不开的，是与先烈们的英勇牺牲、建设者们的艰苦奋斗和时代楷模们的开拓奉献分不开的。

担当是新时代党员干部的责任坚守

在中国特色社会主义新时代，担当是党员干部的政治品格、履职能力和工作作风的集中体现。是否甘于、勇于和善于担当是检验党员干部是否合格的重要标尺之一。党的干部必须坚持党性原则、坚持责任担当，面对大是大非敢于亮剑，面对矛盾敢于迎难而上，面对危机敢于挺身而出，面对失误敢于承担责任，面对歪风邪气敢于坚决斗争。新时代呼唤担当，在实现中华民族伟大复兴的新征程上，应对重大挑战、抵御重大风险、克服重大阻力、解决重大矛盾，迫切需要迎难而上、挺身而出的担当精神，迫切需要广大党员干部书写甘于担当、勇于担当和善于担当的精彩篇章。

甘于担当，要坚定理想，不忘初心。理想信念是党的思想建设的根本内容，共产主义远大理想和中国特色社会主义共同理想是中国共产党人的精神支柱和政治灵魂，也是保持党的团结统一的思想基础，更是党员干部主动担当作为的思想先导。当前，世界范围内各种思想文化交流交融交锋更加频繁，在我国社会深刻变革与不断扩大对外开放的条件下，人们思想活动的独立性、选择性、多样性、差异性明显增强；在信息网络快速发展与广泛应用的今天，互联网作为最大变量成为意识形态斗争的新阵地。这些新情况给人们的思想带来强烈冲击，一些人理想信念发生动摇。崇高信仰、坚定信念不会自发产生，只能用科学理论武装头脑。因此，党员干部必须把系统掌握马克思主义理论作为看家本领，重点是用习近平新时代中国特色社会主义思想武装全党、统一思想、指导实践、推动工作。只有推动学习研究宣传贯彻习近平新时代中国特色社会主义思想往深里走、往心里走、往实里走，才能使广大党员干部不断坚定共产主义理想和中国特色社会主义自信，进一步增强对党忠诚与为人民服务的担当意识。

勇于担当，要完善制度，正向激励。担当不仅依靠党员干部内在的坚定信念，也受到制度安排和用人环境等条件影响。如果制度趋于完善，环境比较宽松，那就更易使党员干部解除思想包袱，更易激发党员干部干事创业、担当作为的积极性主动性。改革开放已走过千山万水，但仍须跋山涉水，摆在全党全国各族人民面前的使命更光荣、任务更艰巨、挑战更严峻、工作更伟大。为此，需要建立激励党员干部担当作为的长效机制，从制度上进一步优化党员干部担当作为的政治生态。一是鲜明树立重实干重实绩的用人导向，大力选拔敢于负责、勇于担当、善于作为、实绩突出的干部。二是充分发挥干部考核评价的激励鞭策作用，切实解决干与不干、干多干少、干好干坏一个样的问题。三是努力构建本地区本行业担当作为的正向激励措施和试错免责机制，认真落实"三个区分开来"，让广大党员干部既讲规矩守纪律，又能安心安身，切实解除后顾之忧，甩开膀子，鼓足干劲，积极担当作为。

善于担当，要增强才干，提高本领。打铁还须自身硬，铁肩方能担道义。仅有豪迈的担当气魄和无畏的担当精神是不够的，担当需要勇气，也需要本领支撑。担当是一种胸襟，也是一种能力。习近平总书记指出："领导十三亿多人的社会主义大国，我们党既要政治过硬，也要本领高强。"[①]干部干部，干是当头的，既要想干愿干积极干，又要能干会干善于干。在新时代，中国共产党要带领人民群众统揽伟大斗争、伟大工程、伟大事业、伟大梦想，统筹推进"五位一体"总体布局，协调推进"四个全面"战略布局，全面建成社会主义现代化强国，迫切要求全面增强党的执政本领，迫切要求不断提升广大党员干部担当作为的素质与能力。但在现实中，对于少数党员干部来说，最大的恐慌就是本领恐慌。为改变这种情况，广大党员干部必须切实增强"八大本领"，即增强学习本领，建设马克思主义学习型政党；增强政治领导本领，把党总揽全局、协调各方的领导核心作用落到实处；增强改革创新本领，善于结合实际创造性推动工作；增强科学发展本领，不断开创发展新局面；增强依法执政本领，善于运用法治思维和法治方式；增强群众工作本领，组织动员广大人民群众坚定不移跟党走；增强狠抓落实本领，

---

① 《习近平著作选读》第2卷，人民出版社2023年版，第56页。

把雷厉风行和久久为功结合起来；增强驾驭风险本领，勇于战胜前进路上的各种艰难险阻。党员干部只有切实提高这"八大本领"，才能不断提升履职能力，才能在精准施策上出实招，在重点突破上下功夫，在举措落实上见实效，从而真正担当起党的重托，不辜负人民的期待。

本文从想担当——靠思想觉悟、敢担当——靠制度完善、能担当——靠能力水平等三个方面，阐述了对党员干部来说担当是立身之本，是为政之基，也是成事之要，为新时代党员干部健康成长进步、尽心履职作为指明了方向、提供了遵循。

示例文章 2

不断增强党的社会号召力①

社会号召力是政党团结人民、凝聚共识和动员社会的能力，是政党具有生机与活力的集中体现。习近平总书记强调，"不断增强党的政治领导力、思想引领力、群众组织力、社会号召力，确保我们党永葆旺盛生命力和强大战斗力"②。在世界百年未有之大变局加速演进、中华民族伟大复兴进入关键时期的历史条件下，只有进一步提升党的社会号召力，更加广泛地团结一切可以团结的力量、调动一切可以调动的积极因素，才能使党更加成熟、更加坚定、更加自信，在新的赶考之路上铸就新辉煌。

---

① 郝永平、孙林：《不断增强党的社会号召力》，《解放军报》2022年7月6日。
② 习近平：《决胜全面建成小康社会 夺取新时代中国特色社会主义伟大胜利——在中国共产党第十九次全国代表大会上的报告》，人民出版社2017年版，第16页。

以愿景目标引领人民群众

任何政党要实现对社会的广泛号召和深度动员，都必须提出能够充分整合不同群体诉求的愿景目标。我们党在近代中国各种救国方案都以失败告终的情势下，以新的思想引领救亡运动，以新的组织凝聚革命力量，一经诞生就把"为中国人民谋幸福、为中华民族谋复兴"作为初心使命、把"实现社会主义和共产主义"作为奋斗目标，从而凝聚起最广泛的革命力量。

一般来说，愿景目标是长期、宏大、崇高的，不可能一蹴而就，必须分历史阶段完成。在百年奋斗历程中，我们党根据时代主题变化，与时俱进地把愿景目标转化为时代任务和党的路线方针政策，使之更加贴合时代、贴近现实，更富有感召力、更具有针对性，从而更有力地把人民群众凝聚在党的旗帜下。在革命时期，我们党为实现中华民族"站起来"制定了一系列奋斗目标，团结并激励广大人民群众为争取民族独立、人民解放而奋斗；在建设和改革时期，我们党为实现中华民族"富起来"制定了一系列奋斗目标，团结并激励广大人民群众为社会主义革命和现代化建设而奋斗；进入新时代，我们党为实现中华民族"强起来"制定了一系列奋斗目标，团结并激励广大人民群众为实现"两个一百年"奋斗目标而砥砺前行。

习近平总书记强调："实现中华民族伟大复兴的中国梦，需要广泛汇聚团结奋斗的正能量。"[①]当前"两个大局"的演进出现一系列新变化，必须准确识变、科学应变、主动求变，以更加深远的历史眼光和更加宽广的全球视野设定愿景目标。新时代，以"中国梦"这一愿景目标统领党群关系、民族关系、宗教关系、海内外同胞关系等，寻求最大公约数，画出最大同心圆，凝聚人心力量、催人奋发有为；以"人类命运共同体"这一愿景目标引领世界和平、发展、合作、共赢，推动各国协力破解"四大赤字"，一起向未来，共创美好生活。两个愿景目标有机联动，必将为推进社会主义现代化建设、完成祖国统一、实现民族复兴、维护世界和平与促进共同发展凝聚起

[①] 《习近平谈治国理政》第3卷，外文出版社2020年版，第297页。

更广泛更强大的力量。

以辉煌成就激励人民群众

社会号召力是政党软实力，而软实力必须建立在以实绩为支撑的硬实力基础上。硬实力越硬，软实力就越强，同时也越能反过来推动硬实力的发展。我们党在百年奋斗历程中团结带领中国人民创造了"四个伟大成就"，也铸就了经济快速发展与社会长期稳定"两大奇迹"。辉煌成就不是抽象的、自夸的，而是具体的、可以检验的。只有将客观的真实的成绩呈现在人民群众面前，才最有说服力，才能使人民群众发自内心地拥戴中国共产党。

时代是出卷人，我们是答卷人，人民是阅卷人。回望百年征程，我们党领导新民主主义革命取得胜利，实现了中国从几千年封建专制政治向人民民主的伟大飞跃，彻底结束了人民群众受剥削、受压迫的历史，由此让人民群众充分认识到，没有中国共产党领导，民族独立、人民解放是不可能实现的。我们党领导人民群众进行社会主义革命和建设，实现了中华民族有史以来最为广泛而深刻的社会变革，实现了一穷二白、人口众多的东方大国大步迈进社会主义社会的伟大飞跃，由此让人民群众充分认识到，只有社会主义才能救中国，只有社会主义才能发展中国。我们党领导人民群众进行改革开放和社会主义现代化建设，实现了从生产力相对落后的状况到经济总量跃居世界第二的历史性突破，实现了人民生活从温饱不足到总体小康、奔向全面小康的历史性跨越，由此让人民群众充分认识到，改革开放是决定当代中国前途命运的关键一招，党领导开创的中国特色社会主义道路是指引中国繁荣发展的正确道路。党的十八大以来，中国特色社会主义进入新时代，党领导人民坚持与发展中国特色社会主义，推动党和国家事业取得历史性成就、发生历史性变革，实现了第一个百年奋斗目标，在中华大地上全面建成了小康社会，由此让人民群众充分认识到，在党的坚强领导下，中华民族迎来了从站起来、富起来到强起来的伟大飞跃，中华民族伟大复兴进入了不可逆转的历史进程。

过去100多年，中国共产党向人民、向历史交出了一份优异答卷。现在，中国共产党团结带领中国人民又踏上了实现第二个百年奋斗目标新的赶考之路。面向未来，只有继续为实现人民对美好生活的向往不懈奋斗，奋力在社会主义现代化建设各个领域创造出新的更大成就，为人民争取更大光荣，才能更好地提升党的社会号召力。

以良好形象感召人民群众

"政者，正也。"作为政治组织，良好的政党形象能够吸引人民群众发自内心的认同和支持，从而生成、巩固和增强政党的社会号召力。在百年奋斗历程中，我们党在人民群众心中牢固树立了一个信仰坚定、斗志昂扬、纪律严明、作风优良、清正廉洁的政党形象，充分体现了在一脉相承中与时俱进的鲜明特点。

政党形象既是整体的，也是具体的。我们党的良好形象是党的各级组织以及千千万万共产党员共同树立和维护起来的。在立党兴党强党的历史过程中，我们党的各级组织坚持真理、修正错误，知难而进、敢于担当，勇于进行自我革命，始终成为风雨来袭时人民群众最可靠的主心骨，始终成为人民群众创造美好生活最可信的领路人，从而不断坚定了人民群众一心一意跟党走的信心与决心；在各个历史时期，一大批敢为天下先的革命先辈、一大批视死如归的革命烈士、一大批艰苦奋斗的英雄人物、一大批忘我牺牲的先进模范以及无数在本职岗位上为人民服务的普通共产党员，以自己的一言一行在人民群众心中矗立起一座座巍峨丰碑。

党的良好形象不是随着时间推移就能自然保持下去的，新征程上既存在党内"四个不纯"等突出问题，也面临着意识形态领域的重大挑战，稍不注意就可能蒙尘褪色。为此，必须坚持破立并举，内强素质外塑形象。一方面，坚持党要管党、全面从严治党，坚定不移推进党风廉政建设和反腐败斗争，坚决清除一切损害党的先进性和纯洁性的因素，清除一切侵蚀党的健康肌体的病毒，确保党永远不变质、不变色、不变味；另一方面，坚持举旗帜、聚民心、育新人、兴文化、展形象，讲好中国共产党的故事，树立好先进典型、发挥好榜样力量,始终以良好形象感召人民群众、赢得人民群众。

以血肉联系凝聚人民群众

政党的社会号召力、影响力强弱取决于其与人民群众联系的密切程度。从历史来看,密切联系人民群众的政党都具有强大的社会号召力,脱离甚至背离人民群众的政党必然被人民群众所唾弃,并最终走向失败。我们党来自人民,植根人民,在百年奋斗历程中始终与人民休戚与共、生死相依,始终保持同人民群众的血肉联系,从而能够广泛团结、动员、凝聚人民群众,不断从胜利走向胜利。

以血肉联系凝聚人民群众,贯穿于党带领人民进行革命、建设和改革的伟大实践之中。正是因为我们党没有任何自己特殊的利益,全心全意为人民服务,从而赢得人民群众的广泛支持和衷心拥护,才会出现诸如"最后一口粮当军粮,最后一块布做军装,最后一个儿子送战场"的感人场景;正是因为我们党把群众路线视为党的生命线和根本工作路线,坚持从群众中来、到群众中去,把党的正确主张变为群众的自觉行动,从而激发了人民群众的积极性、主动性和创造性,才会创造诸如"包产到户"等一系列体现群众首创精神的历史成就;正是因为我们党坚持解放和发展生产力,努力让发展成果更多更公平惠及全体人民,不断推动全体人民共同富裕取得更为明显的实质性进展,才会获得人民群众的高度认同和赞誉,涌现诸如"青春向党"等一系列讴歌党、礼赞党的热潮。

我们党的最大政治优势是密切联系群众,党执政后的最大危险是脱离群众。面对许多可以预料和难以预料的困难,面对现实存在的脱离群众的危险,我们必须自觉强化同人民群众的血肉联系。要站稳群众立场,践行以人民为中心的发展思想,不断满足人民群众日益增长的美好生活需要,把人民对美好生活的向往作为奋斗目标,不断提升人民群众获得感、幸福感、安全感;要坚持群众观点,把最广大人民的根本利益作为党的路线方针政策的出发点和落脚点,把查处和惩治侵犯群众利益的突出问题作为突破口,把群众满意不满意、高兴不高兴、答应不答应作为检验一切工作的最高标准；要走好群众路线，坚持问政于民、问需于民、问计于民，做到群众在哪里，群众工作就服务到哪里。只有这样，才能形成海内外全体中华儿女心往一处想、劲往一处使的生动局面，汇聚起实现民族复兴的磅礴力量。

> **心得体会**
>
> 本文强调社会号召力是政党团结人民、凝聚共识与动员社会的能力，是政党具有生机与活力的集中体现。
>
> 文章从四个重要维度展开论证：一是以愿景目标引领人民群众，这是理想的召唤；二是以辉煌成就激励人民群众，这是信心的源泉；三是以良好形象感召人民群众，这是现实的体悟；四是以血肉联系凝聚人民群众，这是关键的举措。

> **推荐阅读**
>
> 郝永平、聂文婷：《奏响为中华崛起而拼搏的时代最强音》，《光明日报》2020年12月16日。
>
> 郝永平、孙林：《全面推进中国式现代化关键在党》，《经济日报》2023年6月28日。

三、从总体到具体层层递进

与从具体上升到总体的思维路径不同，从总体到具体、从宏观到微观，注重从大处着眼、在小处聚合，具有层层递进、逐步深入的特点，有利于更深入地揭示问题的本质和关键所在。

示例文章

从制度的视角观察中国的现代化建设之路[①]

制度因素是现代化发展的关键因素。纵观人类的现代化进程,成功的现代化无不是以一套稳定成熟、运行有效的制度体系为基础和标志的。回顾新中国成立以来的发展历程,可以深切体会到,中国特色社会主义制度是党领导人民实现经济快速发展和社会长期稳定的根本保障,是实现"中国之治"的制度密码。

总体性社会制度变革为中国的现代化建设奠定制度前提

现代化是当今世界任何国家都绕不开的必修课,一个国家要实现现代化,必须解决好用什么样的方式、以什么样的路径、循着什么样的逻辑推进现代化的问题。现代化道路不是凭空产生的,它需要一定的社会变革为前提条件,尤其是社会制度变革。西方先发国家的现代化历程充分说明了这一点。社会制度变革最深刻的根源是生产力和生产关系、经济基础与上层建筑之间的矛盾,当现存的上层建筑与生产关系成为生产力继续发展的严重障碍时,就要求通过社会革命改变旧的生产关系以及维护这种生产关系的旧的上层建筑,即改变社会制度以解放被束缚的生产力,推动社会进一步向前发展。

现代化的制度性要求与迎接现代化的制度准备不足之间的矛盾,是解释许多后发国家在现代化过程中出现治理难题的重要视角。一方面,一些发展中国家由于缺乏制度性安排和组织体系,难以有效实现国家和社会各方面制度和资源的整合,难以完成国家治理的基本任务,在贫困、灾荒、饥饿等问题面前束手无策,难以有效地提供推进现代化建设所需要的道路、桥梁、通

[①] 郝永平、黄相怀:《从制度的视角观察中国的现代化建设之路》,《光明日报》2020年1月6日。

信等基础设施,导致国家长期陷入落后的困境,无法走上现代化之路。另一方面,后发国家的原有制度通常都无法为现代化发展提供支撑。如果不能完成国家的重构和社会的再造,即实现总体性社会制度变革,那么推进现代化就会面临巨大的动员难题,此时如果局部地强行推进现代化,会对社会结构带来严重冲击,造成各种现代化困境。

鸦片战争以来,裹挟着"西方因子"的现代化要素不断冲击着中国的政治和社会面貌。但是,由于缺乏具有战略性全局性的社会制度变革,近代中国社会呈现多重矛盾交织的状态。真正为推进现代化提供根本性先决条件的,是在新民主主义革命基础上进行的社会主义革命。从生产力与生产关系的角度看,社会主义革命清除了阻碍生产力发展的旧的生产关系,为生产力发展奠定了基础。因此,新中国成立以及随之确立的社会主义制度,奠定了中国走向现代化的根本制度前提。最彻底的社会制度变革中蕴含着对实现现代化的最根本准备,这是中国现代化历史刻画出的一条最明显的制度逻辑。

中国特色社会主义制度是中国顺利推进现代化建设的根本制度保障

在推进中国现代化建设的进程中,中国特色社会主义制度之所以出场,根本原因在于,先发国家的现代化经验尽管具有十分重要的借鉴和参考意义,但又不能够照抄照搬,必须结合自身的国情与实际,走出一条自己的现代化道路。这种结合不但体现于推进农业、工业、国防、科学技术等器物层面的现代化,更重要的是体现在制度和体制层面。在制度和体制层面走出一条属于自己的现代化道路,具有根本性的意义。这种学习借鉴先发国家的经验以增益自身的现代化发展,丰富和完善属于自己的现代化制度和治理体系的做法,当前就表现为通过"中国之制"实现"中国之治"。对中国来说,有效实现这种结合的关键支点,就在于要在坚持社会主义制度、遵循社会主义的本质规定的前提下,实现对先发国家现代化经验的创造性吸收和创新性转化,从而在更深层的意义上体现出社会主义制度的优越性。

党的十九届四中全会指出,中国特色社会主义制度是党和人民在长期实践探索中形成的科学制度体系，我国国家治理一切工作和活动都依照中国特色社会主义制度展开，我国国家治理体系和治理能力是中国特色社会主义制度及其执行能力的集中体现。中国特色社会主义制度，从新中国成立后开始探索，在改革开放时期逐步建立和完善，在中国特色社会主义新时代又得到不断丰富，是当代中国发展进步的根本制度保障，集中体现了中国特色社会主义的性质、特点和优势，体现了稳定与活力的统一、民主与集中的统一、守正与创新的统一。从推进现代化的角度看，中国特色社会主义制度能够集中力量办大事，有利于解放和发展社会生产力；能够集中力量解决人民群众最需要解决的问题，有利于维护和促进社会公平正义；能够一以贯之进行长期规划，有利于发展的持久性、稳定性和战略性；能够有效运用资本力量但又积极进行节制，不让资本逻辑在各领域占据主导；等等。这些特点和优势，非但后发国家不具备，大多数先发国家也不具备。正如习近平总书记所指出的："实践证明，我们党把马克思主义基本原理同中国具体实际结合起来，在古老的东方大国建立起保证亿万人民当家作主的新型国家制度，使中国特色社会主义制度成为具有显著优越性和强大生命力的制度，保障我国创造出经济快速发展、社会长期稳定的奇迹，也为发展中国家走向现代化提供了全新选择，为人类探索建设更好社会制度贡献了中国智慧和中国方案。"[1]

中国共产党的领导是中国顺利推进现代化建设的根本政治保证

习近平总书记指出，"中国共产党领导是中国特色社会主义最本质的特征，是中国特色社会主义制度的最大优势"[2]。中国特色社会主义制度是一个严密完整的科学制度体系，起四梁八柱作用的是根本制度、基本制度、重要制度，其中具有统领地位的是党的领导制度。中国共产党为中国特色社会主义现代化确立了正确的指导思想，提供了正确方向指引以及根本的政治保

---

[1] 习近平：《论坚持全面依法治国》，中央文献出版社2020年版，第263页。
[2] 习近平：《在庆祝中国共产党成立100周年大会上的讲话》，人民出版社2021年版，第11页。

证和组织保证，不断丰富现代化建设的内涵，把中国现代化的发展推向新的境界。

为了更好地推进中国的现代化建设，中国共产党不断推进党的建设伟大工程，勇于自我革命，全面推进党的政治建设、思想建设、组织建设、作风建设、制度建设、纪律建设，一步一步成长为一个拥有高度创造力、凝聚力、战斗力的现代执政党，领导中国的现代化建设不断向前推进。

中国共产党在领导现代化建设事业的过程中，坚持全心全意为人民服务的宗旨，始终把人民对美好生活的向往作为奋斗目标，始终坚持人民当家作主的主体地位，紧紧依靠人民创造历史伟业，这使得中国的经济社会发展始终坚持以人民为中心，得到广大人民群众的拥护与支持。

在中国共产党的领导下，中国的现代化发展既坚持以经济建设为中心，又全面推进经济建设、政治建设、文化建设、社会建设、生态文明建设以及其他各方面建设；既坚持四项基本原则，又坚持改革开放；既不断解放和发展社会生产力，又逐步实现全体人民共同富裕、促进人的全面发展；既以和平合作的方式参与经济全球化，又保证了国家的独立自主性，捍卫了国家核心利益；既推动中国实现快速发展，又较好地解决了快速发展中出现的不稳定不协调因素；既注重通过物质性因素来调动发展积极性，又强调精神境界的提升和精神文明建设；既注重倾听人民群众的心声，又不陷入民粹主义的泥潭；等等。这些都使得中国在现代化进程当中，既享受到了现代化的成果，在现代化道路上大踏步前进，又在相当程度上避免了一些认识上和实践上的误区，实现了良性发展。

坚持和完善中国特色社会主义制度，推进国家治理体系和治理能力现代化是关系党和国家事业兴旺发达、国家长治久安、人民幸福安康的重大问题。中国以自身的成功实践进一步充实了人类在制度层面对于现代化的认知。哲学社会科学工作者有责任有义务把其中的道理挖掘好阐释好，为人类对更好社会制度的探索提供中国智慧和中国方案。

　　本文从总体到具体层层深入,先分析总体性的社会制度变革,从封建专制政治向人民民主的伟大飞跃,这一深刻而重大的变革为推进现代化建设奠定了制度前提;在此前提下,再探讨中国特色社会主义制度体系,这为顺利推进现代化建设提供了根本制度保障;最后落脚于党的领导制度,在中国特色社会主义制度中,党的领导制度是最为重大与根本的制度安排,由此为推进现代化建设提供了政治制度保证。

理论文章这样写

重点聚敛

以抓住重点的、直击本质的视野来分析问题并作出阐述。有的问题比较复杂，表现为纷繁的形态，不容易把握。对此，就要透过现象看本质，从复杂性中抓重点，从表面状况中取要害。一旦能抓住重点、直击本质，就会有豁然开朗的感觉。

示例文章

百年大党思想建设的伟大成就①

重视思想建设是马克思主义政党的鲜明特色、光荣传统和独特优势。百年来，我们党在革命、建设、改革的伟大实践中不断加强思想建设、持续推进思想建党，坚持用马克思主义中国化理论创新成果指导实践、推动工作，取得一系列彪炳史册的伟大实践成就，也创造出引领中国社会深刻变革的伟大思想成就。百年大党思想建设的伟大成就，为坚持党的领导、加强党的各方面建设奠定了坚实的思想基础，为实现中华民族从站起来、富起来到强起来的伟大飞跃提供了精神动力、思想保证与智力支持。

确立和巩固以马克思主义为指导思想的意识形态格局

2021年2月20日，习近平总书记在党史学习教育动员大会上强调，"要教育引导全党从党的非凡历程中领会马克思主义是如何深刻改变中国、改变

---

① 郝永平：《百年大党思想建设的伟大成就》，《光明日报》2021年6月8日。

世界的，感悟马克思主义的真理力量和实践力量"①。

百年来，我们党通过正确开展党内斗争、整风运动、党内教育活动等各种方式，不断与"左"倾、右倾错误思想作斗争，与意识形态领域中各种非马克思主义、反马克思主义作斗争，为坚持与发展马克思主义扫清了障碍。

百年来，我们党始终坚持与运用马克思主义立场观点方法，始终高扬马克思主义的科学性、人民性、实践性等品格，在追求真理的道路上行稳致远，在造福人民的征途上披肝沥胆，在社会变革的进程中勇于担当。

百年来，我们党逐步弄清了"中国向何处去、中国革命向何处去""什么是社会主义、怎样建设社会主义""建设什么样的党、怎样建设党""实现什么样的发展、怎样发展""新时代坚持和发展什么样的中国特色社会主义、怎样坚持和发展中国特色社会主义"等一系列重大课题，在事关党和国家前途命运的根本问题上正本清源，为认识世界与改造世界提供了强大思想武器。

百年来，我们党创造性地把马克思主义基本原理同中国具体实际与时代特征相结合，不断推进马克思主义中国化的理论创新进程，在不同历史时期先后形成了毛泽东思想、邓小平理论、"三个代表"重要思想、科学发展观和习近平新时代中国特色社会主义思想，为党和人民事业发展提供了科学理论指导。习近平新时代中国特色社会主义思想坚持科学的世界观与方法论，坚持人民立场，坚持实事求是路线，坚持共产党人理想信念，同时以宽广视野和长远眼光认识和把握当代中国面临的一系列重大问题，在理论上不断作出新的概括与创造，是坚持与发展马克思主义的光辉典范，谱写了当代中国马克思主义、21世纪马克思主义的新篇章。

引领以科学社会主义为精神旗帜的深层次变革

社会主义不是从天上掉下来的，是在各种主义的学习试错、竞争淘汰中

---

① 习近平：《在党史学习教育动员大会上的讲话》，人民出版社2021年版，第12页。

脱颖而出的，是历史的选择、人民的选择。

关于在中国这样一个经济文化比较落后的东方大国能否进行社会主义革命，在此基础上如何进行社会主义建设，是历史性课题。以毛泽东同志为代表的中国共产党人根据中国实际提出把革命分为两个步骤，并创造性地通过"和平赎买"方式进行社会主义改造，完成了社会主义革命，确立了社会主义基本制度。

面对"什么是社会主义、怎样建设社会主义"的重大问题，以邓小平同志为代表的中国共产党人创造性地提出了社会主义本质论、社会主义初级阶段论、社会主义市场经济理论、社会主义改革开放理论以及分步骤实现社会主义现代化的战略等，是中国共产党人探索社会主义建设规律的智慧结晶。特别是从固守社会主义计划经济到实行社会主义市场经济，是不断解放思想、冲破传统观念束缚的结果，也是中国特色社会主义理论体系中的伟大理论创造，更是事关中国人民和中华民族前途命运的重大理论创新成果。

在新时代，"坚持和发展什么样的中国特色社会主义、怎样坚持和发展中国特色社会主义"，成为新的时代之问与实践之问。党的十八大以来，习近平总书记创造性地将中国特色社会主义最本质的特征归结为中国共产党领导，作出社会主要矛盾发生转化的重大判断，提出了创新、协调、绿色、开放、共享的新发展理念，强调社会主义的发展动力是全面深化改革，主张统筹推进"五位一体"总体布局、协调推进"四个全面"战略布局，对社会主义现代化作出新"两步走"的战略安排。这就进一步深化了对社会主义建设规律的认识，是对马克思主义中国化理论成果的继承与创新，在坚持与发展科学社会主义方面达到了新境界。

塑造以中国共产党为领导力量的理论创新场域

在党的领导问题上，中国共产党人继承和发展了马克思主义经典作家的思想，并结合中国实际不断推进党的领导理论创新，塑造出以中国共产党为领导力量的理论创新场域。

关于党的领导地位问题，毛泽东同志在新中国成立之初宣布"领导我们事业的核心力量是中国共产党"[①]；邓小平同志在改革开放时期旗帜鲜明地把"坚持共产党的领导"作为四项基本原则的核心；习近平总书记在新时代进一步强调，"党是国家最高政治领导力量"[②]，必须坚持和加强党的全面领导。这就深刻揭示了党的领导理论中最具根本性的问题，不断深化了对党的领导地位的思想认识。

关于党的领导的内容，毛泽东同志在1962年强调，"工、农、商、学、兵、政、党这七个方面，党是领导一切的"[③]；邓小平同志在新时期指出，党的领导主要是政治领导、思想领导和组织领导；习近平总书记在新时代强调，坚持和加强党的全面领导，坚持党要管党、全面从严治党。以党的政治建设为统领，以坚定理想信念宗旨为根基，以调动全党积极性、主动性、创造性为着力点，全面推进党的政治建设、思想建设、组织建设、作风建设、纪律建设，把制度建设贯穿其中，深入推进反腐败斗争，不断提高党的建设质量。这就在继承中不断拓展了党的建设的丰富内容，为推进党的建设的伟大工程提供了科学指引。

关于党的执政能力建设，从开展整党整风，到提出加强党的执政能力和先进性建设，再到新时代强调加强党的长期执政能力建设和先进性、纯洁性建设，完善党的领导体制和机制，勇于自我革命，推进全面从严治党。这是对党的建设优良传统的历史传承，更是对党的执政方式的科学把握，从而是对马克思主义党建学说的发展与创新。

百年来，中国共产党人在党的领导理论上的探索和创新极大地丰富和发展了马克思主义党建学说，在指导中国革命、建设、改革的伟大实践中得到成功运用和检验，为发挥党在为中国人民谋幸福、为中华民族谋复兴进程中

---

① 《毛泽东文集》第6卷，人民出版社1999年版，第350页。
② 习近平：《在第十三届全国人民代表大会第一次会议上的讲话》，人民出版社2018年版，第13页。
③ 《毛泽东文集》第8卷，人民出版社1999年版，第305页。

的政治保证作用,为发挥党在推动中国发展与进步过程中的领导核心作用,为发挥党在带领人民应对任何风险与挑战时的主心骨与定盘星作用,提供了科学指南与精神引领。

心得体会

中国共产党在百年奋斗历程中创造了辉煌的成就,在思想建设上也取得了一系列成就。如何归纳与概括百年大党思想建设的伟大成就?选择抓重点、抓根本的论证视角,有助于进一步深化思想认识。在百年奋斗历程中,中国共产党在思想建设中确立巩固以马克思主义为指导思想的意识形态格局,引领以科学社会主义为精神旗帜的深层次社会变革,塑造以中国共产党为领导力量的理论创新场域。在思想建设的众多成就中,这三方面的成就无疑是最为根本的。这三方面的成就正是当代中国必须坚守的重大政治原则,也是坚持"守正"的关键。

示例文章 2

深刻把握伟大斗争新的历史特点①

习近平总书记指出:"建立中国共产党、成立中华人民共和国、实行改革开放、推进新时代中国特色社会主义事业,都是在斗争中诞生、在斗争中发展、在斗争中壮大的。"②党的十八大以来,我们党将进行伟大斗争贯穿

---

① 郝永平、孙林:《深刻把握伟大斗争新的历史特点》,《中国纪检监察报》2020年2月13日。

② 《发扬斗争精神 增强斗争本领 为实现"两个一百年"奋斗目标而顽强奋斗》,《人民日报》2019年9月4日。

建设伟大工程、推进伟大事业、实现伟大梦想全过程,领导中国前所未有地靠近世界舞台中心,前所未有地接近实现中华民族伟大复兴的目标,前所未有地具有实现这个目标的能力和信心,这场铸造新时代的伟大斗争具有许多新的历史特点。

从世情看,这是一场在百年未有之大变局中以和平发展实现民族复兴的复杂斗争

习近平总书记指出,"中华民族伟大复兴绝不是轻轻松松就能实现的,我国越发展壮大,遇到的阻力和压力就会越大"[①]。中国的体量、制度、文化以及现代化道路的特殊性,决定了民族复兴过程会面临极为尖锐复杂的国际斗争。

和平发展是道路选择。各国发展道路是多样的,和平发展是一种通过合作共赢而非零和博弈或战争掠夺方式实现发展的道路。走和平发展道路是中国坚定的历史选择和战略抉择。中华文化有以和邦国的历史传统,近代以降中华民族有兵燹不断的痛苦记忆,新中国成立后更有和平发展的迫切需要。1954年,毛泽东同志就着眼于发展,指出:"中国是农业国,要变为工业国需要几十年,需要各方面帮助,首先需要和平环境"[②]。20世纪80年代,邓小平同志在科学判断"大战打不起来"的基础上提出和平与发展是时代主题。从"和平共处五项原则"到"韬光养晦、有所作为",中国一直在维护世界和平、促进共同发展。党的十八大以来,我们党多次强调中国将始终不渝走和平发展道路,永远不称霸,永远不搞扩张,并在政策规定、制度设计和实践操作上,坚持通过维护世界和平发展自己,又通过自身发展维护世界和平。

以和平发展实现民族复兴充满复杂斗争。复杂斗争具有多主体、多场

---

① 习近平:《在中国科学院第十七次院士大会、中国工程院第十二次院士大会上的讲话》,人民出版社2014年版,第9页。

② 《毛泽东文集》第6卷,人民出版社1999年版,第340页。

域、多方式、多阶段、多维度的特点，是非线性开展的斗争形式。中国走和平发展这一非典型道路实现民族复兴宏大战略目标，必然充满前所未有的复杂斗争。在国际上，由于近代以降新兴国家崛起大多伴随着战争和征服，当今世界非常关注中国如何复兴以及复兴后如何与世界相处？一些国家担心中国会"重复别人的故事"向外扩张、谋求霸权，特别是对中国越来越接近世界舞台中心，抱有越来越强烈的警惕和猜忌，频频挑起贸易战、科技战，屡屡在领土主权、人权和意识形态等领域发难。在国内，处在接近实现中华民族伟大复兴的关键时刻，因强而骄的极端民族主义、大国沙文主义倾向，因矛盾而畏的信心动摇甚至崇洋媚外，都值得警惕。当前正在进行的伟大斗争，就是以习近平新时代中国特色社会主义思想为指导，敢于与阻碍中华民族伟大复兴的不同主体和现象，在国内外、网络与现实空间等各场域，在政治、经济、科技、文化等各领域，以激烈或平缓等各种方式进行斗争；同时，要善于斗争，不断提高斗争的能力和艺术水平，跳出国强必霸陈旧逻辑，规避修昔底德陷阱，构建人类命运共同体，最大限度地争取和平、合作和共赢，延长重要战略机遇期，朝着实现中华民族伟大复兴的宏伟目标奋勇前进。

从国情看，这是一场以完善制度来弥补治理短板和推进治理现代化的深刻斗争

"制治于未乱，保邦于未危。"纵观世界，治理现代化模式虽是多样的，但以制度为基础、法治为保障的治理路径是更有效的。当前正在进行的伟大斗争，就是沿着制度治理路径，以完善制度来弥补治理短板和推进治理现代化的深刻斗争。

完善制度是基础。"凡将立国，制度不可不察也。"我国确立社会主义基本制度后，就开启了不断完善制度的进程。党的十一届三中全会后，我国掀开了制度建设新篇章，党和国家各项制度不断建立、健全。但总体来看，国家制度体系和治理体系仍存在短板和不足，还不能完全应对来自国内、国际、经济社会领域以及自然界的风险挑战。党的十八大以来，我们党更加重视从体系上完善制度，不仅把制度建设列入党的建设，还专门通过一次中央全会对完善制度和治理现代化作出战略部署。"只要法律不再有力量，一切合法的东西都不会再有力量"，法治是制度完善和治理最基本最稳定最可靠的保障。新时代，我们党坚持中国特色社会主义实践向前推进一步，法治建设就跟进一步，先后专题研究部署全面推进依法治国，领导通过新的宪法修正案，在新的历史起点上实施全面依法治国基本方略，为坚持和完善中国特色社会主义根本制度、基本制度、重要制度，加快制定急需制度和必备制度，提供了坚强的法治保障。新时代，党和国家制度以法治为保障不断完善，朝着更加成熟、更加定型的制度体系发展，为治理现代化奠定坚实的制度基础。

治理现代化是目标追求。治理现代化是用制度治理代替人治，通过科学制定制度、严格执行制度、不断完善制度，把制度优势转化为治理效能的过程。纵观各国实践，治理现代化不仅本身是一个过程，而且作为现代国家治理的共同追求，也有一个形成过程。新中国成立后，不论是1954年提出的工业、农业、交通运输业和国防现代化，还是1964年提出的工业现代化、农业现代化、国防现代化、科学技术现代化，以及2012年提出的新型工业化、信息化、城镇化、农业现代化，都是从国家建设角度提出的现代化。而从国家治理角度提出现代化，则经历了从管理到治理，从运动式管理到以法治管理，再到依法治国、制度治理的历史过程。党的十八大后，我们党通过一次中央全会确立了治理现代化目标。全新的现代化目标决定全新的推进方式，党的十九届四中全会提出，坚持和完善中国特色社会主义制度、推进国家治理体系和治理能力现代化，为以完善制度来弥补治理短板和推进治理现代化提供了遵循。

从党情看，这是一场以守初心担使命为永恒课题的自我革命来深化血肉联系进而推进社会革命的持久斗争

当前，我们党正以全面从严治党推进党的建设新的伟大工程。新时代党的建设需要从领导、执政和治理三个层面，在时间维度上解决如何依靠人民群众长期执政，在空间维度上解决如何通过自我革命兴党强党实现全面领导，在目标维度上解决如何推进社会革命实现"两个一百年"奋斗目标。

自我革命是动力源泉。自我革命是党进行自我净化、自我完善、自我革新、自我提高的自觉行动。我们党是在自我革命中锻造出来的，一路走来，我们党始终坚持真理、修正错误，成长为打不倒、压不垮的马克思主义政党。党的十八大以来，面对党内存在的顽瘴痼疾，我们党不仅限于专项自纠，而是全面从严治党，以大无畏的革命精神进行刀刃向内的自我革命，深入推进反腐败斗争、党内思想斗争等，把党建设得更加坚强有力，为斗争提供了强劲的动力源泉。

守初心担使命是当前我们党自我革命的内容，也是党员干部的终身课题。习近平总书记强调，"全党要以这次主题教育为新的起点，不断深化党的自我革命"[1]。守初心担使命是新时代深化党的自我革命的生动实践，是让全党对理论学习、思想政治、干事创业、为民服务、清正廉洁作全面检视。守初心担使命不是一次性的，也不是仅限于深化党的自我革命。为什么人的问题，是检验一个政党、一个政权性质的试金石。从革命、建设到改革，我们党守初心担使命都是为了人民幸福和民族复兴。

守初心担使命制度化是深化血肉联系的治本之举。守初心担使命属于思想教育和激励的范畴，体现我们党为人民、为民族奋斗的高度政治自觉和担当。思想治根、制度治本。党的十八大以来，我们党坚持思想建党与制度治党紧密结合、同向发力。把思想教育制度化是思想激励形成长效的治本之举，不同于革命、建设、改革时期开展的思想教育，党的十九届四中全会将守初心担使命制度化，构建党员干部发挥先锋模范作用、全心全意为人民服务的长效机制，有利于持续、稳定地激励党员干部为民担当作为的精气神，不断提高人民群众的获得感、幸福感、安全感，增强人民群众对党的政治认

---

[1] 习近平：《在"不忘初心、牢记使命"主题教育总结大会上的讲话》，人民出版社2020年版，第10页。

同、思想认同、情感认同，厚植党执政的阶级基础和群众基础。

以守初心担使命深化党的自我革命，是要团结带领人民群众来推进社会革命。革命、建设、改革一路走来，人民群众始终是社会革命的主体力量，是我们党的力量源泉。党的十八大以来，面对"坚持和发展什么样的中国特色社会主义"这个重大时代课题，我们党以守初心担使命深化党的自我革命，以守初心担使命制度化深化血肉联系，凝聚人民群众的磅礴力量和无穷智慧，在改革开放和现代化建设的各个领域全面深化改革，为破除一切束缚生产力发展的体制机制弊端而斗争，推动党和国家事业取得历史性成就、发生历史性变革。

以伟大自我革命引领伟大社会革命，是一个同忘记初心使命和脱离群众现象作斗争的持久过程。如果忘记初心使命，党就无法深化自我革命；如果脱离群众，党就无力推进社会革命。初心使命是党深化自我革命的永恒课题，密切联系群众是党最大的政治优势。党的十八大以来，我们党以永远在路上的执着守初心担使命，坚持民之所好好之，把人民对美好生活的向往作为奋斗目标；坚持民之所恶恶之，同一切脱离群众的现象作斗争，始终与人民想在一起、干在一起，不断深化血肉联系，为以自我革命推进社会革命提供了强大的组织支撑和力量支持。

心得体会

对于伟大斗争的新的历史特点，习近平总书记曾指出，这是"全面审视和判断国内国际两个大局发展大势得出的重要判断"[1]。因此，弄清楚"新的历史特点"，关键是认真学习与准确领会这一重要判断，必须从世情、国情、党情的复杂深刻变化来着眼。从世情看，这是一场在百年未有之大变局中以和平发展实现民族复兴的复杂斗争；从国情看，这是一场以完善制度来弥补治理短板和推进治理现代

---

[1] 《习近平著作选读》第1卷，人民出版社2023年版，第129页。

化的深刻斗争；从党情看，这是一场以守初心担使命为永恒课题的自我革命来深化血肉联系进而推进社会革命的持久斗争。

> **推荐阅读**
>
> 郝永平、黄相怀：《中国改革开放对发展中国家破解现代化难题的启示》，《经济日报》2018年8月9日。

意义揭示

充分呈现重大历史事件与重大战略部署等的重要意义。在党史、新中国史、改革开放史、社会主义发展史上，逢"5"或"10"的年份总有一些重大历史事件的庆祝与纪念活动；同时，党中央经常提出一些事关党和国家事业发展的重大战略部署。这为写作理论文章提供了极好的契机。从中国共产党、中国特色社会主义、中国人民、中华民族等维度着眼，充分论证重大历史事件与重大战略部署等的重要意义，有利于巩固与强化全党全国人民团结奋斗的共同思想基础。

示例文章 1

"四个全面"战略布局的重大意义[①]

2014年12月，习近平总书记在江苏调研时提出了"四个全面"战略布局，之后他又多次论述了"四个全面"战略布局的逻辑关系，指明了当前和今后一个时期党和国家工作的主攻方向。"四个全面"战略布局是习近平总书记治国理政大思路和大蓝图的重要组成部分，是新一届中央领导集体最具标志性的思想理论符号，具有极为重大的理论和现实意义。

"四个全面"战略布局丰富了中国特色社会主义的内涵

"四个全面"战略布局的提出是对科学社会主义基本原则与中国实际的紧密结合，是对科学社会主义关于发展与公正原则的坚持与遵循。全面建成

[①] 郝永平、黄相怀：《"四个全面"战略布局的重大意义》，《光明日报》2015年9月20日。

小康社会所要达到的生产发展、生活富裕、精神富足，主要是解决发展问题的。全面深化改革所要达到的目标，既有发展的内容，比如解放和发展社会生产力；又有公正的内容，比如释放社会创造活力。全面依法治国所要达到的根本目标，就是保障社会公平正义。全面从严治党，既是实现科学发展的领导力量保证，又是维护社会公正的政治保证。

"四个全面"战略布局是对中国特色社会主义内涵的丰富和充实。中国特色社会主义既是科学社会主义理论指导下的生动实践，又是在实践中不断丰富发展科学社会主义的理论总结，"实践—认识—再实践—再认识"构成了中国特色社会主义螺旋式前进的基本路径和模式。在新的历史条件下提出"四个全面"战略布局，进一步丰富和充实了中国特色社会主义的内涵：丰富和充实了中国特色社会主义道路的内容，在坚持"一个中心、两个基本点"和"五位一体"总体布局的基础上，进一步明确了沿着中国特色社会主义道路前进的目标、动力、保障和领导方略；丰富和充实了中国特色社会主义制度的内容，进一步明确了从全面深化改革、全面依法治国和全面从严治党等方面推动中国特色社会主义制度不断成熟定型的问题；丰富和充实了中国特色社会主义理论体系的内涵，在已经形成的中国特色社会主义总依据、总任务、总布局和基本要求的基础上，进一步凸显了我们党治国理政的总体思路。可以说，"四个全面"战略布局的提出，是为了解决问题、坚定自信、明确方向，它使得中国特色社会主义的实践特色、理论特色、民族特色、时代特色更加鲜明。

"四个全面"战略布局回应了人民群众的新期待新要求

回应人民群众新期待新要求，必须依靠体制机制的改革创新。党的十八大以来，我们党相继开展了"党的群众路线教育实践活动""三严三实"专题教育等，不断强化为人民服务的意识和提高服务人民群众的能力。但要想把这些主题活动的成效巩固下来、深化下去，把人民群众的所思所盼切实转化为党和政府的所作所为，还必须依靠制度机制和政策措施。对此，"四个全面"战略布局提供了回应人民群众新期待新要求的重要抓手。全面建成小康社会,可以满足人民群众对美好生活的愿景,可以满足人民群众不断增长的物质文化需求。全面深化改革,为人民群众追求美好生活消除阻力、增添动力、激发活力。全面依法治国,为人民群众维护自身权益提供法治保障,可以对损害人民群众切身利益的行为予以惩治。全面从严治党,为人民群众追求美好生活指明正确方向、引领正确道路。

回应人民群众的新期待新要求,必须给人民群众看得见、摸得着、感受得到的实惠。只有让人民群众有想头、有盼头、有干头,才能进一步激发人民群众对改革开放和社会主义现代化建设事业的认同感、参与感、获得感,充分调动最广大人民的积极性、主动性、创造性。党的十八大以来,全面建成小康社会的一步步临近,让人民得到了实实在在的实惠和好处;全面深化改革举措的不断出台,让人民群众真真切切地感受到了发生在身边的可喜变化;全面依法治国的不断推进,让人民群众看到了法治中国建设的未来希望;全面从严治党的"组合拳",让人民群众看到了中国共产党对自身建设要求之严格、惩戒之严厉、形象之重塑。可以说,人民群众从"四个全面"的不断推进中,感受到了一个奋发有为的政党、一个充满希望的国家;换言之,"四个全面"已然成为人民群众认知评价党和政府工作的主要衡量标准。

"四个全面"战略布局体现了党自身的责任担当

"四个全面"战略布局体现了我们党对事业发展所面临的困难、挑战和风险的清醒判断,体现了我们党对工作重心的精准判断,也体现了我们党直面矛盾、克服困难、迎接挑战、化解风险的勇气和智慧。从它的具体内容以及其中的逻辑关系看,全面建成小康社会这一目标系统、明确而具体,包含了许多量化的指标体系,体现了党对奋斗目标的责任担当;全面深化改革这一动力系统牵涉面广,工作难度大,不确定性因素多,"剩下的都是难啃的硬骨头",需要自我革新的勇气和胸怀,体现了党对发展动力的责任担当；全面依法治国这一保障系统，建章立制的内容多，操作实施的环节多，体现了党对法治保障的责任担当；全面从严治党这一操控系统，自我割舍难度极大，自加压力要求极高，需要不断探索新形势下全面从严治党的特点和规律，体现了党对自身素质与能力的责任担当。用"赶考"做比喻，如果说基本实现社会主义现代化、实现中华民族伟大复兴中国梦是中国共产党面临的"大考"的话，那么实施"四个全面"战略布局大约相当于"中考"，而"四个全面"就是关乎"大考"与"中考"的四张试卷："小康"卷，难点在于均衡，即区域、城乡、群体之间的均衡；"改革"卷，难点在于推进，推进需要涉险滩、啃硬骨头；"法治"卷，难点在于建制，更在于把法治改革的成果转化为鲜活的法治运行实践；"党建"卷，难点在于自我约束，刮骨疗毒、壮士断腕、自我手术，其中的痛苦与坚毅是难以想象的。如此看来，"四个全面"不啻是中国共产党给自己立下的奋斗誓言，其中包含着许多倒逼和自我要求的内容。

"四个全面"战略布局体现了对民族的责任，昭示着我们党要团结带领全党全国各族人民，接过历史的接力棒，继续为实现中华民族伟大复兴而努力奋斗；也体现了对人民的责任，昭示着我们党要继续解放思想，坚持改革开放，不断解放和发展社会生产力，努力解决群众的生产生活困难，坚定不移走共同富裕的道路；还体现了对党的责任，昭示着我们党要坚持党要管党、从严治党，切实解决自身存在的突出问题，切实改进作风，密切联系群众，使我们党始终成为中国特色社会主义事业的坚强领导核心。

"四个全面"战略布局指明了实现中国梦的现实路径

"四个全面"战略布局的提出与中国梦这一美好愿景的激励有着密不可分的关系。在中国梦的激励下，全面建成小康社会不仅仅是当下的奋斗目标，而且是实现未来美好愿景的必要条件；全面深化改革不仅仅是倒逼出来的必然选择，而且是为未来美好愿景奠定制度和治理基础的重要前提；全面依法治国不仅仅是实现国家长治久安、人民安居乐业的重要条件，而且是在公平正义的方向上实现未来美好愿景的根本保障；全面从严治党不仅仅是确保党始终成为坚强领导核心的必然举措，而且是鼓舞激励全党团结带领全国各族人民实现未来美好愿景的必备要件。可以说，正是因为有了中国梦的激励，我们党才能既务实深刻又超然洒脱地提出并实施"四个全面"战略布局。

"四个全面"战略布局的提出为实现中国梦提供了强有力的现实支撑。如果把中国比作一列高速行进的列车，那么实现中国梦就是前行的目标，"四个全面"战略布局就是保障高速列车顺利前行的重要条件。2020年全面建成小康社会，是奔向中国梦征途中极为重要的一个站点，是实现中国梦的基本前提；全面建成小康社会从本质上说是发展问题，是以经济建设为中心的社会全面进步，为实现中国梦奠定坚实基础。全面深化改革，既是全面建成小康社会的动力基础，又是最终实现中国梦的动力基础。全面依法治国，既是全面建成小康社会的法治保障，又是最终实现中国梦的法治保障。全面从严治党，既贯穿于全面建成小康社会的始终，又贯穿于实现中国梦的始终，是须臾不可离的政治保证。由此看来，能否实现"四个全面"战略布局，是能否顺利实现中国梦的最重要的"中期考核验收"。

从全局的高度深刻认识"四个全面"战略布局，以"钉钉子"的精神深入落实"四个全面"战略布局，用"四个全面"战略布局统领经济社会发展各方面和全过程，"一张蓝图绘到底"，将成为当前和今后相当长一段时间全党全国各族人民的一项重大政治任务。

心得体会

本文从丰富了中国特色社会主义的内涵、回应了人民群众的新期待新要求、体现了党自身的责任担当、指明了实现中国梦的现实路径等四个方面，诠释了"四个全面"战略布局是习近平总书记治国理政大思路和大蓝图的重要组成部分，具有极为重大的理论和现实意义。

理论文章这样写

示例文章 2

百年大党书写最恢宏的史诗①

党的十九届六中全会审议通过的《中共中央关于党的百年奋斗重大成就和历史经验的决议》（以下简称《决议》）指出："党和人民百年奋斗，书写了中华民族几千年历史上最恢宏的史诗。"②这一重大论断充分彰显了中国共产党人继往开来的高度自信和历史担当。正确认识党的百年奋斗的历史意义，对于深入学习贯彻党的十九届六中全会精神，在新时代更好坚持和发展中国特色社会主义，进而走好全面建设社会主义现代化国家新征程，具有十分重要的意义。

百年大党书写了带领人民创造美好生活的不懈奋斗史

《决议》指出："一百年来，党领导人民经过波澜壮阔的伟大斗争，中国人民彻底摆脱了被欺负、被压迫、被奴役的命运，成为国家、社会和自己命运的主人，人民民主不断发展，十四亿多人口实现全面小康，中国人民对美好生活的向往不断变为现实。"③作为马克思主义政党，我们党摆脱了以往一切政治力量追求自身特殊利益的局限，始终坚守为中国人民谋幸福、为中华民族谋复兴的初心和使命，并一以贯之地体现到党的全部奋斗之中。

彻底改变了中国人民被动挨打、饱受欺凌的悲惨命运。百年前的旧中国，在帝国主义列强轮番侵略和瓜分之下沦为半殖民地半封建社会，国家蒙辱、人民蒙难、文明蒙尘。为了改变中国人民任人宰割的悲惨命运，我们党

---

① 郝永平、代江波：《百年大党书写最恢宏的史诗》，《中国纪检监察报》2021年12月23日。

② 《中共中央关于党的百年奋斗重大成就和历史经验的决议》，人民出版社2021年版，第2页。

③ 《中共中央关于党的百年奋斗重大成就和历史经验的决议》，人民出版社2021年版，第62页。

带领人民进行了艰苦卓绝的斗争、付出了巨大牺牲，推翻了压在中国人民头上的帝国主义、封建主义、官僚资本主义三座大山，实现民族独立、人民解放，彻底结束了旧中国半殖民地半封建社会的历史，彻底废除了列强强加给中国的不平等条约和帝国主义在中国的一切特权，中国人民从此站起来了，中华民族任人宰割、饱受欺凌的时代一去不复返。

彻底改变了中国人民受束缚被奴役的痛苦命运。百年前的旧中国，受到外国资本、本国官僚资本和封建势力的多重压迫，人民过着毫无政治权利的生活，不自由的程度世所罕见。百年来，在中国共产党的不懈奋斗下，中国人民的民主权利不断提升，从陕甘宁边区的"豆选"到北京人民大会堂的郑重投票，从建立以"三三制"为原则的抗日民主政权到确立人民民主专政的社会主义国家制度，再到形成一整套全过程人民民主制度体系，确保全体人民依法通过各种途径和形式管理国家事务、管理经济和文化事业、管理社会事务，彻底结束了极少数剥削者统治广大劳动人民的历史，实现了中国从几千年封建专制政治向人民民主的伟大飞跃，人民真正成为国家、社会和自己命运的主人。

彻底改变了中国人民一穷二白的贫穷命运。百年前的旧中国，中国人民处在积贫积弱、衣不蔽体、食不果腹、饥寒交迫的凄苦境况。百年来，我们党领导人民完成社会主义革命，消灭一切剥削制度，实现了一穷二白、人口众多的东方大国大步迈进社会主义社会的伟大飞跃；我们党领导人民进行改革开放和社会主义现代化建设，奋力改变一穷二白的落后面貌，实现了人民生活从温饱不足到总体小康的历史性跨越；我们党领导人民奋力开创中国特色社会主义新时代，团结带领人民坚决打赢脱贫攻坚战，历史性解决了绝对贫困问题，人民生活全方位改善，人民群众的获得感、幸福感、安全感更加充实、更有保障、更可持续，正在推动共同富裕不断取得实质性进展。

百年大党书写了实现中华民族伟大复兴的道路探索史

《决议》指出："一百年来，党领导人民不懈奋斗、不断进取，成功开辟了实现中华民族伟大复兴的正确道路。"①坚定不移走中国特色社会主义道路，不仅创造了经济快速发展和社会长期稳定两大奇迹，而且前所未有地接近实现中华民族伟大复兴。

依靠社会主义救中国。鸦片战争后，中华民族陷入内忧外患的苦难深渊，无数仁人志士前赴后继探求救国救民的道路，各种主义和道路都进行过尝试，太平天国运动、洋务运动、戊戌变法、义和团运动接连而起，各种救国方案轮番出台，但都没能解决中国的前途和命运问题。直到十月革命一声炮响，中国先进分子才找到了解决中国问题的出路——社会主义。沿着社会主义的前进方向，我们党团结带领人民经过长期浴血奋战，完成了新民主主义革命，建立了新中国，中国发展从此开启了新纪元。之后，我们党带领人民进行社会主义革命，确立社会主义基本制度，推进社会主义建设，为当代中国一切发展进步奠定了根本政治前提和制度基础。

依靠社会主义发展中国。在党的十一届三中全会上，我们党作出把党和国家工作中心转移到经济建设上来、实行改革开放的历史性决策，破除阻碍国家发展的一切思想观念和体制机制障碍，开辟了中国特色社会主义道路，并在严峻复杂的国内外形势下坚持和发展了中国特色社会主义，实现了从高度集中的计划经济体制到充满活力的社会主义市场经济体制、从封闭半封闭到全方位开放的历史性转变，实现了从生产力相对落后的状况到经济总量跃居世界第二的历史性突破，使中国大踏步赶上时代，为实现中华民族伟大复兴提供了充满新的活力的体制保证和快速发展的物质条件。

前所未有地接近实现中华民族伟大复兴的目标。党的十八大以来，以习近平同志为核心的党中央统筹把握中华民族伟大复兴战略全局和世界百年未有之大变局，统揽伟大斗争、伟大工程、伟大事业、伟大梦想，统筹推进"五位一体"总体布局，协调推进"四个全面"战略布局，战胜一系列重大

---

① 《中共中央关于党的百年奋斗重大成就和历史经验的决议》，人民出版社2021年版，第63页。

风险挑战，推动党和国家事业取得历史性成就、发生历史性变革，胜利实现第一个百年奋斗目标，开启全面建设社会主义现代化国家新征程，为实现中华民族伟大复兴提供了更为完善的制度保证、更为坚实的物质基础、更为主动的精神力量，使得中华民族伟大复兴进入了不可逆转的历史进程。

百年大党书写了推动马克思主义中国化时代化的理论创新史

《决议》指出："一百年来，党坚持把马克思主义写在自己的旗帜上，不断推进马克思主义中国化时代化，用博大胸怀吸收人类创造的一切优秀文明成果，用马克思主义中国化的科学理论引领伟大实践。"[1]党的百年奋斗充分展示了我们党不断以马克思主义中国化新飞跃开辟马克思主义新境界，不断用中国化马克思主义指导实践取得新成就的历史进程，彰显了中国化马克思主义强大的真理力量和巨大的实践伟力。

充分证明了马克思主义的科学性真理性。马克思主义是科学的理论，创造性地揭示了人类社会发展规律，至今占据着道义和真理的制高点，为我们党夺取新民主主义革命伟大胜利、完成社会主义革命和推进社会主义建设、进行改革开放和社会主义现代化建设、开创中国特色社会主义新时代提供了强大思想武器。百年来，我们党坚持把马克思主义基本原理同中国具体实际、同中华优秀传统文化相结合，创立了毛泽东思想、邓小平理论，形成了"三个代表"重要思想、科学发展观，创立了习近平新时代中国特色社会主义思想，指导党和人民事业不断开创新局。党的创新理论是坚持与运用马克思主义立场观点方法的光辉典范，不断深化了对共产党执政规律、社会主义建设规律、人类社会发展规律的认识。

有力贯彻了马克思主义的人民性实践性。马克思主义之所以具有跨越国度、跨越时代的影响力，就是因为它植根于人民之中，又致力于改变世界。

---

[1] 《中共中央关于党的百年奋斗重大成就和历史经验的决议》，人民出版社2021年版，第63页。

人民至上是马克思主义的本质要求,崇尚实践是马克思主义的基本观点。我们党自诞生之日起就是中国最广大人民根本利益的忠实代表,并一以贯之地体现到党的全部奋斗实践中。在新民主主义革命时期,共产党人为了人民翻身得解放不怕流血牺牲;在社会主义革命和建设时期,共产党人为了人民过上好日子不怕吃苦;在改革开放和社会主义现代化建设新时期,共产党人为了人民实现全面小康不怕吃亏;在中国特色社会主义新时代,共产党人为了满足人民对美好生活的向往舍小家顾大家。我们党在为人民谋幸福的百年征程中,充分践行了马克思主义的人民性,切实贯彻了马克思主义的实践性。

生动彰显了马克思主义的时代性开放性。马克思主义并没有封闭认识真理的道路,而是坚持开放的态度,随着时代的发展不断开辟追求真理的道路。我们党在领导革命、建设和改革的长期实践中,既顺应时代潮流、回答时代课题、完成时代任务,又以宽广的胸襟积极吸收借鉴人类文明发展的有益成果,坚持用鲜活丰富的社会实践来推动马克思主义中国化的理论创新。随着时代性开放性的不断彰显,马克思主义正以崭新形象展现在世界上,使世界范围内社会主义和资本主义两种意识形态、两种社会制度的历史演进及其较量发生了有利于社会主义的重大转变。

百年大党书写了创造人类文明新形态的胸怀天下史

《决议》指出:"党的百年奋斗深刻影响了世界历史进程。党和人民事业是人类进步事业的重要组成部分。"[①]大道之行,天下为公。100年来,我们党始终以世界眼光关注人类前途命运,从人类发展大潮流、世界变化大格局、中国发展大历史正确认识和处理同外部世界的关系,坚持站在历史正确的一边,站在人类进步的一边,坚持既为中国人民谋幸福、为中华民族谋复兴,也为人类谋进步、为世界谋大同,以自强不息的奋斗深刻改变了世界发

[①]《中共中央关于党的百年奋斗重大成就和历史经验的决议》,人民出版社2021年版,第64页。

展的趋势和格局。

极大提升了中国的国际地位。百年前的中国在国际上是被欺侮、被宰割的弱国穷国，毫无国际地位可言，甚至被称为"东亚病夫"，在世界格局中濒于亡国灭种的境地。百年来，党带领中国人民历尽千辛万苦，成功建立社会主义中国、探索社会主义建设道路、推进改革开放新的伟大革命、创立和发展中国特色社会主义，在实现现代化的历史进程中一跃成为世界第二大经济体、第一大出口国和第二大进口国，成为拉动全球经济增长最重要的引擎；使得我国的面貌发生了翻天覆地的变化，从百年前受奴役受压迫到现在可以平视世界，并日益走近世界舞台中央，成为举足轻重的世界大国。

深刻塑造了世界格局和国际秩序。新中国的成立，壮大了世界社会主义阵营的力量，大大加强了世界和平民主的力量，改变了第二次世界大战后世界政治力量的对比。20世纪70年代，中国在联合国的合法席位得到恢复，之后开启改革开放的大幕，逐渐融入世界经济大循环中。进入新时代，从推进"一带一路"国际合作到推动构建人类命运共同体，从推动构建新型国际关系到倡导共商共建共享的全球治理观，我国国际影响力、感召力、塑造力显著提升，成为推动世界和平发展的参与者、建设者和引领者。由于中国特色社会主义不断成功，冷战结束后世界社会主义万马齐喑的局面得到很大程度扭转，社会主义同资本主义竞争的被动局面得到很大程度扭转，使得当前国际力量对比呈现出"东升西降"的历史性趋势。

奋力创造了人类文明新形态。由于西方国家是现代化的"先行者"，在相当长历史时期，西方国家垄断了对实现现代化路径的定义权。但是，在我们党的领导下，短短几十年，中国就实现了从落后时代到赶上时代再到引领时代的历史性飞跃，走完了发达国家几百年走过的工业化、现代化进程。中国式现代化是人口规模巨大的现代化，是全体人民共同富裕的现代化，是物质文明和精神文明相协调的现代化，是人与自然和谐共生的现代化，是走和平发展道路的现代化。这一现代化模式创造了人类文明新形态，打破了西方在话语和制度上对"现代化"的垄断，不仅为中华民族伟大复兴开辟了光明前景，也拓展了发展中国家走向现代化的路径，给世界上那些既希望加快发展又希望保持自身独立性的国家提供了全新选择。

百年大党书写了以自我革命永葆生机的自身锻造史

《决议》指出，"一百年来，党坚持性质宗旨，坚持理想信念，坚守初心使命，勇于自我革命，在生死斗争和艰苦奋斗中经受住各种风险考验、付出巨大牺牲，锤炼出鲜明政治品格，形成了以伟大建党精神为源头的精神谱系，保持了党的先进性和纯洁性，党的执政能力和领导水平不断提高"①。自我革命是我们党的最鲜明品格和独特优势，也是我们党百年风华正茂的基因密码和动力源泉。在百年奋斗征程中，我们党在激浊扬清中彰显了无产阶级政党的政治本色，在革故鼎新中重塑了无产阶级政党的政治优势，探索出了一条长期执政条件下解决自身问题、跳出历史周期率的成功道路。

保持了自身的先进性和纯洁性。100年来，中国共产党始终坚持自我革命，注重刀刃向内和刮骨疗毒，及时清除党的健康肌体上的病菌和毒瘤，从而保持了自身的先进性和纯洁性。早在革命时期，我们党就对纪律作出明确规定，坚决查处贪污、以权谋私等消极腐化行为。在建设时期，我们党开展整风、整党，着力解决党内存在的思想不纯、作风不纯、组织不纯等问题。改革开放后，我们党把一手抓改革发展、一手抓惩治腐败贯穿于社会主义现代化建设全过程。党的十八大以来，我们党坚持思想建党与制度治党同向发力，坚持"打虎""拍蝇""猎狐"，坚持无禁区、全覆盖、零容忍，坚持重遏制、强高压、长震慑，党的自我净化、自我完善、自我革新、自我提高能力显著增强，管党治党宽松软状况得到根本扭转。

锻造了高超的执政能力和领导本领。100年来，我们党先后经历了革命战争时期的生死考验，经历了社会主义建设时期的探索与挫折，经历了改革

---

① 《中共中央关于党的百年奋斗重大成就和历史经验的决议》，人民出版社2021年版，第64—65页。

开放以来市场经济发展带来的全新挑战,更经历了世界百年未有之大变局下各种风险挑战显著增多,特别是新冠疫情全球大流行带来的重大风险考验。在不断经受考验的过程中,党的领导地位不断得到巩固和强化,党总揽全局、协调各方的执政能力显著提升,党的政治领导力、思想引领力、群众组织力、社会号召力显著增强。实践充分证明,百年的艰苦历练,使得我们党无论面对如何复杂的国际国内形势,都能够深刻洞察、科学把握世界大势,在危急关头力挽狂澜、转危为安,确保党和国家事业沿着正确方向发展。

铸就了强大的精神力量。我们党之所以历经百年而风华正茂、饱经磨难而生生不息,就是凭着那么一股革命加拼命的强大精神。百年来,我们党团结带领人民不懈奋斗,形成与培育了以伟大建党精神为源头的精神谱系。中国共产党人的精神谱系是党长期艰辛奋斗实践的产物,是党长期理论探索的思想结晶,是最为宝贵的财富,为立党兴党强党提供了丰厚精神滋养和强大精神支撑。不论是新民主主义革命时期,还是社会主义革命和建设时期、改革开放和社会主义现代化建设新时期,乃至中国特色社会主义新时代,党的精神谱系都是加强和改进党的自身建设的有力武器,都激励和鞭策着一代又一代的中国共产党人不忘初心、牢记使命,前赴后继、奋勇前进。中国共产党的百年历史,不仅是艰苦卓绝的奋斗史,更是中国共产党人的精神锻造史。

本文从党的百年不懈奋斗史、道路探索史、理论创新史、胸怀天下史、自身锻造史等方面展开论述,对党的十九届六中全会《决议》中"党和人民百年奋斗,书写了中华民族几千年历史上最恢宏的史诗"①这一重要论断作了全方位解析,充分阐述党百年奋斗的重大历史意义。

---

① 《中共中央关于党的百年奋斗重大成就和历史经验的决议》,人民出版社2021年版,第2页。

> 百年大党书写了带领人民创造美好生活的不懈奋斗史；百年大党书写了实现中华民族伟大复兴的道路探索史；百年大党书写了推动马克思主义中国化时代化的理论创新史；百年大党书写了创造人类文明新形态的胸怀天下史；百年大党书写了以自我革命永葆生机的自身锻造史。

推荐阅读

郝永平、杜敏：《改革开放的丰功伟绩》，《中国纪检监察报》2019年1月10日。

郝永平、孙林：《深刻把握开展主题教育的重大意义》，《解放军报》2023年4月28日。

历史追溯

体现各个历史时期既一脉相承又与时俱进的演进关系，或展示不同发展阶段既相互区别又相互联系的发展脉络。

通常视野是革命、建设、改革开放、新时代四个历史时期。还有，坚持过去、现在、未来相统一，树立大历史观，有助于把握问题的来龙去脉。

示例文章 1

增强走中国特色社会主义政治发展道路的自觉自信[①]

人民民主是我们党始终高扬的光辉旗帜。改革开放以来，我们党成功开辟和坚持了中国特色社会主义政治发展道路，为实现最广泛的人民民主确立了正确方向。中国特色社会主义政治发展道路，是中国特色社会主义道路的重要组成部分，是中国共产党领导中国人民在长期实践中走出的一条符合我国国情、顺应时代潮流的正确之路，是为国家富强、民族振兴、人民幸福提供根本政治保障的成功之路。实现党的十八大提出的"两个一百年"奋斗目标，实现中华民族伟大复兴的中国梦，要求我们着力增强走中国特色社会主义政治发展道路的自觉自信。

中国特色社会主义政治发展道路是历史的选择、人民的选择，这条道路来之不易，应当倍加珍惜

走什么样的政治发展道路，对一个国家的兴衰存亡具有极其重要的决定

---

① 郝永平、黄相怀：《增强走中国特色社会主义政治发展道路的自觉自信》，《人民日报》2013年8月21日。

性意义。政治发展道路的选择，绝非仅仅出于理论设想，而是由这个国家的社会历史条件、政治经济状况、民族文化传统、外部国际环境以及最广大人民的根本利益追求等共同作用的结果。中国特色社会主义政治发展道路，是我们党坚持把马克思主义基本原理同中国具体实际和时代特征相结合，在发展社会主义民主政治、建设社会主义政治文明的实践中走出的一条符合中国国情的政治发展道路。这条道路，是历史的选择、人民的选择。

鸦片战争以后，随着西方列强的入侵，中国逐步沦为一个任人欺凌的半殖民地半封建国家，中国人民也开始了拯救民族危亡的艰难探索，其中走什么样的政治发展道路始终是一个焦点。19世纪末，以康有为、梁启超等为代表的资产阶级维新派主张以君主立宪制取代君主专制制度，但历史并没有给他们机会，戊戌维新运动很快就以失败告终。孙中山领导的辛亥革命敲响了在中国持续两千多年的君主专制制度的丧钟，建立了中国历史上第一个资产阶级共和政府，但这条政治发展路径在中国很快就出现"水土不服"。"无量头颅无量血，可怜购得假共和"，道出了人们对辛亥革命后政治转型失败的遗憾。国民党蒋介石政权上台后，在政治上压制民主，迫害民主人士，形成了专制独裁的局面。抗日战争胜利后，一些民主党派人士提出"中间路线"，再次希望走西方式的政治发展道路，但国民党假民主、真独裁的残酷现实，最终毁灭了他们的幻想。

一次次的探索，一次次的失败，历史证明了西方式的政治体制和政治模式在中国走不通。发展人民民主、保证人民当家作主的重任历史地落到了中国共产党身上。中国共产党的诞生，为中华民族走向复兴开启了全新的征途、提供了全新的希望。中国共产党团结带领人民努力实现中华民族伟大复兴的进程，也是不断探索符合本国实际的政治发展道路的进程。90多年来，我们党团结带领全国各族人民完成了新民主主义革命，完成了社会主义革命、进行了社会主义建设，进行了改革开放新的伟大革命，这三件大事从根本上改变了中国人民和中华民族的前途命运，也成功开辟和坚持了中国特色社会主义政治发展道路。

新中国成立后，我们党建立了人民代表大会制度这一根本政治制度和中国共产党领导的多党合作和政治协商制度、民族区域自治制度等基本政治制度，为当代中国政治发展奠定了制度基础。改革开放以后，我们党适应改革开放新形势和人民群众新要求，总结发展社会主义民主政治的经验，不断推进政治体制改革，社会主义民主政治建设取得重大进展。比如，我们党不断改革和完善党和国家的领导制度，废除领导干部职务终身制；坚持国家一切权力属于人民，强化人民代表大会的权威；坚持和完善中国共产党领导的多党合作和政治协商制度，深入开展政治协商、民主监督、参政议政；建立健全基层民主制度，保障人民享有更多更切实的民主权利；深入贯彻依法治国基本方略，形成中国特色社会主义法律体系；尊重和保障人权，维护社会公平正义；等等。在中国特色社会主义政治发展道路上，人民民主的内容不断扩大、形式不断丰富、制度不断健全、实践不断深化，社会主义民主政治建设在各个方面都取得了重大成就。现在，中国特色社会主义政治发展道路不仅在我国得到了各党派团体、各社会阶层的衷心拥护，在国际上也得到越来越多的认同。任何不带偏见的人，都不能否认我国社会主义民主政治建设的成就。

中国特色社会主义政治发展道路，是中国共产党人把马克思主义基本原理同中国国情相结合，同时借鉴人类政治文明有益成果，经过长期探索实践形成的；是改革开放以来我们党坚持立党为公、执政为民，在纷繁复杂的国际国内环境变化中坚定不移推进政治体制改革，在不断完善和发展社会主义制度进程中走出来的。这条政治发展道路来之不易，应当倍加珍惜。坚持这条政治发展道路，是对历史的尊重，也是对人民的尊重。

中国特色社会主义政治发展道路符合中国国情、顺应时代潮流，这条道路具有巨大优势和强大生命力

邓小平同志明确指出，评价一个国家的政治体制、政治结构是否正确，关键看三条：第一看国家的政局是否稳定，第二看能否增进人民的团结、改善人民的生活，第三看生产力能否得到持续发展。中国特色社会主义政治发展道路始终高扬人民民主的旗帜，以人民当家作主为出发点和归宿，规定了党和国家组织与活动的基本原则，既有科学的指导思想又有严谨的制度架构，既有明确的价值取向又有符合国情的实现形式。这条政治发展道路，符合中国国情，顺应时代潮流，具有巨大优势和强大生命力。

中国特色社会主义政治发展道路坚持党的领导、人民当家作主、依法治国有机统一，既保证了政治稳定和社会安定，又增强了党和国家的活力。坚持党的领导、人民当家作主、依法治国有机统一，这是社会主义民主政治的基本特征。党的领导是人民当家作主和依法治国的根本保证。没有始终代表中国人民根本利益、全心全意为人民服务的中国共产党的领导，将广大人民群众组织起来，走依法治国的道路，民主政治建设就可能成为一个自发无序的过程，导致政治混乱、社会动荡，人民当家作主根本无从谈起。人民当家作主是社会主义民主政治的本质要求。党的领导实际上就是要领导和支持人民更好地行使各种权利、更好地当家作主。离开人民当家作主，就难以调动人民的积极性，党和国家就会缺乏活力。依法治国是党领导人民治理国家的基本方略。它保证党领导人民依法行使各种权利，保证国家各项工作依法进行。中国特色社会主义政治发展道路，始终坚持三者的有机统一，巩固了党的领导，更好地发挥了党总揽全局、协调各方的核心领导作用；发展了更加广泛、更加充分、更加健全的人民民主，调动了广大人民群众和社会各方面的积极性，增强了党和国家的活力；发挥了法治在国家治理和社会管理中的重要作用，实现了国家长治久安。

中国特色社会主义政治发展道路始终高扬人民民主的旗帜，以完善的制度体系保障民权、代表民意、改善民生。人民代表大会制度这一根本政治制度，中国共产党领导的多党合作和政治协商制度、民族区域自治制度和基层群众自治制度这些基本政治制度，构成了中国特色社会主义政治发展道路的基本制度体系。这个制度体系架构完备、设置科学、运转有效。以这个制度体系为基础，我们党充分发挥我国社会主义政治制度的优越性，依法实行民主选举、民主决策、民主管理、民主监督,保障人民的知情权、参与权、表达权、监督权,保障了民权;我们党注重广纳群言、广集民智以增进共识、形成合力,使人民群众意见在政策决策中、在政治生活中的影响越来越大,代表了民意;我们党通过政治体制改革促进各方面的改革,使人民享有更好的教育、更稳定的工作、更满意的收入、更可靠的社会保障、更高水平的医疗卫生服务、更舒适的居住条件、更优美的环境,改善了民生。

一条政治发展道路正不正确,有没有巨大优势和强大生命力,实践最有说服力。综观世界,在政治发展道路上许多国家都出现严重挫折,有的停滞不前、进退两难,有的踌躇纠结、左右摇摆,有的失误连连、社会动荡。苏联解体、东欧剧变,殷鉴不远;西亚、北非动荡,就在眼前;一些发展中国家由于政治发展道路选择错误而积贫积弱,触目惊心。反观我国,新中国成立以来特别是改革开放30多年来,综合国力大幅跃升,经济总量跃居世界第二,社会事业蓬勃发展,人民生活水平不断提高,中国的面貌发生了历史性变化。举世瞩目的成就,充分彰显出中国特色社会主义政治发展道路为经济社会发展提供的强大政治保障,充分体现出我国政治发展道路的独特创造和独特优势。如果我国的政治发展道路不正确,没有巨大优势和强大生命力,我们怎么可能取得这样令全世界惊叹的发展成就呢?

中国特色社会主义政治发展道路前景广阔、前途光明,这条道路必将越走越宽广

实践已经充分证明,中国特色社会主义政治发展道路前景广阔、前途光明。在新的历史条件下,我们要根据我国经济社会发展的新形势,根据中国特色社会主义事业发展的新要求,继续积极稳妥推进政治体制改革,使这条道路越走越宽广,但是绝不能照搬西方政治制度模式。

积极稳妥推进政治体制改革,使中国特色社会主义政治发展道路越走越宽广,必须坚持正确政治方向。坚持正确政治方向,就必须坚持党的领导、人民当家作主、依法治国有机统一,以保证人民当家作主为根本,以增强党和国家活力、调动人民积极性为目标。党的领导、人民当家作主、依法治国的有机统一，决定了我国社会主义国家政权的根本性质，是我国政治制度区别于资本主义国家政治制度的本质特征。我们的政治体制改革，不是要削弱党的领导而是要加强和改善党的领导，不是要改变社会主义政治制度而是要充分发挥社会主义政治制度的优越性。

积极稳妥推进政治体制改革，使中国特色社会主义政治发展道路越走越宽广，必须坚持积极稳妥原则。政治体制改革关乎全局、关乎根本。在政治体制改革上一旦出现失误，其结局往往是灾难性的，其结果往往是人民难以承受的。因此，推进政治体制改革必须坚持积极稳妥原则。所谓积极，就是要充分认识发展更加广泛、更加充分、更加健全的人民民主对政治体制改革提出的新要求，防止政治体制改革停滞不前。应按照党的十八大报告提出的"要更加注重改进党的领导方式和执政方式，保证党领导人民有效治理国家；更加注重健全民主制度、丰富民主形式，保证人民依法实行民主选举、民主决策、民主管理、民主监督；更加注重发挥法治在国家治理和社会管理中的重要作用，维护国家法制统一、尊严、权威，保证人民依法享有广泛权利和自由"[①]，积极推进政治体制改革。所谓稳妥，就是要把政治体制改革作为一项复杂、艰巨的系统工程，摒弃一蹴而就的思维方式，从我国国情出发，从经济社会发展实际出发，使政治体制改革与我国生产关系和生产力发展相适应，与经济体制改革相适应，与我国历史条件、经济发展水平、文化教育水平相适应，有秩序、有步骤地展开，绝不能脱离实际、超越阶段，更不能照搬西方政治制度模式。

世界各国政治发展道路正、反两方面的经验告诉我们：民主政治的实现形式并非只有一种，发展民主政治的路径更是多种多样；民主政治不是书斋里的幻想，而是现实中走出来的大道；民主政治应该是由各国内部生成的，

[①] 胡锦涛：《坚定不移沿着中国特色社会主义道路前进　为全面建成小康社会而奋斗——在中国共产党第十八次全国代表大会上的报告》，人民出版社2012年版，第25页。

而不是由外力强加的；民主政治很重要，走出一条符合国情的具有本国特色的民主政治发展道路尤其重要。坚持走中国特色社会主义政治发展道路，应始终立足我国基本国情，使之越走越实；应积极稳妥推进政治体制改革，使之越走越宽；应善于吸收和借鉴人类政治文明有益成果，使之越走越活；应加强民主政治的制度化建设，使之越走越稳。在我们党的领导下，中国特色社会主义民主政治必将展现出更加旺盛的生命力，中国特色社会主义政治发展道路必将越走越宽广。

　　本文坚持过去、现在与未来相统一的历史视野，从三个历史维度论证了走中国特色社会主义政治发展道路的重要意义，并突出了"自觉自信"。具体来说，着眼于历史，中国特色社会主义政治发展道路是历史的选择、人民的选择，这条道路来之不易，应当倍加珍惜；立足于现实，中国特色社会主义政治发展道路符合中国国情、顺应时代潮流，这条道路具有巨大优势和强大生命力；展望未来，中国特色社会主义政治发展道路前景广阔、前途光明，这条道路必将越走越宽广。

示例文章 2

新时代推进共同富裕的重大历史意义[①]

　　习近平总书记在《正确认识和把握我国发展重大理论和实践问题》中明确提出了五个重大理论和实践问题：正确认识和把握实现共同富裕的战略

[①] 郝永平、孙林：《新时代推进共同富裕的重大历史意义》，《中国纪检监察报》2022年5月19日。

目标和实践途径;正确认识和把握资本的特性和行为规律;正确认识和把握初级产品供给保障;正确认识和把握防范化解重大风险;正确认识和把握碳达峰碳中和。其中,排在首位的就是"正确认识和把握实现共同富裕的战略目标和实践途径"。共同富裕是社会主义的本质要求,是中国式现代化的重要特征。党的十八大以来,以习近平同志为核心的党中央把握发展阶段新变化,把逐步实现全体人民共同富裕摆在更加重要的位置上,推动区域协调发展,采取有力措施保障和改善民生,打赢脱贫攻坚战,全面建成小康社会,为促进共同富裕创造了良好条件。在全面建设社会主义现代化国家新征程中,我们要以历史、现实与未来相贯通的视野来深刻理解新时代推进共同富裕的重大历史意义,正确认识和把握实现共同富裕的战略目标和实践途径,推动共同富裕取得更为明显的实质性进展。

新时代推进共同富裕是理论和实践相统一的重大创新之举

党的十八大以来,以习近平同志为核心的党中央站在历史和时代发展的战略高度,准确把握党和国家事业发展的历史方位,把逐步实现全体人民共同富裕摆在更加重要的位置上,进行了一系列重大的理论创新与实践创造,产生了深远的历史影响。

新时代推进共同富裕的理论创新开辟了马克思主义新境界。习近平总书记从辩证唯物主义和历史唯物主义的高度指出,共同富裕"不是少数人的富裕,也不是整齐划一的平均主义"[1],同样也不是城市、农村或者东部、中部、西部地区各提各的指标,而是不断解放和发展生产力条件下的总体富裕,深刻回答了共同富裕的科学内涵;从现代化的战略全局出发,强调现代化是包括全体人民共同富裕的全面现代化,创造性地把政治理想与伟大梦想结合起来,把实现共同富裕与实现社会主义现代化、实现中华民族伟大复兴统一起来,既一体谋划又一体推进,系统深化了共同富裕的战略目标;指

---

[1] 《习近平谈治国理政》第4卷,外文出版社2022年版,第142页。

出"实现共同富裕不仅是经济问题,而且是关系党的执政基础的重大政治问题"①,深刻阐明了共同富裕的重要地位;深刻把握共同富裕的发展规律,明确"共同富裕是一个长远目标,需要一个过程,不可能一蹴而就,对其长期性、艰巨性、复杂性要有充分估计,办好这件事,等不得,也急不得",为共同富裕指明了实践路径;站在真理和道义的制高点,指出共同富裕是社会主义公平正义价值目标的充分彰显,只有在中国特色社会主义制度下才能集中力量办成共同富裕这件大事,突出了实现共同富裕的制度支撑;深刻总结党的百年奋斗历史经验,强调党是最高政治领导力量,在推进共同富裕过程中必须坚持和加强党的全面领导,必须充分发挥党把方向、谋大局、定政策、促改革的重要作用,进一步彰显了共同富裕的政治保障。这些理论创新观点极大地丰富和发展了马克思主义,成为新时代中国共产党人带领人民群众实现共同富裕的科学指南与行动遵循。

新时代在实现共同富裕的道路上迈出了坚实的一大步。党的十八大以来,我们党以时不我待的政治责任感与攻坚克难精神,团结带领人民跑出了推进共同富裕的加速度。"惟其艰难,才更显勇毅;惟其笃行,才弥足珍贵。"我们党团结带领人民顶住巨大压力、经受住严峻挑战,如期打赢脱贫攻坚战,不仅补齐了全面建成小康社会的最大短板,而且在全球贫困人口增加的情势下逆势减贫,提前10年实现了联合国《2030年可持续发展议程》减贫目标,为人类减贫事业作出巨大贡献;推进全面深化改革,加大民生领域投入力度,在"十三五"期间建成了世界上规模最大的社会保障体系,为推进共同富裕织起更加有力的托底保障网;努力建设体现效率、促进公平的收入分配体系,调节过高收入,取缔非法收入,增加低收入者收入,推动形成橄榄型分配格局,为扎实推进共同富裕奠定坚实社会基础。党的十九届五中全会明确了到2035年基本实现社会主义现代化的远景目标,提出"人的全面

---

① 《习近平谈治国理政》第4卷,外文出版社2022年版,第171页。

发展、全体人民共同富裕取得更为明显的实质性进展"①。我们要在新起点上接续奋斗，不断促进人的全面发展和全体人民共同富裕，更好满足人民对美好生活的向往。

新时代推进共同富裕是对旧中国劳动人民普遍贫穷的历史性超越

百年前建党时，旧中国劳动人民普遍贫穷、民不聊生；百年后，新时代人民群众共享小康、富裕富足。人民生活发生了翻天覆地的巨大变化，归根结底在于中国共产党顺应时代潮流，选择了马克思主义的科学真理，选择了社会主义的人间正道，担负起为人民谋幸福、为民族谋复兴的初心使命。

从普遍贫穷到全体人民共同富裕。旧中国兵连祸结，社会动荡不安；自然灾害频仍，抗灾救灾、医疗卫生水平低下；统治阶级腐朽贪婪，各种苛捐杂税多如牛毛，劳动人民生活在普遍贫穷之中。在百年历程中，中国共产党团结带领人民为创造美好生活进行了长期艰苦奋斗：从革命时期"打土豪、分田地"，实行"耕者有其田"，到建设时期自力更生、发愤图强、改天换地，再到改革开放新时期让一部分人先富起来，先富带动后富，并开展大规模、有计划、有组织的扶贫开发，一直到新时代实现第一个百年奋斗目标，解决了困扰中华民族千百年来的绝对贫困问题，全面建成小康社会，人民生活是"敢教日月换新天"。与百年前的普遍贫穷相比，今天的中国人民有了更充分的获得感、幸福感、安全感，正在扎实推动共同富裕的道路上阔步前行。

从落后生产力基础上的贫穷到高质量发展基础上的富裕。旧中国落后的生产关系严重阻碍生产力的发展，而西方列强入侵、军阀割据混战等更严重地破坏了原本已落后的生产力，这是旧中国劳动人民深陷普遍贫穷的根本原因。我们党自成立以来就团结带领人民不断进行伟大社会革命，着力解放

---

① 《中国共产党第十九届中央委员会第五次全体会议公报》，人民出版社2020年版，第8页。

和发展社会生产力，着力保障和改善民生，在推进全体人民共同富裕上取得了伟大成就。当前扎实推动共同富裕对生产力发展提出更高要求，必须在全面深化改革中进一步解放和发展社会生产力，立足新发展阶段、贯彻新发展理念、构建新发展格局，不断推动高质量发展。只有实现了高质量发展，才能不断满足人民群众对美好生活的需要，才能为实现共同富裕奠定坚实物质基础。

从不合理不公正分配制度下的贫穷到完善社会主义分配制度下的共同富裕。旧中国半殖民地半封建社会的分配制度是以私有制为基础的，土地、资本、权力等在分配中占据绝对优势，帝国主义、封建主义、官僚资本主义自私贪婪切走绝大部分"蛋糕"，而占人口绝大多数的劳动人民只能分得"残羹剩饭"，此外还要经受各种天灾人祸以及转嫁而来的经济危机、战争赔款等重负，完全生活在水深火热之中。我们党来自人民，从一开始就代表最广大人民的根本利益，没有任何自己特殊的利益，在百年奋斗中始终坚持发展为了人民、发展依靠人民、发展成果由人民共享，坚定不移走全体人民共同富裕的道路。特别在新中国成立后，党领导人民建立起社会主义公有制，实行按劳分配的分配制度，历史性地处理效率与公平的关系，为推动共同富裕提供了制度保障。进入新时代，党在带领人民建设社会主义现代化国家新征程上，致力于构建和完善初次分配、再分配、三次分配协调配套的制度安排，着力扩大中等收入群体，推动共同富裕不断取得更为明显的实质性进展。

新时代推进共同富裕是对资本主义现实中两极分化的根本性否定

习近平总书记指出："一些发达国家工业化搞了几百年，但由于社会制度原因，到现在共同富裕问题仍未解决，贫富悬殊问题反而越来越严重。"[①]资本主义几百年发展历史表明，它在创造巨大财富的同时，也在造

---

① 《习近平谈治国理政》第4卷，外文出版社2022年版，第143页。

成巨大的贫富两极分化。中国共产党团结带领人民群众在推进社会主义现代化建设进程中，注重在理念、政策和举措上统筹兼顾，有力保障和改善民生，扎实推动共同富裕，从根本上否定了两极分化。

共同富裕是对资本主义社会富人愈富现象的根本否定。资本主义自诞生之日起就以维护资本的统治与富人的利益为根本追求，至今仍未改变甚至越发严重。据美国左翼智库——政策研究所的报告，美国过去30年财富更加集中，自1983年以来美国最富有的5个家族财富增长了2484%。新冠疫情期间，美欧日等资本主义国家通过大水漫灌纾困，却让财富越来越往"金字塔"顶端集中。从根本上说，资本主义财富创造是以资本主义私有制为基础的，少数占有生产资料的资本家与多数不占有生产资料的劳动人民形成了难以调和的对立，必然造成财富占有的不平等与两极分化现象。中国的共同富裕则建立在以公有制为主体、多种所有制经济共同发展的基本经济制度基础上，是从所有制源头上对资本主义社会富人愈富财富生产制度的根本否定。这一基本经济制度要求依法规范和引导资本健康发展，尽力消除财富创造、占有的悬殊状况，能够避免社会财富过度向少数人或特定阶层集中的状况。

共同富裕是对资本主义社会穷人越穷现象的根本否定。在西方资本主义国家，富人愈富"硬币"的另一面是穷人相对越来越穷。美国人口普查局数据显示，2020年美国贫困率上升1个百分点，达到11.4%，3720万美国人处于贫困状态，比2019年增加了330万人。同期，中国脱贫攻坚战取得全面胜利，现行标准下9899万农村贫困人口全部脱贫，832个贫困县全部摘帽，12.8万个贫困村全部出列，区域性整体贫困得到解决，共同富裕取得历史性进展。共同富裕是对资本主义社会穷人越穷财富分配制度的根本否定，因为它是建立在以按劳分配为主体、多种分配方式并存的制度基础上的，这一分配制度体现人民至上，能够比较妥善地处理好公平与效率、同一与差异、多数人与少数人的关系，尽可能避免穷人越来越穷的现象，努力防止贫富两极分化。

共同富裕是对西方国家福利主义政策的根本否定。西方国家福利主义所宣扬的全民福利，其内在所想与所得、承诺与能力之间的矛盾也始终无法得到妥善解决。21世纪以来，随着西方国家经济相对衰退以及新兴国家集体崛起，福利主义在国内所依赖的高税收以及在国际上所依靠的负担转嫁都难以为继；在重压之下，各国政党为赢得选举都竞相迎合选民短期需要，承诺更多福利、更少税收，从而造成财政赤字、治理危机以及养懒汉等一系列弊端，无法从根本上消除两极分化。我们党坚持以经济建设为中心，坚持人民至上，坚持共建共享，强调做大蛋糕是深厚基础和根本前提，在此基础上以分好蛋糕促进做大蛋糕，不断促进生产与分配、效率与公平协调发展。

新时代推进共同富裕是新征程上建设社会主义现代化强国的必然选择

习近平总书记强调："共同富裕是社会主义的本质要求，是中国式现代化的重要特征。"①只有坚定不移走全体人民共同富裕道路，不断促进全体人民共同富裕取得更为明显的实质性进展，才能全面建成社会主义现代化强国。

共同富裕是社会主义的本质要求。社会主义与资本主义本质性区别在于，它是"绝大多数人的，为绝大多数人谋利益"的制度。社会主义本质是解放生产力，发展生产力，消灭剥削，消除两极分化，最终达到共同富裕。在进行"三大改造"的过程中，毛泽东同志就指出，"现在我们实行这么一种制度，这么一种计划，是可以一年一年走向更富更强的，一年一年可以看到更富更强些。而这个富，是共同的富，这个强，是共同的强，大家都有份"②。在推进改革开放的历史进程中，邓小平同志明确指出："社会主义的目的就是要全国人民共同富裕，不是两极分化。"③在新时代坚持和发展中国特色社会主义的伟大实践中，习近平总书记再次强调："共同富裕是社会主义的本质要求，是人民群众的共同期盼。我们推动经济社会发展，归根

---

① 《习近平谈治国理政》第4卷，外文出版社2022年版，第142页。
② 《毛泽东文集》第6卷，人民出版社1999年版，第495页。
③ 《邓小平文选》第3卷，人民出版社1993年版，第110-111页。

结底是要实现全体人民共同富裕。"①如果说推翻反动统治奠定了社会主义的根基与基础，改革开放激活了社会主义的生机与活力，那么推进共同富裕则是擦亮了社会主义的本质与内核，进一步彰显了社会主义制度的优越性。

共同富裕是建设社会主义现代化强国的基本目标。习近平总书记指出，"在全面建设社会主义现代化国家新征程中，我们必须把促进全体人民共同富裕摆在更加重要的位置，脚踏实地、久久为功，向着这个目标更加积极有为地进行努力"②。建设社会主义现代化强国是党和人民推进的一项伟大世纪工程，其任务目标不是单一的而是多维的，即"富强民主文明和谐美丽"。"治国之道，富民为始。"人民富裕幸福是"国之大者"，共同富裕是建设社会主义现代化强国的一个重要目标，所以"富强"是排第一位的任务目标；这其中的"富"就是国富、民富，就是共同富裕。只有努力推进共同富裕，才能充分调动广大人民群众投身和参与现代化建设的积极性主动性创造性，才能顺利实现建成社会主义现代化强国的宏伟目标。

共同富裕是中国创造人类文明新形态的鲜明特色。习近平总书记指出："我们坚持和发展中国特色社会主义，推动物质文明、政治文明、精神文明、社会文明、生态文明协调发展，创造了中国式现代化新道路，创造了人类文明新形态。"③纵观人类文明发展史，资本主义工业文明在国内让少数人获得最大利益，在世界上以血与火开拓殖民地，在征服自然时留下了无尽的隐患，从总体上说是逐渐失去历史合理性的文明形态。与之相比，中国所创造的人类文明新形态以中国式现代化道路为支撑，是一种内生、和平、普惠的文明新形态，是为了人民、依靠人民、成果由人民共享的文明新形态，是以实现全体人民共同富裕为鲜明特色的文明新形态。

---

① 《习近平谈治国理政》第4卷，外文出版社2022年版，第116页。
② 《习近平谈治国理政》第4卷，外文出版社2022年版，第139页。
③ 习近平：《在庆祝中国共产党成立100周年大会上的讲话》，人民出版社2021年版，第13—14页。

心得体会

在充分阐释新时代推进共同富裕取得理论创新与实践成就的基础上,文章坚持过去、现在与未来相贯通的大历史观,对党的十八大以来我们党推进共同富裕的重大历史意义作了较为深入的揭示。

一是新时代推进共同富裕是理论和实践相统一的重大创新之举;二是新时代推进共同富裕是对旧中国劳动人民普遍贫穷的历史性超越;三是新时代推进共同富裕是对资本主义现实中两极分化的根本性否定;四是新时代推进共同富裕是新征程上建设社会主义现代化强国的必然选择。

推荐阅读

郝永平、黄相怀、田田:《历史维度中的中国梦》,《光明日报》2013年10月15日。

理论文章这样写

辩证分析

运用唯物辩证法分析问题，在对立中把握统一，在统一中领悟对立，从若干辩证关系中把握问题的整体面貌，揭示事物的发展趋势。

示例文章 1

中国共产党何以不断铸就辉煌[①]

98年来，在中国共产党坚强领导下，中国走向繁荣昌盛，中国人民不断增强获得感、幸福感、安全感，科学社会主义在现代化进程中焕发出蓬勃生机。中国共产党以其感天动地的奋斗史诗，铸就了世界上独一无二的"中国奇迹"。在新中国成立70周年之际，探寻并解开中国共产党长期执政的成功密码，对于中国共产党团结带领人民建成社会主义现代化强国具有重要意义。

历史任务：社会革命与自我革命相促进

进行社会革命是中国共产党的历史任务之一。党的一大纲领就郑重提出，"以社会革命为自己政策的主要目的"。经过28年的浴血奋战，中国共产党领导人民取得新民主主义革命胜利。新中国成立后，又领导人民进行社会主义革命，完成了中华民族有史以来最广泛最深刻的社会变革。社会主义基本制度建立后，中国共产党领导人民在探索社会主义建设道路的历史进程中取得了重要成就。随后，中国共产党团结带领人民进行改革开放，成功开

[①] 郝永平、杜敏：《中国共产党何以不断铸就辉煌》，《中国纪检监察报》2019年8月22日。

辟了中国特色社会主义道路。党的十八大以后，中国特色社会主义进入新时代。习近平总书记指出，"新时代中国特色社会主义是我们党领导人民进行伟大社会革命的成果，也是我们党领导人民进行伟大社会革命的继续，必须一以贯之进行下去"①。

不断进行自我革命，成就党的建设伟大工程是中国共产党的另一历史任务。所谓自我革命，就是革命主体对客体进行社会革命的时候，同时进行主体自身的革命。自我革命是我们党最鲜明的品格，也是我们党最大的优势。在革命战争年代，中国共产党通过纠正"左"倾和右倾错误，通过开展延安整风运动等，力挽中国革命于狂澜之中。党的十一届三中全会实现了社会主义建设之重大转折，开启了改革开放的新征程。党的十八大以来，以习近平同志为核心的党中央更是以前所未有的力度进行全党自我革命，如出台和落实中央八项规定，开展党的群众路线教育实践活动，推动"两学一做"学习教育常态化制度化，倡导"三严三实"，深入开展党风廉政建设，强力反对和惩治腐败现象，并在全党深入开展"不忘初心、牢记使命"主题教育等，推动全面从严治党向纵深发展。中国共产党就是通过一次次涅槃式的自我革命，在引领中国走向辉煌的同时，为长期安全执政奠定了坚实基础。

中国共产党的近百年历史，就是一部波澜壮阔的伟大社会革命与党的自我革命相辅相成、相互促进的华丽篇章，即以党的自我革命来领导社会革命，并在社会革命中推动自身的发展壮大。习近平总书记在十九届中共中央政治局常委同中外记者见面时说："实践充分证明，中国共产党能够带领人民进行伟大的社会革命，也能够进行伟大的自我革命。"②当今中国面临着更为复杂多变的国内外形势，面临着许多前所未有的新情况新问题新挑战，社会革命道路漫长艰巨；同时，影响党的先进性、弱化党的纯洁性的各种因素还将长期存在，自我革命道路任重道远。因此，习近平总书记强调："我

---

① 《十九大以来重要文献选编》（中），中央文献出版社2021年版，第652页。
② 《习近平谈治国理政》第3卷，外文出版社2020年版，第67页。

们党是马克思主义执政党,但同时是马克思主义革命党,要保持过去革命战争时期的那么一股劲、那么一股革命热情、那么一种拼命精神,把革命工作做到底"。① 中国共产党在任何时候都不能丧失革命本色,始终保持饱满的革命精神和昂扬的革命斗志,坚持和发展中国特色社会主义,推进党的建设新的伟大工程,以党的自我革命推动伟大的社会革命,夺取新时代中国特色社会主义伟大胜利。

力量源泉:追求真理与实现价值相统一

中国共产党始终坚持以充满科学性和真理性的马克思主义理论为指导,在顺应时代潮流、立足现实国情、尊重客观规律基础上,不断推进马克思主义中国化,实现了马克思主义理论成果的一脉相承和与时俱进。毛泽东思想科学把握了中国革命的规律,取得新民主主义革命和社会主义革命的胜利,在探索社会主义建设规律方面作了有益探索。邓小平理论对在经济文化落后的大国如何实现社会主义现代化问题作了富有成效的探索,深刻回答了"什么是社会主义、怎样建设社会主义"这一根本问题,成功开创了中国特色社会主义。习近平新时代中国特色社会主义思想深刻回答了"新时代坚持和发展什么样的中国特色社会主义、怎样坚持和发展中国特色社会主义"这个重大时代课题,为发展马克思主义作出了许多重大原创性贡献,以全新的视野深化了对共产党执政规律、社会主义建设规律、人类社会发展规律的认识,是当代中国马克思主义、21世纪马克思主义。真理来之不易,追求真理的道路曲折而艰难。98年来,无论面临着何种危险和挑战,中国共产党对真理的执着与坚守从未改变。从一定意义上说,中国共产党的历史就是一部追求真理、探索真理、捍卫真理的历史。

中国共产党以人民为中心的立场始终不渝,为人民谋幸福的价值追求毫

---

① 《习近平关于"不忘初心、牢记使命"论述摘编》,党建读物出版社、中央文献出版社2019年版,第170页。

不动摇。在思想认识方面，以毛泽东同志为主要代表的中国共产党人始终强调全心全意为人民服务，创造性地提出"一切为了群众，一切依靠群众，从群众中来，到群众中去"的群众路线；以邓小平同志为主要代表的中国共产党人始终坚持人民群众的利益高于一切，把人民拥护不拥护、人民赞成不赞成、人民高兴不高兴、人民答应不答应作为制定各项方针政策的出发点和归宿；以习近平同志为核心的党中央郑重提出"人民对美好生活的向往，就是我们的奋斗目标"[1]，明确提出"中国共产党人的初心和使命，就是为中国人民谋幸福，为中华民族谋复兴"[2]，突出强调以人民为中心的发展思想。在实践举措方面，经过土地革命、抗日战争和解放战争，以毛泽东同志为主要代表的中国共产党人带领人民推翻了三座大山，使中国人民实现了从"东亚病夫"到站起来的伟大飞跃，人民从此当家作主。党的十一届三中全会以后，以邓小平同志为主要代表的中国共产党人坚定不移地推进改革开放，破除各方面体制机制弊端，进一步解放思想、解放和发展社会生产力、解放和增强社会活力，使中华民族实现了从站起来到富起来的伟大飞跃，使人民群众告别了贫穷挨饿的历史，人民日益增长的物质文化需求不断得到满足。党的十八大以来，以习近平同志为核心的党中央统揽"四个伟大"，统筹推进"五位一体"总体布局，协调推进"四个全面"战略布局，以新发展理念引领经济社会发展全局，使中国人民生活迈向全面小康，使中华民族昂首屹立于世界民族之林，实现了从富起来到强起来的伟大飞跃，为人类追求和平与发展的崇高事业作出了贡献。

追求真理与实现价值辩证统一于中国共产党从事的社会实践，贯穿于中国共产党的奋斗历程。追求真理、探索规律是求"真"，按照世界的本来面目去认识和改造世界，使得中国共产党具有了真理的伟力；追求崇高价值、坚持人民立场是求"善"，努力实现好、维护好、发展好人民群众的根本利

---

[1] 《习近平谈治国理政》，外文出版社2014年版，第424页。
[2] 习近平：《决胜全面建成小康社会　夺取新时代中国特色社会主义伟大胜利——在中国共产党第十九次全国代表大会上的报告》，人民出版社2017年版，第1页。

益，使得中国共产党具有了道义的力量。中国共产党人之所以能不断铸就辉煌，从根本上说，既源于科学真理的力量，又源于人民群众的力量。

坚强保障：思想建党与制度治党相提升

思想建党是中国共产党的光荣传统和政治优势。毛泽东同志早在1920年就指出，"主义譬如一面旗子，旗子立起来了，大家才有所指望，才知所趋赴"[①]。在1929年召开的古田会议上，毛泽东同志提出了思想建党的原则，强调党员不但要在组织上入党，而且要在思想上入党，要经常注意用无产阶级思想改造和克服各种非无产阶级思想。通过思想建党，解决了党组织中思想不纯的问题，保持了革命队伍的先进性和战斗力，取得了新民主主义革命和社会主义革命的胜利。党的十一届三中全会后，党中央重新确立了解放思想、实事求是的思想路线，把思想建设作为党的根本建设，不断丰富、发展和创新了思想建党的实践机制，统一了思想、凝聚了共识，巩固了马克思主义在意识形态领域的指导地位。党的十八大以来，习近平总书记反复强调要加强思想建党、理论强党，用马克思主义中国化理论成果武装头脑、凝心聚魂，用理想信念和党性教育固本培元、补钙壮骨，着力教育引导全党坚定理想信念，增强中国特色社会主义道路自信、理论自信、制度自信、文化自信，不断夯实党长期安全执政的思想基础。只有抓好思想建党，才能使全党始终保持统一的思想、坚定的意志、协调的行动、强大的战斗力，这是中国共产党不断发展壮大的宝贵经验和重要法宝。

制度治党始终贯穿于中国共产党各项建设之中。党的第一代领导集体在全党建立了民主集中制、党委制等一系列制度，从制度上建立和健全党内民主，维护党中央权威，保证党的集中统一领导。党的十一届三中全会以后，我们党非常注重并着力解决制度问题，废除领导干部终身制、制定领导班子

---

① 《致罗章龙信》，中共中央文献研究室、中共湖南省委《毛泽东早期文稿》编辑组编：《毛泽东早期文稿》，湖南人民出版社1990年版，第554页。

新老交替和干部退休制度，把民主集中制运用于党内生活各个领域，建立党委工作制度、组织生活制度、监督制度、干部管理制度等一系列与政治生活相配套、与国家制度相衔接的治党制度体系，党内政治生活走向正常化和秩序化。党的十八大以来，以习近平同志为核心的党中央坚持全面从严治党，将制度治党贯穿于党的政治建设、思想建设、组织建设、作风建设、纪律建设中，强化执纪监督，深入推进反腐败斗争，陆续构建了以党章为统领、系统完备的党内法规制度体系，在党的领导制度、组织制度、干部人事制度、纪检监察制度等方面的改革中取得重大成就，推动管党治党不断从"宽松软"走向"严紧硬"，确保党始终成为中国特色社会主义事业的坚强领导核心。

思想建党是柔性的、内在的，关注党员的理想信念、价值追求、道德修养等方面，致力于解决世界观、人生观、价值观这个"总开关"问题；制度治党是刚性的、外在的，关注党员的治理机制、行为规范、约束监督等方面，致力于解决更具有根本性、全局性、稳定性、长期性的问题。思想建党与制度治党是一个问题的两个方面，思想建党是引领，没有思想建党，制度治党就少了灵魂和统一的意志，就容易跑偏走样；制度治党是保障，没有制度治党，思想建党就是空中楼阁，随时都会轰然倒塌。思想建党和制度治党，二者刚柔相济、内外兼修，共同筑牢中国共产党全面从严治党之根基，是中国共产党铸就千秋伟业的坚强保障。

精神状态：坚定自信与保持忧患相结合

中国共产党人最自信而且也最有理由自信。毛泽东同志是自信的。当中国革命暂时处于低潮时，他相信"星星之火，可以燎原"；在解放战争初期，面对强大的国民党力量时，他相信"一切反动派都是纸老虎"；随着全国革命的胜利，党的主要任务转变为领导建设新国家时，他坚信"我们不但善于破坏一个旧世界，我们还将善于建设一个新世界"[①]。邓小平同志是自

[①] 《毛泽东选集》第4卷，人民出版社1991年版，第1439页。

信的。他对中国的改革开放、对中国的未来充满信心,他说,"现在我们干的是中国几千年来从未干过的事。这场改革不仅影响中国,而且会影响世界"①。当世界社会主义运动遭遇重大挫折时,他对马克思主义充满信心,他说:"我坚信,世界上赞成马克思主义的人会多起来的,因为马克思主义是科学。"②习近平总书记是自信的。他指出:"当今世界,要说哪个政党、哪个国家、哪个民族能够自信的话,那中国共产党、中华人民共和国、中华民族是最有理由自信的。"③为什么能够自信?他用三个"前所未有"来概括:我们"前所未有地靠近世界舞台中心,前所未有地接近实现中华民族伟大复兴的目标,前所未有地具有实现这个目标的能力和信心"④。这三个"前所未有"重要论述不是凭空而来,它来自不断发展、日臻成熟的中国特色社会主义道路、科学的理论体系、优越的制度和先进的文化;它来自新中国成立以来特别是改革开放以来所取得的巨大成就。在中国共产党领导下,中国的综合国力实现历史性跨越,科学、文化、教育、医疗、社会保障事业整体显著提升,人民生活发生翻天覆地的变化,中国的国际地位与国际影响力与日俱增。

中国共产党是一个生于忧患、成长于忧患、壮大于忧患的政党。革命战争年代,毛泽东同志向全党发出把《甲申三百年祭》作为整风文件来学习的号召,并有了与黄炎培的"历史周期率"讨论。新中国成立前夕,在党的七届二中全会上,提出"两个务必",告诫全党革命以后的路程更长,工作更伟大,更艰苦。改革开放以后,邓小平同志也一再严肃指出,"中国要出问题,还是出在共产党内部"⑤,"巩固和发展社会主义制度,还需要一个

---

① 《邓小平文选》第3卷,人民出版社1993年版,第118页。

② 《邓小平思想年谱:1975—1997》,中央文献出版社1998年版,第463页。

③ 习近平:《在庆祝中国共产党成立95周年大会上的讲话》,人民出版社2016年版,第12页。

④ 《习近平总书记系列重要讲话读本》,学习出版社、人民出版社2014年版,第133页。

⑤ 《邓小平文选》第3卷,人民出版社1993年版,第380页。

很长的历史阶段,需要我们几代人、十几代人,甚至几十代人坚持不懈地努力奋斗,决不能掉以轻心"①。随着中国特色社会主义事业的推进,全党的忧患意识也不断增强。以习近平同志为核心的党中央一再告诫全党,"前进道路不可能一帆风顺,越是取得成绩的时候,越是要有如履薄冰的谨慎,越是要有居安思危的忧患,绝不能犯战略性、颠覆性错误"②;并专门举办省部级主要领导干部坚持底线思维着力防范化解重大风险专题研讨班,号召全党要永葆充沛的斗争精神,"既要打好防范和抵御风险的有准备之战,也要打好化险为夷、转危为机的战略主动战"③。保持忧患意识是中国共产党的历史传统,也是中国共产党成功的重要经验。"治乱于未乱""消未起之患",使中国共产党立于不败之地。

坚定自信是一种正面的、积极的精神力量,指引中国共产党一往无前、锐意进取;保持忧患意识是一种警示的、冷静的思维方式,提醒中国共产党居安思危、永不懈怠。从整体上来讲,当前我国正处于一个大有可为的历史机遇期,中国共产党人一定要不忘初心,增强忧患意识,不断提升自我净化、自我完善、自我革新、自我提高的能力,全面增强执政本领,着力破解社会发展中的突出矛盾和问题,有效防范化解各类风险,为实现中华民族伟大复兴的伟大使命而奋勇前进。

心得体会

　　本文从社会革命与党的自我革命相辅相成、追求真理与实现价值辩证统一、思想建党和制度治党刚柔相济、坚定自信与保持忧患相互支撑等四个辩证关系出发,全面探寻并解读中国共产党长期执政的成功密码。

---

① 《邓小平文选》第3卷,人民出版社1993年版,第379—380页。
② 《习近平谈治国理政》第3卷,人民出版社2020年版,第73页。
③ 《习近平谈治国理政》第3卷,人民出版社2020年版,第73页。

> 本文从四个辩证关系指出中国共产党何以不断铸就辉煌:
>
> 一是历史任务:中国共产党始终坚持社会革命与自我革命相促进;二是力量源泉:中国共产党始终坚持追求真理与实现价值相统一;三是坚强保障:中国共产党始终坚持思想建党与制度治党相结合;四是精神状态:中国共产党始终坚持坚定自信与保持忧患相结合。

示例文章 2

充分把握党的创新理论的科学指导作用[①]

习近平新时代中国特色社会主义思想,是新时代中国共产党的思想旗帜,是国家政治生活和社会生活的根本指针,是引领中国、影响世界的当代中国马克思主义。走在新时代的壮丽征程上,要完成新时代赋予的历史使命,必须充分发挥这一伟大思想的科学指导作用。

第一,在直面差异中统一思想。马克思主义认为,整体是兼具同一性和差异性的各部分按照特定的层次和结构组成的有机系统,是相对于个体而言的;由于出身背景、成长环境、受教育程度等的不同,众多个体必然在需求上呈现出多样化、差异性,这种差异性折射在社会生活中必然会衍生出不同的经济、政治、文化诉求等。为保持整个社会的和谐稳定、团结统一的局面,就必须从差异性这一现实基础出发,采取合乎实践逻辑与认识发展规律的手段与途径,强化思想引导,增进整体认同,统一思想认识。

当前,我们正处在一个大发展大变革大调整的时代。随着社会结构、经济体制、思想观念、利益格局的深刻变革,经济成分多样化、组织形式多样

[①] 郝永平、代江波:《充分把握党的创新理论的科学指导作用》,《人民政协报》2021年7月26日。

化、就业方式多样化、利益关系和分配方式多样化趋势更加明显。在多元中立主导、在多样中谋共识、在多变中求统一,进而达成广泛的思想共识、巩固全党全国人民团结奋斗的共同思想基础,比以往任何时候都要更加迫切。

习近平新时代中国特色社会主义思想,在指引党和国家统揽"四个伟大"的历史进程中,展现出强大的真理力量和独特的思想魅力,得到了全党全国各族人民高度的政治认同、思想认同、情感认同,成为凝聚中国人民勠力同心、奋勇前进的精神之魂。在新征程上必须毫不动摇坚持这一伟大思想,画好最大同心圆,找到最大公约数,团结一切可以团结的力量,调动一切可以调动的积极因素,为实现中华民族伟大复兴的中国梦提供最广泛、最强大、最持续的力量支持。

第二,在保持忧患中坚定信心。人具有主观能动性,包括知识、情感、意志三个方面,某种特定的精神状态就是其中的重要因素。马克思主义者是务实的理性主义者,始终保持忧患意识,始终保持清醒头脑,凡事往好处想,从坏处准备。强调机遇潜藏着风险,忧患孕育着生机,二者在充分发挥人的主观能动性的条件下可以相互转化。同时,马克思主义者也是理想主义者,具有革命乐观主义精神,坚信只要坚持尊重客观规律与发挥主观能动性有机结合,就一定能够不断取得实践的成功。

新时代坚持与发展中国特色社会主义的前进道路并不平坦,还有许多"雪山""草地"需要跨越,还有许多"娄山关""腊子口"需要征服。从国际看,世界正经历百年未有之大变局,新冠疫情影响广泛深远,经济全球化遭遇逆流,世界进入动荡变革期。从国内看,我国发展不平衡不充分问题仍然突出,重点领域关键环节的改革任务仍然艰巨,推进高质量发展、贯彻新发展理念、构建新发展格局任务繁重,生态环保任重道远,民生保障还存在短板,社会治理还有弱项等。这些短板弱项,都是我们前进路上必须越过的难关险隘。

习近平新时代中国特色社会主义思想的精神特质,既坚持务实的理性主义,始终保持强烈的忧患意识,又洋溢着革命乐观主义,始终坚定中国特色社会主义道路、理论、制度、文化自信,是我们成功闯关夺隘的行动指南和精神指引。党的十八大以来,在这一思想指引下,我们党和国家事业取得的历史性成就、发生的历史性变革,极大地提振了人民群众对走中国特色社会主义道路的自信心自豪感。因此,必须坚持用这一科学理论全面、辩证、长远地看待当前的困难、风险、挑战,坚持把学好用好这一伟大思想作为在新征程上坚定信心、激发斗志的根本遵循,积极引导全党全社会增强信心,努力在危机中育先机、于变局中开新局,坚定不移把新时代中国特色社会主义事业推向前进。

第三,在认识世界中指导实践。马克思主义不仅致力于解释世界,更致力于改造世界。认识世界是改造世界的前提,改造世界是认识世界的动力与目的。只有科学地认识世界,才能有效地改造世界。只有有效地改造世界,才能体现认识世界的价值。知与行的统一是具体的、历史的,知行合一是马克思主义理论的基本特征,也是中国共产党领导人民取得革命、建设与改革胜利的宝贵经验。

当前,我们正前所未有地接近实现中华民族伟大复兴的目标,但实现这一目标需要我们付出更加艰苦的努力。一方面,还需要在认识世界方面继续付出努力。新的时代之问与实践之问在不断提出,需要及时作出科学认识、正确判断与准确把握。另一方面,更需要在改造世界方面持续发力,特别是要注重克服那些阻碍实践活动的不良行为。

习近平新时代中国特色社会主义思想既讲是什么、为什么,又讲怎么看、怎么办;既部署"过河"的任务,又指导解决"建桥或造船"的问题,是指导实践、推动工作的"百科全书"。为此,必须深刻领会蕴含在这一思想中的马克思主义立场、观点、方法,大力弘扬蕴含在这一思想中求真务实、真抓实干的优良作风,不断提高战略思维、历史思维、辩证思维、创新思维、法治思维、底线思维能力,坚决反对形式主义、官僚主义等不良风气,自觉把本地区本部门工作融入党和国家事业发展大局,在知行合一中建功新时代。

第四，在批判错误中追求真理。真理是人们对客观事物及其规律的正确反映，谬误则相反。真理和谬误是对立统一的关系，马克思主义哲学认为，真理是客观存在的，但它的表现形式是主观的。为了坚持真理、发展真理，就必须同谬误作斗争，由此开辟广阔的道路。

当前，我国意识形态领域斗争形势尤为严峻复杂：从国际上看，思想文化领域斗争深刻复杂，一些西方思潮企图混淆视听、颠倒黑白；从国内看，如果不加以正确引导，从学理上揭示出错误思潮的实质与危害，就很可能对党和国家事业的发展带来危害。

习近平新时代中国特色社会主义思想，在坚持什么、反对什么上旗帜鲜明、正本清源，廓清了一系列大是大非，集中体现了我们党的政治意志、政治立场、政治主张，为抵制错误思想的侵袭提供了坚强学理支撑。新时代，必须坚持用这一科学理论认识与观察世界，不断深化对共产党执政规律、社会主义建设规律、人类社会发展规律的认识，在追求真理的道路上坚定前行；坚持用这一伟大思想提升政治敏锐性和政治鉴别力，对所谓的"历史虚无主义"等错误论调始终保持警惕，旗帜鲜明支持正确思想言论，旗帜鲜明反对和抵制错误观点。

第五，在立足现实中引领未来。现实是未来的基础，未来是理想的现实。从立足现实来看，通达社会现实的道路乃是历史唯物主义的生命线，只有立足于现实实践，才能不断揭示、切中社会现实，进而把握社会现实的本质性内容。引领未来，就是要通过努力奋斗、不懈奋斗，一步一个脚印实现阶段性目标，建设社会主义现代化强国，实现中华民族伟大复兴的中国梦，进而实现共产主义。

展望未来，我国发展仍然处于重要战略机遇期，但机遇和挑战都有新的变化。国际形势动荡复杂，不稳定性不确定性更加凸显，对正确把握未来发展方向提出了更高要求。同时，随着我国社会主义从初级阶段向着更高阶段迈进，面临的新情况新问题也会越来越多。

习近平新时代中国特色社会主义思想既强调立足中国特色社会主义初

级阶段基本国情谋划各项工作，又坚定实现共产主义的远大理想不动摇，并在实际工作中将二者有机结合起来。它把对未来发展的全新谋划展望与立足于新时代的客观实际有机统一起来，科学规划了中华民族伟大复兴的实现路径和战略安排，科学回答了当代中国向何处去等重大问题，为中国未来发展指明了前进方向。奋进新征程，必须毫不动摇坚持习近平新时代中国特色社会主义思想这个"主心骨""定盘星"，坚持站在时代前沿和战略全局观大势、谋大事，坚持以更宽广的视野、更长远的眼光来思考和把握未来发展面临的一系列重大问题，不断提高应对各种风险挑战的能力，集中精力办好自己的事情，不断开辟党和国家事业发展崭新境界。

心得体会

本文从多与一、忧与乐、知与行、错误与正确、现实与理想五个辩证关系着眼，强调学习、运用、贯彻党的创新理论，有助于全党同志在直面差异中统一思想、在保持忧患中坚定信心、在认识世界中指导实践、在批判错误中追求真理、在立足现实中引领未来。因此，必须充分发挥习近平新时代中国特色社会主义思想这一伟大思想的科学指导作用。

推荐阅读

郝永平、黄相怀：《在破解治理难题中加快推进现代化》，《经济日报》2020年4月22日。

郝永平、代江波：《全过程人民民主的辩证特色》，《中国社会科学报》2021年12月16日。

郝永平、代江波：《辩证把握共同富裕的实现方式》，《北京日报》2021年9月13日。

理论批判

及时批判美西方的意识形态渗透与"普世价值",坚决批驳"历史虚无主义""新自由主义"等错误社会思潮,努力澄清在一些重要问题上的模糊认识与错误思想。

示例文章 1

正确认识西方"民主人权输出"的本真面目[①]

民主、人权是人类的共同价值,在发展民主、保障人权这点上,世界各国是相通的。但冷战结束后,西方国家凭借强大实力和话语体系,垄断性地操纵、利用了世界各国人民对于民主和人权的崇高向往,使"民主人权输出"成为其控制世界的新战略。我们应站在历史和时代的高度审视西方"民主人权输出",正确认识其本真面目。

西方"民主人权输出"的实质是干涉他国内政,目的是获取自身利益

应当承认,西方国家在反封建斗争中形成的自由、民主、平等、博爱、人权等价值观念和制度形式,在历史上具有巨大的进步意义,后来在不断丰富完善中对于人类政治文明发展作出的新探索,对于非西方世界的政治发展和社会进步也有一定的启示意义。但是,把西方的民主、人权等价值观念当作人类的"普世价值",说成全世界都应普遍追求和无条件接受的最高价值,是不正确的。迄今为止,并没有出现任何一个非西方国家照抄照搬所谓

[①] 郝永平、黄相怀:《正确认识西方"民主人权输出"的本真面目》,《光明日报》2012年7月24日。

"普世价值"获得成功的例子,而不顾不同国情与特殊历史条件,盲目引入导致灾难性后果的国家却不胜枚举。

冷战结束以来,一些西方国家以"民主人权输出"之名,行霸权主义和强权政治之实。在所谓"人权高于主权"的"人道主义干预"旗号下对南联盟狂轰滥炸,在中东推行"大中东民主计划",在东欧、中亚推行"颜色革命",在西亚、北非推行"茉莉花革命",在东亚、东南亚有针对性地搞民主人权渗透等。由此带来的后果是,从根本上削弱了某些国家和地区的内部凝聚力和治理能力,使得那些原本按照自身规划进行发展的国家陷入民族仇杀四起、国家分崩离析的长期动荡之中。冷战结束后发生的所有大的地区动荡和战争,无一不有某些西方国家的插手或挑动。以无视他国民主权利的强权政治手法强行建立"民主",以改善他国人权状况的"高尚"理由制造人道主义灾难,某些西方国家在运用这套手法方面已经到了十分娴熟的地步。实际上,任何形式的"民主人权输出",都是西方国家干涉他国内政的借口。

美国前总统克林顿曾说:"在世界上保卫自由和促进民主并不仅仅是我们的最深刻的价值观念的反映,这些都对我们的国家利益至关重要。"[①] 某些西方国家之所以热衷于推销它们所谓的"民主人权",是因为一个动荡的世界更符合西方的利益,这样它们可以随时找到借口干涉他国内政;一个"民主"的发展中国家"更具有亲近感",这些国家更易驯服,更易介入,更易掌控。因此,以美国为首的西方国家,对难以介入的国家和地区通过"民主人权输出"的手段搞颠覆、策反,达到制造动荡并乘机而入的目的;对已经陷入动荡的国家和地区,通过扶持"亲西方"派别达到控制其内政的目的。2003年,美国以伊拉克拥有大规模杀伤性武器为由,在没有取得联合国授权的情况下悍然发动伊拉克战争;战后伊拉克满目疮痍,暴力袭击事

---

① 伯姆斯塔德:《克林顿的内政与外交政策》,《现代外国哲学社会科学文摘》1993年第2期。

件不断，安全局势动荡不安，而美国却由此达到了控制中东地区、控制世界石油供应市场、强化世界主导地位的目的。从总体上说，西方国家搞"民主人权输出"的根本目的是控制世界，牢牢主导国际体系和世界格局，使其他国家和地区永远处于屈服和顺从的境地，从而最方便、最大限度地获取自身利益。

西方民主仅仅代表着资本主义国家的民主探索，盲目引入会事与愿违

西方民主诞生于古希腊，发展于近代英国，经过资产阶级革命的催生扩展到多个西方国家，在两次世界大战之后为多数西方国家所采用，而今已深深烙上了西方人的心理、文化和行为习惯的印迹。今天我们看到的西方民主，是近现代西方土壤中生长出来的带有强烈地域色彩的民主，它所携带的价值观念基因，如自由主义、个人主义等，与世界上大多数国家的传统文化元素是格格不入的；它所要求的制度安排，如竞争性选举、对抗性政治等，也与世界上大多数国家的既有政治制度是完全两样的。所以，近代民主首先发端于西方国家这一事实，并不能得出民主只属于西方的结论，更不能得出西方民主必然适用于全世界，世界上只能有西方民主一种形式的结论。实际上，无论是从历史还是现实看，民主都是一个开放性的制度体系，它与不同国家的具体国情相结合，必然会衍生出多种多样的民主制度形式。可以说，在民主问题上，没有唯一正确的选项，换句话说，没有最好的普遍性民主，只有最适合的具体性民主。

民主的精义在于使国家实现良好的治理，人民过上美好的生活。把西方民主等同于民主本身，把西方民主看作最好的民主，这是个需要认真反思的问题。实际上，西方民主从来不是，而今更不是完善的民主。从历史演变看，现代西方民主是随着近代资本主义的兴起而建立的一种价值观念和制度形式，这个过程也并不是一帆风顺的，许多关键的制度如普选等，是在第二次世界大战后经过广大人民无数次的艰辛斗争才实现的。从外在形式看，西方民主是"选举的民主"，即民主沦为一种选举活动，只要进行选举，就表示有了民主。从内在实质看，它是"金钱的民主"，即民主沦为金钱的奴仆，谁掌握了更多的金钱，谁在民主政治中就会有更大的权力。从实际运行看，西方民主通过一整套纷繁复杂的制度体制和政治惯例，严重扭曲了民主的本义即"人民的统治或权力"，蜕变为"资本的统治或权力"。特别值得注意的是，正是号称民主的政治制度无法矫正金融资本疯狂的牟利行为，才导致了国际金融危机在西方的爆发；而危机发生后，这样一个民主体制在应对和治理危机问题上，并没有展现出人民所期望的作为与政绩。这使得西方民主正在面临冷战后最深刻的挑战，以至于有人发出了"西方民主的衰落"这样的悲叹，认为资本主义如果不改革就无法适应21世纪。

从实际效果看，一些发展中国家引入民主，事与愿违。比如，印度是最早引入西方民主制度的第三世界国家之一，尽管英国的殖民统治已经在政治制度、政治文化等方面作了某些铺垫，但这并没有对印度的治理起到预期的效果，相反，印度的民主始终与低识字率、高贫困率和高腐败度相伴生，更不要说家族政治、党派纷争、发展缺乏规划等弊病了。再如，菲律宾曾被称为亚洲的"民主橱窗"，但这个国家出现的高度的贫富分化、低效率的政府、贪腐的官员、裙带关系、宗教纷争和政治暴力等社会乱象，使得一些人哀叹："菲律宾让民主蒙羞。"又如，某些拉美国家在引入西方民主制度后长期无法摆脱政党和选举制度脆弱、军人干政、黑恶势力横行等种种问题。说到底，民主在发展中国家的发育与演进，是建立在一定的经济社会发展水平和政治、文化条件之上的；离开了这些条件，盲目地引入西方民主，就会出现"水土不服"甚至导致灾难性后果。

人权问题本质上属于内政问题，"人权高于主权"论难以成立

人权问题本质上属于一国内部管辖的问题，尊重国家主权和不干涉内政是公认的国际法准则，适用于国际关系的一切领域，自然也适用于人权问题。《联合国宪章》第二条第七款规定："本宪章不得认为授权联合国干涉在本质上属于任何国家国内管辖之事件。"联合国通过的《不容干涉和干预别国内政宣言》等都明确规定，"任何国家或国家集团均无权以任何理由直接或间接干涉任何其他国家之内政和外交事务"，"各国有义务避免利用和歪曲人权问题，以此作为对其他国家或国家集团内部或彼此之间制造猜疑和混乱的手段"。《世界人权宣言》在列举了28项人权之后明确指出："这些权利和自由的行使，无论在任何情形下均不得违背联合国的宗旨和原则。"国家主权原则是联合国宗旨和原则的基石，"人权高于主权"明显违背这一原则。

经济全球化、区域一体化日益加深和世界各国人员往来的日益频繁，虽然强化了人权问题具有国际性的一面，但并没有改变国家作为国际关系中最重要的主体这一本质，从而也并没有改变国家主权是人权最高的和最重要的保障这一事实。"人权高于主权"无论变换何种形式，称为"人道主义干预"还是"保护的责任"，实际上都是为干涉他国内政寻找人权问题的借口。要求主权国家在人权问题上放弃国家主权，本身就是违反国际法的表现。长期以来，西方国家惯于利用人权问题推行自己的价值观念、意识形态、政治标准和发展模式，借口人权问题干涉别国特别是发展中国家的内政，使许多发展中国家的主权、尊严和安全受到严重损害。

一些国家习惯于站在人权的"道义制高点"上对别的国家指手画脚，然而其自身在人权问题上却充满硬伤，这无疑对以世界人权卫士自居的国家构成了莫大的嘲讽。2012年5月24日，美国国务院发表《2011年国别人权报告》，再次对世界近200个国家和地区的人权状况品头论足。为了让世界人民了解美国真实的人权状况，中国国务院新闻办发表《2011年美国的人权纪录》，以大量确凿的事实雄辩地证明，美国在保障基本人权方面记录不佳，"美国拥有强大的人力、财力和物力资源可以对暴力犯罪进行有效的控制，但是美国社会却长期充斥暴力犯罪，公民的生命、财产和人身安全得不到应有的保障"。同时，美国的收入分配制度存在严重问题，在保障穷人权益方面无所作为。美国国会预算办公室2011年10月25日公布的报告称，1979—2007年，占美国人口1%的最富有家庭收入增长最快，税后所得增长275%，而占人口20%的最穷家庭仅增长18%。还有，美国对人民的司法权保障不力，它是世界上囚犯人数最多和人均被监禁率最高的国家，羁押囚犯的环境恶劣。据美国司法部统计，2009年美国有囚犯230万人，每132个美国居民中就有1人在监狱里，超过14万人被判处终身监禁。

增强在民主人权问题上的理论自觉和理论自信，反对和抵制西方"民主人权输出"

西方之所以在"民主人权输出"问题上形成咄咄逼人、唯我独尊的态势，除了其所凭借的强大综合国力因素，具有深厚的理论支撑也是重要原因。正是凭借着在理论研究上的优势地位，西方国家才得以操控、主导民主人权的话语体系，从而在思想意识层面对广大发展中国家构成强大的冲击和渗透。因此，为增强在民主人权问题上的理论自觉和理论自信，必须注重并强化学理分析和批判，从理论的高度认清西方"民主人权输出"赖以推行的理论基础是错误的，理论观点是混乱的，结论是站不住脚的。其实，民主、人权等并非西方的专利，在这个问题上不能任由西方牵着鼻子走。唯有从根本上破除"唯西方正统"，才能坚定根据本国国情搞好本国发展的信心决心。

增强在民主人权问题上的理论自觉和理论自信，当务之急需要拓展理论视野、进行理论创新。要走出"西方的民主经验才是真正的经验、西方的人权状况是维护和发展人权的标杆"的认识误区，把世界上所有致力于发展民主、改善人权以及一心一意谋发展、聚精会神搞建设的国家的经验成就都纳入研究视野之中。同时，要走出在思想资源和研究话语上单纯依赖西方民主人权研究成果、在西方的研究框架中打转转的错误做法，在充分挖掘、梳理、分析世界各国治国理政的伟大政治智慧、政治思想的丰富资源的基础上，提炼和构建能够反思、补充、修正和发展西方理论的新成果。中国在改革开放和社会主义现代化建设实践中，把马克思主义基本原理与中国具体实际相结合，发展形成了中国特色社会主义理论体系，其中就包括中国特色民主理论和人权理论。尽管仍处于不断完善之中，但它们已经大大丰富拓展了民主人权的内涵，启发了人们在民主人权问题上的理论创新。另外，新加坡的治理模式、俄罗斯的"可控民主"，都为进行民主人权理论创新提供了参考和借鉴。发展中国家不能被动地做西方理论的实验场，而应主动成为创新理论的发源地。

一些国家盲目迷信、顺从西方民主人权，带来了灾难性后果，而中国等国家从本国具体国情出发，坚定不移地坚持本国特色政治发展道路，取得了巨大的成就和骄人的成绩。正、反两方面的对比说明，增强在民主人权问题上的理论自觉和理论自信，归根结底要把自己的事情办好。具体到我国来说，作为最大的发展中国家，一方面，我们要充分肯定已经取得的成就；另一方面，也要看到存在的不足，进一步认真思考我国发展所处的历史和时代方位，从经济社会发展的具体情况出发，循序渐进、脚踏实地地搞好民主政治建设，维护和保障人权。在民主问题上，需要坚持从中国具体政治实际出发，顺应时代发展要求，把民主的普遍原则与我国的具体情况相结合，与人民群众的愿望要求相结合，既积极又稳妥地发展好民主，坚持民主与法治并重、民主与共富并重、民主与各族人民和谐并重，以发展民主的成绩丰富和发展民主的理论。在人权问题上，需要根据经济社会发展所许可的条件，把生存权、发展权放在优先位置，注重政治、经济、社会、文化权利的协调发展，以实实在在的举措维护和发展人权。从根本上说，只有把自己的事情办好，才能真正积蓄起反对和抵制西方"民主人权输出"的强大力量，才能真正增强在民主人权问题上的理论自觉和理论自信。

心得体会

西方国家凭借强大实力和话语体系，垄断性地操纵、利用了世界各国人民对于民主和人权的崇高向往，使"民主人权输出"成为其控制世界的新战略。本文呼吁我们应站在历史和时代的高度审视西方

"民主人权输出",正确认识其本真面目,彻底揭露其险恶用心。

本文分条重点批驳西方"民主人权输出"错误思想:一是西方"民主人权输出"的实质是干涉他国内政,目的是获取自身利益;二是西方民主仅仅代表着资本主义国家的民主探索,盲目引入会事与愿违;三是人权问题本质上属于内政问题,"人权高于主权"论难以成立;四是增强在民主人权问题上的理论自觉和理论自信,反对和抵制西方"民主人权输出"。

示例文章 2

加强对软性历史虚无主义的辨识与防范[①]

党的十八大以来,我国意识形态领域形势发生全局性、根本性转变,全党全国各族人民文化自信明显增强,全社会凝聚力和向心力极大提升,传统历史虚无主义的面目与危害逐渐被人们识破,越来越失去存身之地和影响力。但历史虚无主义作为一种由来已久的错误社会思潮,只要其存在的主客观条件还在,就不会轻易消亡。事实上,借助互联网、新媒体渠道与平台,历史虚无主义衍生出了新变体,即软性历史虚无主义。与传统历史虚无主义一样,软性历史虚无主义实质上仍是唯心史观,意在从根本上否定中国共产党领导的合理合法性,歪曲党百年奋斗的光辉历程及伟大成就,抹黑党的历史上的英雄人物,离间党同人民群众的血肉联系。软性历史虚无主义的面貌是多重的,侧重于采用迂回的、隐蔽的、片段化的方式进行传播,必须加强辨识和防范。

---

① 郝永平、黄相怀:《加强对软性历史虚无主义的辨识与防范》,《光明日报》2021年12月15日。

软性历史虚无主义的特征

策略隐蔽化。软性历史虚无主义的传播较为隐蔽，通常将意见、主张、立场等嵌入某些事件和舆论之中，以"造氛围""带节奏"的方式"夹私货"，对于党的历史，以细节遮盖总体，以虚假代替真实，含沙射影，在博眼球、赚流量中，使人不知不觉受到影响，不由自主得出某些迎合历史虚无主义的看法。甚或它会在一些所谓"正能量""主旋律""粉红色"的舆论信息中有意加载"低级红、高级黑"类型的意见主张，使一些舆论在传播中不知不觉变了味。

观点碎片化。如果说传统历史虚无主义注重观点的系统化、整体性输出，其策略在某种程度上类似于阵地战，那么主要存身于互联网新媒体舆论场的软性历史虚无主义，其策略则更像游击战，将观点化整为零，以碎片化、"蹭热点"、"搭便车"的方式输出。只要受众从某一个点上得出了符合其期待的看法，就算达到了目的。比如，一些电视剧和网络小说，以"重新评价"为名，为反面历史人物"正名""洗白"，久而久之极易使社会大众模糊是非、对错、真假，从而混淆视听。

对象大众化。传统历史虚无主义比较注重以其观点和看法影响有影响力的人，虽针对性较强，但也容易引起警惕；而软性历史虚无主义则更注重以其观点和看法影响足够多的人，从过去的专业或半专业圈子扩展到了一般网民，触网就有可能受到其影响。这种"全面撒网""多点开花"的做法，更有助于其从一些价值观尚不成熟、判断能力不强、网络媒介素养不高的受众那里收割回响，从而对足够多的人造成一种整体上的影响。

软性历史虚无主义的危害

于不知不觉中争夺阵地。互联网是意识形态交锋的最前沿，意识形态领域许多新情况新问题往往因网而生、因网而增，许多错误思潮也都以网络为温床生成发酵。软性历史虚无主义的主攻方向就是互联网、新媒体，一些能够承载其观点的舆论信息如游戏、网文乃至个人的"两微一端"，都会变成软性历史虚无主义存在的空间。一些传播者采取"乱拳打死老师傅"策略，利用自媒体平台四处出击，"打一枪换一个地方"，传播一个舆论信息后随即变换马甲，令人防不胜防。

在涓滴渗透中危及安全。隐蔽存在的软性历史虚无主义元素，容易对社会思想舆论和人们的头脑形成"涓滴效应""渗透效应"。更何况，截至2021年6月，我国网民规模已达10.11亿。正所谓"温水煮青蛙"，如果人们对包含软性历史虚无主义元素的资讯信息习以为常，对一些"皮更软、核更硬"的历史虚无主义信息元素缺乏警惕，任其发展与蔓延，就会侵蚀主流意识形态，从而危及文化安全乃至国家安全。

在不经意间扰乱人心。互联网是社会舆论的放大器。相较于传统媒体，互联网舆论场更为复杂，线上线下、虚拟现实等界限愈益模糊，自发性、匿名性、无界性、难控性等特点凸显。一张图、一段视频经由新媒体几个小时传播，就能形成爆发式传播，一旦应对不当，"茶杯里的风波"可能演变成"社会大风暴"。

软性历史虚无主义的治理路径

善于将正确的观点融入优秀的作品之中，以具象化方式传播主流思想。在巩固好对于传统历史虚无主义取得的压倒性优势的同时，进一步在全党全社会宣扬正确党史观，增强防范软性历史虚无主义的自觉性和主动性。其中的关键就是，通过广泛的宣传教育和优秀文艺作品传播，充分展示党百年奋斗的历史进程、伟大成就与基本经验，使人们准确把握党的历史发展的主题主线、主流本质，正确对待党在前进道路上经历的失误和挫折，自觉养成用正确党史观观党史的思维习惯。电视剧《觉醒年代》的热播充分说明，广大党员干部和人民群众对于那些立场正确、制作精良的党史类作品是十分渴求的，也是有很高鉴赏能力的。

鼓励主力军学会打"狙击战"。近年来，党的理论工作者、新闻工作者、文艺工作者等在党报党刊党网等主阵地发挥主力军作用，营造出旗帜鲜明、理直气壮地抵制历史虚无主义思想言论传播的良好舆论生态。主流网络媒体不断加强互联网内容建设，做强网上正面宣传，构建网上网下同心圆，更好凝聚社会共识。面对软性历史虚无主义的不断侵袭，主力军必须主动在场、主动出击，同时对于一些跑偏跑调、影响很大、危害明显的思想舆论，善于精准发力、各个击破。

注重发挥学术研究的作用。软性历史虚无主义具有土气、俗气、流气的特征，应善于从学理和学术上剖析和研判，以雅气、正气、硬气镇之。通过学术剖析，对软性历史虚无主义的来龙去脉、代表性观点、具体样态以及关键性手法进行"画像"，掌握其内在本质，提高广大网民的辨识能力和认识水平。比如：对于中国共产党及其领导的人民和军队在抗日战争中"是否起到中流砥柱作用"、抗美援朝战争"划算不划算"等问题，都可以运用马克思主义立场观点方法，以深入透彻的学理和准确严谨的历史事实，说明真相，发出正声。在这方面，《中共中央关于党的百年奋斗重大成就和历史经验的决议》提供了最权威的学术研究论题和依据，为学术界进一步展开与深化研究创造了条件。

重视技术手段的运用。在批驳与防范软性历史虚无主义的斗争中，加强技术手段的运用无疑具有重要意义。要实现专家学者资源与大数据技术运用的充分结合，在网络舆情信息的态势感知系统中有意识地强化对软性历史虚无主义元素的嗅探和捕捉，建立科学的网络舆情监测评估机制，及时高效研判其动向，形成相应的应对与防范措施。

心得体会

本文从软性历史虚无主义的特征、危害和治理路径三方面入手，揭示了软性历史虚无主义的要害与危害。文章指出，软性历史虚无主义实质上与传统历史虚无主义一样，仍是唯心史观，意在从根本上否定我党领导的合理合法性，歪曲党的历史，抹黑党的英雄人物，离间党同人民群众的血肉联系。其面貌多重，传播迂回隐蔽，必须加强辨识和防范。

本文分条重点批驳和防治软性历史虚无主义错误思想：一是软性历史虚无主义的特征——策略隐蔽化、观点碎片化、对象大众化；二是软性历史虚无主义的危害——争夺阵地、危及安全、扰乱人心；三是软性历史虚无主义的治理路径——树立正确党史观，鼓励主力军打"狙击战"，加强学术研究，运用新技术手段。

> **推荐阅读**
>
> 郝永平、高惺惟：《破除对共同富裕的认识误区》，《经济日报》2022年8月1日。

深度挖掘

为提升理论文章的质量，必须加大深度挖掘的力度，注重从表层进到中层再到深层，同时加强理论上的提炼与概括，从而在丰富规定中把握本质规定、在多样内涵中探究深层内涵。

示例文章 1

从世界层面看中国改革开放的启示[①]

习近平总书记在庆祝改革开放40周年大会上的重要讲话中指出："40年来……我们实现由封闭半封闭到全方位开放的历史转变，积极参与经济全球化进程，为推动人类共同发展作出了应有贡献。"[②]中国40年改革开放，从根本上改变了中华民族的前途命运，也极大地改变了世界发展格局。中国改革开放伟大实践给世界带来深刻启示，给世界上那些既希望加快发展又希望保持自身独立性的国家和民族提供了全新选择，为解决人类问题贡献了中国智慧和中国方案。中国改革开放带给世界的启示是根本性、长远性的，也是理论性、思想性的，这可以从发挥社会主义优越性、发展社会主义市场经济、完善全球治理等方面加以分析。

---

① 郝永平、黄相怀：《从世界层面看中国改革开放的启示》，《人民日报》2018年12月19日。

② 习近平：《在庆祝改革开放40周年大会上的讲话》，人民出版社2018年版，第17页。

启示之一：社会主义虽然是在生产力落后的基础上建立的，但完全可以发挥出巨大优越性

社会主义国家大多是在经济文化比较落后的基础上建立起来的，虽然在生产关系与社会制度上实现了跨越，但生产力发展水平普遍不高。因此，如何在生产力落后的国家建设社会主义，使社会主义的优越性得到充分发挥，就成为一个必须解答的历史性课题。

中国改革开放使社会主义具有巨大优越性这一命题从"应然"变为"实然"。党的十一届三中全会以后，从农村到城市、从沿海到内地、从经济体制改革到其他领域改革，大范围、深层次、不停歇的对内改革、对外开放成为新时期中国最显著的特征。改革是革命性的变革，邓小平同志将改革开放视为"第二次革命"。他指出："改革的性质同过去的革命一样，也是为了扫除发展社会生产力的障碍，使中国摆脱贫穷落后的状态。"[①]改革开放极大地激活并发挥出社会主义的优越性：社会主义作为一种先进的社会形态，一旦被注入现代化的各种元素，必然带来社会生产力水平的显著提高；作为一种先进的社会制度，一旦聚焦于全力推进现代化建设，必然产生巨大成效，充分发挥出集中力量办大事的优势。同时，在社会主义本质要求的指引下，社会主义物质文明和精神文明的发展成果又不断推动人的全面发展和社会全面进步。中国的社会主义制度虽然是在生产力落后条件下建立起来的，但改革开放孕育催生了中国特色社会主义，使社会主义发挥出巨大优越性。

随着改革开放持续深入推进，中国特色社会主义进入了新时代，科学社会主义在21世纪的中国焕发出强大生机活力。社会主义从诞生之日起，经历了从空想到科学、从理论到实践、从一国实践到多国发展的过程。社会主义在世界范围的发展充满了艰难曲折。一些人囿于意识形态偏见，给社会主义贴上封闭僵化、贫穷落后的标签。西方曾有人断言，"社会主义是20世纪的产物，也必将终结于20世纪"。中国40年改革开放所取得的伟大成就，有力

[①] 《邓小平文选》第3卷，人民出版社1993年版，第135页。

驳斥了西方意识形态偏见，使社会主义在21世纪展现出全新气象，在与资本主义的竞争中充满了生机活力。新时代中国特色社会主义继往开来、革故鼎新，实现了社会主义发展史上的又一次飞跃。

启示之二：市场经济在社会主义条件下完全可以释放出更大的能量与活力

在历史上，市场经济前所未有地提高了资本主义社会的生产力水平，从而推动了人类社会发展进步。正如马克思、恩格斯所讲的："资产阶级在它的不到一百年的阶级统治中所创造的生产力，比过去一切世代创造的全部生产力还要多，还要大。"[①]然而，在资本主义条件下，市场经济所创造的巨大生产力却难以掩盖其内在矛盾和严重弊端：生产社会化和生产资料资本主义私人占有之间的矛盾引发周期性经济危机，收入分配不公带来严重贫富分化，对利润的偏执追求给生态环境造成严重破坏，资本的贪婪导致人与人的关系被物与物的关系所取代，等等。马克思主义经典作家的分析早已告诉世人，资本主义不能克服反而会放大市场经济的种种局限。

中国改革开放破除了市场经济等于资本主义的传统认知，为市场经济注入了更加丰富的内涵。中国在反思计划经济弊端的过程中引入市场经济，这种"引入"并非简单的移植和嫁接，而是在深刻认识到市场经济不等于资本主义、社会主义也有市场的前提下引入的。因而，市场经济在中国的发展是遵从社会主义逻辑的。中国改革开放从一开始就以破除计划经济体制弊端为主攻方向，伴随着市场取向的改革不断向纵深推进。中国通过引入市场经济提升了财富创造效率，同时为市场经济注入了更加丰富的内涵。具有根本性意义的一点就是，中国社会主义市场经济的发展突破了原来对市场经济社会制度属性的狭隘认识。社会主义市场经济始终以实现好、维护好、发展好最广大人民的根本利益为出发点和落脚点，坚持以人民为中心的发展思想，蕴

---

① 《马克思恩格斯选集》第1卷，人民出版社1972年版，第256页。

含着公平正义的价值追求,是以增进人民福祉为旨归的市场经济,因而能够消除资本主义市场经济条件下资本的任性与疯狂。

改革开放40年来,中国社会主义市场经济实现了社会主义基本制度优势与市场经济优势的有机结合。社会主义市场经济坚持正确处理政府与市场的关系,既使市场在资源配置中起决定性作用,又更好发挥政府作用,建立起政府与市场相辅相成、高效良性互动的体制机制,在很大程度上避免了市场经济自身所存在的自发性、盲目性和滞后性等弊端。社会主义市场经济的蓬勃发展表明,市场经济绝不是只有资本主义市场经济一种模式。在社会主义条件下发展市场经济,是我们党的一个伟大创举。我国经济发展获得巨大成功的一个关键因素就是,我们既充分发挥市场经济的长处,又充分发挥社会主义制度的优越性。实践已经并将继续证明,社会主义市场经济是对资本主义市场经济的扬弃和超越,具有巨大优势和潜力。

启示之三:发展中国家完全可以在经济全球化和全球治理中发挥积极作用

推进开放、包容、普惠、平衡、共赢的新型经济全球化,要求不断完善全球治理。

中国40年改革开放为经济全球化注入了新的动能,为全球治理体系变革提供了新的契机。实践证明,全球治理单靠发达国家难以为继,需要广大发展中国家积极参与;全球治理必须走和平之路,不能走对抗与霸权之路;全球治理不能搞单边主义,必须坚持多边主义。习近平总书记指出:"没有哪个国家能够独自应对人类面临的各种挑战,也没有哪个国家能够退回到自我封闭的孤岛。"[①]中国对外开放不仅仅是发展国际贸易与国际投资,而且围绕世界需要什么样的全球治理、全球治理为了谁、如何推动全球治理变革等重大问题提出一系列中国主张和中国方案。改革开放以来,中国倡导国际

[①]《习近平谈治国理政》第3卷,外文出版社2020年版,第46页。

关系民主化，坚持国家不分大小、强弱、贫富一律平等，支持联合国发挥积极作用，支持扩大发展中国家在国际事务中的代表性和发言权。特别是党的十八大以来，中国积极发挥负责任大国的作用，积极参与全球治理体系改革和建设，不断贡献中国智慧和中国力量。中国提出的共商共建共享的全球治理观，为完善全球治理、促进世界发展提供了新理念。

中国40年改革开放充分证明，中国的改革开放越成功，对世界就越有利。改革开放以来，中国在全球治理中发挥的作用越来越得到国际社会的认可。西方一些人认为，改革开放是中国获取世界霸权的手段。这显然是把资本主义现代化逻辑套用到中国身上而得出的错误结论，源于对中国历史和国情缺乏深刻了解，源于对西方资本主义现代化道路缺乏深刻反思，源于对发展中国家现代化追求缺乏深刻认识，源于对构建人类命运共同体缺乏深刻体悟。事实上，改革开放是中国和世界共同发展进步的过程。一方面，改革开放使中国融入世界，广泛吸收人类文明有益成果，使中国的现代化道路具备了世界属性；另一方面，一个改革开放的中国让世界更加充满生机活力，为世界和平发展贡献了中国智慧和中国力量，推动全球治理不断完善。实践证明，世界好，中国才能好；中国好，世界才更好。展望未来，在全球治理中只有坚持共商共建共享，充分发挥包括中国在内的广大发展中国家的作用，才能建设一个持久和平、普遍安全、共同繁荣、开放包容、清洁美丽的世界。

心得体会

这篇文章的大标题是有限定的，不是论证改革开放对国内的意义，而是探讨改革开放对世界的意义。所以，选择相关的分析环节就显得非常重要。本文选择了社会主义、市场经济、全球治理三个世界性的环节，较为深入地分析了中国改革开放对世界的启示与意义。

本文从社会主义的优越性、市场经济的活跃性、发展中国家的发

理论文章这样写

展潜力等几个侧面进行分析，中国改革开放伟大实践给世界上那些既希望加快发展又希望保持自身独立性的国家和民族提供了全新选择，为解决人类问题贡献了中国智慧和中国方案。

从世界层面进行分析，社会主义虽然是西方最早提出的，中国社会主义虽然是在生产力落后的基础上建立的，但通过改革开放，中国特色社会主义完全可以发挥出巨大的优越性，远离封闭、僵化、保守；市场经济虽然是资本主义首先发明的，但通过改革开放，中国社会主义市场经济完全可以释放出更大的能量与活力；全球治理虽然是由发达国家所操纵的，但通过改革开放，像中国这样的发展中国家完全可以在经济全球化和全球治理中发挥积极作用。

示例文章 2

引领中国特色社会主义的发展方向
——论社会主义核心价值体系的地位和作用[①]

社会主义核心价值体系是兴国之魂，决定着中国特色社会主义的性质，引领着中国特色社会主义发展方向。

社会主义核心价值体系是中国特色社会主义建设的"灵魂工程"，可以确保发展方向、体现本质要求

社会形态是一定生产力基础上的经济基础和上层建筑统一体，包括经济形态、政治形态、意识形态等。核心价值体系隶属于上层建筑，是意识形态的核心内容。判定一个国家的性质，不仅要看这个国家的经济制度、政治制

---

① 郝永平、黄相怀：《引领中国特色社会主义的发展方向——论社会主义核心价值体系的地位和作用》，《求是》2013年第5期。

度，而且要看它的意识形态，特别是其核心价值体系。因为核心价值体系不仅彰显一个国家的性质，而且主导着它的发展方向。人是有意识的存在物，思想引导行为，一个人的世界观、人生观、价值观主宰着他的行为方式和生活方式，而核心价值体系是一个社会占统治地位的阶级所信奉的世界观、人生观和价值观，是一个社会占主导地位的理想信念和道德准则，决定着社会的发展方向和发展成就。正是在这个意义上，社会主义核心价值体系是兴国之魂，是中国特色社会主义之魂，决定着中国特色社会主义的发展方向。有了这个"魂"，我们就既不会走封闭僵化的老路，也不会走改旗易帜的邪路。

为了谁，服务谁，这是文化建设和社会发展的根本问题，也是一个社会性质的根本体现。中国特色社会主义是由中国共产党领导、以马克思主义为指导思想、把共产主义作为最终目标的伟大事业，它必须体现社会主义性质，坚持全心全意为人民服务的宗旨，不断满足人民群众的物质文化需要，实现人的全面发展。社会主义核心价值体系就是对社会主义的本质和共产党人宗旨的深刻把握，是对共产党执政规律、社会主义建设规律、人类社会发展规律的深刻把握，是对共产党人的行为准则、价值诉求和价值目标的深刻揭示。建设社会主义核心价值体系，能够为中国特色社会主义建设提供理论指导、思想资源、价值导向和精神支撑，能够使中国特色社会主义建设始终坚持以人为本，体现社会主义性质，沿着正确方向发展。

建设社会主义核心价值体系，就要积极培育和践行社会主义核心价值观。社会主义核心价值观是社会主义核心价值体系的精神内核及其遵循的根本原则，是社会主义核心价值体系的精髓，蕴含着人们对世界、社会、人生等一系列重大问题的根本看法和价值观点，深刻影响着人们的思想和行为。历史和现实表明，如果没有共同价值观，一个国家、民族就没有统一的意志和行动，就没有凝聚力。党的十八大提出要"倡导富强、民主、文明、和谐，倡导自由、平等、公正、法治，倡导爱国、敬业、诚信、友善，积极培育和践行社会主义核心价值观"。①我们要把它作为巩固马克思主义的指导地位、巩固党的执政地位的重要举措,作为关系社会和谐稳定和国家长治久安的千秋基业,作为坚持和发展中国特色社会主义的战略任务。

社会主义核心价值体系是中国特色社会主义建设的"基础工程",可以凝聚社会共识、打牢思想基础

发展中国特色社会主义是一项长期的艰巨的历史任务,面临着许多已知、未知的风险和考验。这就要求全党全国各族人民团结一心,共同奋斗,凝聚社会共识、打牢思想基础。社会主义核心价值体系就肩负着筑牢全党全国人民共同思想基础的重任,发挥着打地基、立支柱的重要作用,是中国特色社会主义事业的"基础工程"。

多样化社会思潮的存在,是当代中国社会思想意识领域的一个基本现实,也是中国特色社会主义建设面临的基本状况。中国是一个有着13亿多人口、56个民族的大国,如何形成强大凝聚力,是一个事关党和国家生死存亡的重大问题。改革开放和社会主义现代化建设事业总会面临各种情况和问题,特别是改革步入"深水区"和"攻坚期",各种质疑和不同声音纷纷扰扰。这就要求必须用社会主义核心价值体系引领社会思潮、凝聚社会共识,按照"尊重差异、包容多样"的原则,用一元化的指导思想引领多样化的社会意识,在多样中立主导,在差异中谋共识,提升社会思想意识的有序化、健康化水平,为中国特色社会主义建设营造良好思想舆论氛围。

中国特色社会主义是中国共产党发展的最根本成就,只有社会主义才能救中国,只有中国特色社会主义才能发展中国。在当代中国,坚持和发展中国特色社会主义,就是真正坚持社会主义。中国特色社会主义是由道路、

---

① 胡锦涛:《坚定不移沿着中国特色社会主义道路前进 为全面建成小康社会而奋斗——在中国共产党第十八次全国代表大会上的报告》,人民出版社2012年版,第31—32页。

理论体系、制度"三位一体"构成的，其中，道路是实现途径，理论体系是行动指南，制度是根本保障，三者统一于中国特色社会主义伟大实践中。实践充分证明，中国特色社会主义是中国共产党和中国人民团结的旗帜、奋进的旗帜、胜利的旗帜。只有高举这一旗帜，我们才能团结带领全党全国各族人民，在中国共产党成立100年时全面建成小康社会，在新中国成立100年时建成富强民主文明和谐的社会主义现代化国家，赢得中国人民和中华民族更加幸福美好的未来。当前，凝聚社会共识，就要把全党全国人民的思想统一到中国特色社会主义上来；就要始终高举中国特色社会主义伟大旗帜，坚定不移坚持和发展中国特色社会主义；就要坚定对中国特色社会主义的道路自信、理论自信、制度自信。

社会主义核心价值体系是中国特色社会主义建设的"动力工程"，可以坚定理想信念、激发创造活力

伟大的事业需要伟大的精神，伟大的事业需要强大的动力。推进和发展中国特色社会主义，需要有强大的力量支撑和动力支持，需要始终保持奋发有为、坚持不懈的精神状态。

爱国主义是中华民族最深厚的思想传统，最能感召中华儿女团结奋斗。昨天，在爱国主义精神的感召下，中华儿女万众一心，众志成城，不怕牺牲，前赴后继，取得了革命、建设、改革的伟大成就。今天和明天，我们仍然需要大力弘扬爱国主义精神，有了这种精神，就能凝聚和动员全民族的力量，就能激发中华儿女振兴中华的积极性、创造性，就能够团结一切可以团结的力量，为实现中华民族的伟大复兴奋斗。改革创新是当代中国最鲜明的时代特征，最能激励中华儿女锐意进取。改革开放30多年来，我们党始终把改革创新精神贯彻到治国理政的各个环节，坚持解放思想、实事求是、与时俱进、求真务实，不断推进理论创新、制度创新、科技创新、文化创新以及其他各方面创新，特别是在理论创新方面，我们既坚持马克思主义基本原理，又根据中国实践和时代发展不断推进马克思主义中国化，形成和发展了中国特色社会主义理论体系，赋予当代中国马克思主义勃勃生机。可以说，正是在改革创新精神激励下，我们取得了举世瞩目的伟大成就，中华民族伟大复兴展现光明前景。

当前，我们党面临的首要危险就是精神懈怠，而精神懈怠就源于理想信念的缺失。理想信念是"总开关"。理想信念是人的精神上的"钙"，没有理想信念，理想信念不坚定，精神上就会"缺钙"，就会得"软骨病"。对马克思主义的信仰，对社会主义和共产主义的信念，是共产党人的政治灵魂，是共产党人经受住任何考验的精神支柱。坚定理想信念，坚守共产党人精神追求，始终是共产党人安身立命的根本，始终是共产党人奋斗不息的动力源泉。因此，我们要抓好思想理论建设这个根本，深入学习马克思主义，引导党员干部矢志不渝为中国特色社会主义共同理想而奋斗，牢固树立正确的世界观、权力观、事业观，模范践行社会主义荣辱观，做社会主义道德的示范者、诚信风尚的引领者、公平正义的维护者。唯有如此，中国特色社会主义伟大事业才能获得源源不断的强大动力。

社会主义核心价值体系是中国特色社会主义建设的"战略工程"，可以提高文化软实力、增强中华文化的国际影响力

中国特色社会主义是全面发展的社会主义，它坚持在经济不断发展的基础上，协调推进政治建设、文化建设、社会建设、生态文明建设以及其他各方面建设。作为先进文化的精髓，建设社会主义核心价值体系是坚持和发展中国特色社会主义的题中应有之义。

何为文化强国？文化强国建成的标志是什么？文化强国建成，不仅是文化事业的繁荣，文化产业能否成为国民经济支柱性产业，更重要、更根本的是看这个国家的精神面貌和国民的精神状态，是看这个国家、民族是否具有共同的理想信念，是否有向心力、凝聚力，是否具有昂扬向上、积极进取的活力，是否具有自由、平等、公正、法治的环境；看这个国家的国民是否具有爱国、敬业、诚信、友善的文明素质，是否具有自尊、自信、理性、平等、包容、开放的社会心态。换言之，关键是看这个国家、民族核心价值体系建设的水平。核心价值体系强，国家、民族就强，才能算得上是真正的文化强国。现实中，一些国家大而不强，缺乏持续的发展后劲，与核心价值观、凝聚力的弱化有直接关系。

当今世界，文化越来越成为综合国力竞争的重要因素，成为经济社会发展的重要支撑，成为争夺发展的制高点、道义的制高点的关键所在。而文化的力量，归根结底来自核心价值观的影响力、感召力；文化的竞争，根本上是不同价值体系的竞争；一个国家、民族的形象，很大程度上取决于核心价值观的吸引力、感染力。现在，越来越多的国家把提升文化软实力作为国家战略，核心价值观的竞争日趋激烈。中国作为一个发展中的大国，要想在世界民族之林有自己的一席之地，要想在不同价值观、不同意识形态的斗争中掌握话语权，赢得主动权，逐步打破西方的话语垄断、舆论垄断，维护国家文化安全和意识形态安全，就必须大力加强核心价值体系建设，鲜明地确立自己的价值观，扩大中华文化的国际影响力。

社会主义先进文化是马克思主义政党思想精神的旗帜，文化建设是中国特色社会主义事业"五位一体"总布局的重要组成部分。没有先进文化的积极引领，没有人民精神世界的极大丰富，没有全民族精神力量的充分发挥，一个国家、一个民族不可能真正强盛起来。物质贫乏不是社会主义，精神空虚也不是社会主义。如果没有精神文化上的充实和丰盈，就不能说有真正幸福的生活和美好的人生；如果不能满足人民群众精神文化生活的需要，如果人民群众没有幸福感，如果我们这个社会没有共同的理想和价值追求，精神懈怠，民心涣散，就不能说建成了全面小康社会，更不能说建成了中国特色社会主义，也根本不可能实现中华民族的伟大复兴。

心得体会

本文主要是分析社会主义核心价值体系的地位和作用，重点是探讨社会主义核心价值体系与中国特色社会主义的内在关系。本文从确保发展方向、凝聚社会共识、激发创造活力、提高文化软实力等几个维度入手，诠释社会主义核心价值体系是兴国之魂，决定着中国特色社会主义的性质，引领着中国特色社会主义的发展方向。

本文从四个维度进行深入挖掘：一是社会主义核心价值体系作为"灵魂工程"，可以为中国特色社会主义建设确保发展方向、体现本质要求；二是社会主义核心价值体系作为"基础工程"，可以为中国特色社会主义建设凝聚社会共识、打牢思想基础；三是社会主义核心价值体系作为"动力工程"，可以为中国特色社会主义建设坚定理想信念、激发创造活力；四是社会主义核心价值体系作为"战略工程"，可以为中国特色社会主义建设提高文化软实力、增强中华文化的国际影响力。

推荐阅读

郝永平、黄相怀：《共同富裕：从凝聚共识到形成合力》，《光明日报》2022年6月17日。

郝永平、黄相怀：《守望初心的三维视野》，《学习时报》2018年6月1日。

郝永平、孙林：《新时代扎实推进共同富裕的战略擘画——学习〈习近平谈治国理政〉第四卷关于共同富裕的重要论述》，《中国纪检监察报》2022年9月15日。

［附］方法致用

在谋篇布局的基础上，在展开论证时，为整理材料与完善表述，必须运用一些基本方法。其中，辩证唯物主义和历史唯物主义的方法论是写作理论文章应当全面把握和充分运用的。

一些基本方法：

1. 历史与现实相映照。在论证问题时，注重从历史中总结经验、吸取教训，可为分析与说明现实问题提供参考与启示。

2. 逻辑与历史相一致。不是以历史迎合逻辑，而是逻辑应符合历史；历史进程是怎么发生的，逻辑分析就应该从哪里开始。

3. 理论与实践相结合。在分析问题的过程中，既要追寻理论上的经典与原理，也要把握实践中的举措与成效，努力实现理论与实践相结合。

4. 主体与客体相协调。有些问题与事件，既对主体产生了影响，又给客体带来了变化。因此，只有坚持主体与客体相协调，对问题的阐发才更全面更到位。

5. 经验与教训相对比。注重从正面效应与负面效应两方面进行考察与概括，有利于扬长避短，也有利于强化理论文章的对比性与说服力。

6. 中国与世界相统一。在写作理论文章时，统筹"两个大局"是基本要求，既要用世界眼光看中国，也要立足中国看世界，从而在全面把握中国与世界的紧密联系中看待问题、分析问题、说明问题。

7. 问题、目标与路径相契合。在谋篇布局时，首先，必须坚持问题导向，注重发现问题与提出问题；其次，进一步明确解决问题后要达到的目标，强化目标引领；最后，树立中介意识，找到解决问题与实现目标的联结点，选择有效可行的路径。

精细把控篇

充分体现认真态度和严格要求

理论文章这样写

把握好宣传重点与非重点的关系

理论文章要把握宣传重点。

写作并发表理论文章是主观需求，报纸的刊发状况是不依主观需求为转移的，主观需求必须适应报纸的刊发状况。因此，想在什么报纸上发表文章，必须及时关注该报纸及其理论版，注意区分报社的重点选题和一般性选题，需针对重点选题进行学习、思考与写作。

比如，《人民日报》在2021年下半年重点围绕学习习近平总书记"七一"重要讲话精神来组稿，这就是重点选题；我们在认真学习习近平总书记"七一"重要讲话精神的基础上，抓紧时间写出了《在新征程上不断夺取伟大斗争新胜利》，在9月16日就发表了。又如，《经济日报》在2021年下半年重点刊发关于习近平经济思想的文章，这就是重点选题，而其他选题就是一般性的，也不容易刊发；我的文章《在新征程上不断增强党的思想引领力》排队半年，在12月27日才刊发。

示例文章 1

在新征程上不断夺取伟大斗争新胜利[①]

敢于斗争、敢于胜利，是中国共产党不可战胜的强大精神力量。习近平总书记在庆祝中国共产党成立100周年大会上的重要讲话中强调："以史为

[①] 郝永平、黄相怀：《在新征程上不断夺取伟大斗争新胜利》，《人民日报》2021年9月16日。截至2024年4月，本文在"学习强国"学习平台上的阅读量达1393.7万人次。

鉴、开创未来，必须进行具有许多新的历史特点的伟大斗争。"①经过长期不懈奋斗，中华民族迎来了从站起来、富起来到强起来的伟大飞跃，实现中华民族伟大复兴进入了不可逆转的历史进程，但前进道路上仍然面临许多风险挑战。新的征程上，我们要增强忧患意识，做到居安思危，敢于斗争、善于斗争，勇于战胜一切风险挑战。

中华民族伟大复兴的光明前景是进行伟大斗争的结果

习近平总书记指出："一百年来，中国共产党团结带领中国人民，以'为有牺牲多壮志，敢教日月换新天'的大无畏气概，书写了中华民族几千年历史上最恢宏的史诗。"②回顾历史，我们党在内忧外患中诞生，在磨难挫折中成长，在攻坚克难中壮大。100年来，为了争取民族独立、人民解放和实现国家富强、人民幸福，我们党团结带领人民进行伟大斗争，迈过一道道沟坎、攻克一个个难关，中华民族伟大复兴呈现出前所未有的光明前景。

新民主主义革命时期，我们党团结带领人民以武装的革命反对武装的反革命，推翻帝国主义、封建主义、官僚资本主义三座大山，创造了新民主主义革命的伟大成就，建立了人民当家作主的中华人民共和国，为实现中华民族伟大复兴创造了根本社会条件。社会主义革命和建设时期，我们党团结带领人民，消灭在中国延续几千年的封建剥削压迫制度，确立社会主义基本制度，推进社会主义建设，战胜帝国主义、霸权主义的颠覆破坏和武装挑衅，创造了社会主义革命和建设的伟大成就，为实现中华民族伟大复兴奠定了根本政治前提和制度基础。改革开放和社会主义现代化建设新时期，我们党确立党在社会主义初级阶段的基本路线，团结带领人民坚定不移推进改革开放，战胜来自各方面的风险挑战，开创、坚持、捍卫、发展中国特色社会

---

① 习近平：《在庆祝中国共产党成立100周年大会上的讲话》，人民出版社2021年版，第17页。

② 习近平：《在庆祝中国共产党成立100周年大会上的讲话》，人民出版社2021年版，第7页。

主义，创造了改革开放和社会主义现代化建设的伟大成就，为实现中华民族伟大复兴提供了充满新的活力的体制保证和快速发展的物质条件。中国特色社会主义进入新时代，以习近平同志为核心的党中央坚持和加强党的全面领导，团结带领人民统筹推进"五位一体"总体布局、协调推进"四个全面"战略布局，坚持和完善中国特色社会主义制度、推进国家治理体系和治理能力现代化，坚持依规治党、形成比较完善的党内法规体系，战胜一系列重大风险挑战，创造了新时代中国特色社会主义的伟大成就，为实现中华民族伟大复兴提供了更为完善的制度保证、更为坚实的物质基础、更为主动的精神力量。

实践证明，前进的道路从来不是一片坦途，必然会面对各种重大挑战、重大风险、重大阻力、重大矛盾，必须进行伟大斗争。今天，实现中华民族伟大复兴进入不可逆转的历史进程、迎来无比光明的前景，这是我们党团结带领人民进行伟大斗争的结果。党的十八大以来，以习近平同志为核心的党中央从党和国家事业发展全局出发，从多方面切实推进具有许多新的历史特点的伟大斗争，推动党和国家事业取得历史性成就、发生历史性变革。

奋进新征程必须进行新的伟大斗争

习近平总书记指出："今天，我们比历史上任何时期都更接近、更有信心和能力实现中华民族伟大复兴的目标，同时必须准备付出更为艰巨、更为艰苦的努力。"[①]当今世界正经历百年未有之大变局，我国正处于实现中华民族伟大复兴关键时期，形势环境变化之快、改革发展稳定任务之重、矛盾风险挑战之多、对我们党治国理政考验之大都前所未有。在新征程上，必须进行具有许多新的历史特点的伟大斗争。

这是基于对世情的科学研判。当今世界正处在大发展大变革大调整时

---

① 习近平：《在庆祝中国共产党成立100周年大会上的讲话》，人民出版社2021年版，第17页。

期，正处在一个挑战层出不穷、风险日益增多的时代。经济全球化潮流不可逆转，同时保护主义、单边主义抬头，冷战思维和强权政治依然存在，一些国家仍然习惯于搞唯我独尊、你输我赢的零和博弈，搞以邻为壑、恃强凌弱的强权霸道。此外，恐怖主义、难民危机、重大传染性疾病、气候变化等非传统安全威胁频频出现。在这种大背景下，我国发展的外部环境更加严峻复杂。我们必须深刻认识错综复杂的国际环境带来的新矛盾新挑战，进行具有许多新的历史特点的伟大斗争。

这是基于对国情的清醒认识。经过全党全国各族人民持续奋斗，我们实现了第一个百年奋斗目标，在中华大地上全面建成了小康社会，历史性地解决了绝对贫困问题，正在意气风发地向着全面建成社会主义现代化强国的第二个百年奋斗目标迈进。全面建成社会主义现代化强国，需要面对更加复杂多样的矛盾和挑战，特别是要解决好人民日益增长的美好生活需要和不平衡不充分的发展之间的矛盾这一社会主要矛盾。当前，改革已经进入攻坚期和深水区，各种可以预见和难以预见的风险因素明显增多。我们必须深刻认识我国社会主要矛盾变化带来的新特征新要求，进行具有许多新的历史特点的伟大斗争。

这是基于对党情的深刻把握。我们党要团结领导人民实现中华民族伟大复兴，自身必须始终过硬。我们党面临的长期执政考验、改革开放考验、市场经济考验、外部环境考验具有长期性和复杂性，党面临的精神懈怠危险、能力不足危险、脱离群众危险、消极腐败危险具有尖锐性和严峻性，党内存在的思想不纯、组织不纯、作风不纯等突出问题尚未得到根本解决，一些老问题反弹回潮的因素依然存在，还出现了一些新情况新问题。为了把党建设得更加坚强有力，必须同一切弱化党的先进性、损害党的纯洁性的问题作斗争，始终坚持党要管党、全面从严治党，坚定不移推进党风廉政建设和反腐败斗争。

世情国情党情决定了在新征程上我们必须进行具有许多新的历史特点的伟大斗争，更加自觉地坚持党的领导和我国社会主义制度，坚决反对一切削弱、歪曲、否定党的领导和我国社会主义制度的言行；更加自觉地维护人民利益，坚决反对一切损害人民利益、脱离群众的行为；更加自觉地投身改革创新时代潮流，坚决破除一切顽瘴痼疾；更加自觉地维护我国主权、安全、发展利益，坚决反对一切分裂祖国、破坏民族团结和社会和谐稳定的行为；更加自觉地防范各种风险，坚决战胜一切在政治、经济、文化、社会等领域和自然界出现的困难和挑战。在前进道路上，凡是危害中国共产党领导和我国社会主义制度的各种风险挑战，凡是危害我国主权、安全、发展利益的各种风险挑战，凡是危害我国核心利益和重大原则的各种风险挑战，凡是危害我国人民根本利益的各种风险挑战，凡是危害我国实现第二个百年奋斗目标、实现中华民族伟大复兴的各种风险挑战，只要来了，我们就必须进行坚决斗争，而且必须取得斗争胜利。

勇于战胜前进道路上的一切风险挑战

习近平总书记要求，在新的征程上"敢于斗争，善于斗争，逢山开道、遇水架桥，勇于战胜一切风险挑战"[①]。进行具有许多新的历史特点的伟大斗争，必须增强忧患意识、始终居安思危，不断增强斗争意识、丰富斗争经验、提升斗争本领，不断夺取伟大斗争新胜利。

坚持党的领导。进行具有许多新的历史特点的伟大斗争，实现中华民族伟大复兴，最根本的保证是坚持党的领导。历史和现实充分证明，没有党的坚强领导，我们就不可能取得革命、建设、改革的一个又一个胜利。在新征程上进行伟大斗争，必须坚持和加强党的全面领导，确保我们党在应对国内外各种风险挑战的历史进程中始终成为全国人民的主心骨。我们要增强"四个意识"、坚定"四个自信"、做到"两个维护"，牢记"国之大者"，在党的坚强领导下进行伟大斗争。

---

① 习近平：《在庆祝中国共产党成立100周年大会上的讲话》，人民出版社2021年版，第18页。

坚持科学理论指导。马克思主义是我们认识世界、把握规律、追求真理、改造世界的强大思想武器,为我们进行伟大斗争提供了科学理论指导。习近平新时代中国特色社会主义思想是当代中国马克思主义、21世纪马克思主义,是新征程上中国共产党人进行伟大斗争的科学指南。党的十八大以来,党和国家事业之所以取得历史性成就、发生历史性变革,根本在于习近平新时代中国特色社会主义思想的科学指引。我们要学懂弄通做实习近平新时代中国特色社会主义思想,夯实敢于斗争、善于斗争的思想根基。

坚持以人民为中心。"江山就是人民,人民就是江山"[①],打江山、守江山,守的是人民的心。中国共产党根基在人民、血脉在人民、力量在人民。新的征程上,必须坚持把人民对美好生活的向往作为奋斗目标,着力解决发展不平衡不充分问题和人民群众急难愁盼问题,推动人的全面发展、全体人民共同富裕取得更为明显的实质性进展;始终同人民想在一起、干在一起,凝聚起实现民族复兴的磅礴力量。

不断提高斗争本领。斗争精神、斗争本领不是与生俱来的。事实证明,越是困难大、矛盾多的地方,越是形势严峻、情况复杂的时候,越能练胆魄、磨意志、长才干。增强斗争本领,要在政治历练上下功夫,增强斗争胆识,坚持在重大事件、紧要关头和急难险重任务中磨砺,不断提高政治判断力、政治领悟力、政治执行力。在实践锻炼上下功夫,积累斗争经验,在大是大非面前敢于亮剑,在矛盾冲突面前敢于迎难而上,在危机困难面前敢于挺身而出,在歪风邪气面前敢于坚决斗争。

心得体会

习近平总书记在庆祝中国共产党成立100周年大会上发表重要讲话之后,《人民日报》理论部迅速组织宣传阐释文章,及时学习领会并连续刊发。习近平总书记在"七一"重要讲话中强调:"以史为

---

① 习近平:《在党史学习教育动员大会上的讲话》,人民出版社2021年版,第15页。

> 鉴、开创未来，必须进行具有许多新的历史特点的伟大斗争。敢于斗争、敢于胜利，是中国共产党不可战胜的强大精神力量。"①
>
> 本文以这一重大论断为核心，从三个方面展开论述：四个历史时期的伟大成就是进行伟大斗争的结果；在新征程上进行新的伟大斗争是由世情国情党情决定的；在新征程上不断夺取伟大斗争新胜利。这是对"七一"重要讲话精神的具体解读，也是对报纸宣传重点的及时关注。

示例文章 2

在新征程上不断增强党的思想引领力②

《中共中央关于党的百年奋斗重大成就和历史经验的决议》在概括和总结新时代的伟大成就时指出，"党的政治领导力、思想引领力、群众组织力、社会号召力显著增强"③。历史和现实都证明，增强党的思想引领力，对于坚持和加强党的全面领导，应对各种复杂局面和风险挑战，把党锻造得更加坚强有力，具有重要意义。开启全面建设社会主义现代化国家新征程，客观上要求不断增强党的思想引领力，使党始终成为中国人民最可靠、最坚强的主心骨。

---

① 习近平：《在庆祝中国共产党成立100周年大会上的讲话》，人民出版社2021年版，第17页。

② 郝永平、黄相怀：《在新征程上不断增强党的思想引领力》，《经济日报》2021年12月27日。

③ 《中共中央关于党的百年奋斗重大成就和历史经验的决议》，人民出版社2021年版，第29页。

从使命任务看,必须为建设社会主义现代化强国引领航向

实现社会主义现代化,是中国共产党人的目标追求。中国共产党成立以来,始终把为中国人民谋幸福、为中华民族谋复兴作为自己的初心使命,始终坚持共产主义理想和社会主义信念,团结带领全国各族人民为争取民族独立、人民解放和实现国家富强、人民幸福而不懈奋斗。党领导人民创造了新民主主义革命的伟大成就、社会主义革命和建设的伟大成就、改革开放和社会主义现代化建设的伟大成就、新时代中国特色社会主义的伟大成就,成功走出中国式现代化道路。

与西方现代化不同,中国社会主义发展的现代化目标与中国现代化的社会主义属性,是紧密联系、不可分割的。中国共产党人的高超智慧在于,始终根据中国现代化的进程和目标要求来部署和推进社会主义建设,也始终注重从现代化的宏观进程来谋划社会主义制度的完善和发展。党的十九大对实现第二个百年奋斗目标作出分两个阶段推进的战略安排:从2020年到2035年基本实现社会主义现代化,从2035年到21世纪中叶把我国建成社会主义现代化强国。党的十九届六中全会再次宣示了实现奋斗目标的坚定决心。

在新征程上,要不断增强党的思想引领力,为建设社会主义现代化强国引领航向。一方面,全面建设社会主义现代化强国涉及许多重大关系,如现代化共性与个性的关系、主体与客体的关系、理论与实践的关系、物质与精神的关系、效率与公平的关系、发展与安全的关系、进程的阶段性与连续性的关系等。对此,都需要进行深入研究、作出深度解答,为澄清模糊认识、树立正确的"现代化观"创造条件。另一方面,要在一系列重大问题上达成共识,如现代化的实践途径、光明前景、重大意义、世界贡献等。要引导广大党员干部坚信,中国特色社会主义道路是被实践证明了的符合中国国情的正确道路,是创造人民美好生活、实现中华民族伟大复兴的康庄大道。要坚定道路自信,不管遇到多少艰难险阻,都要沿着这条道路坚定不移走下去。

从执政基础看，必须为扎实推动共同富裕凝心聚力

始终与人民同呼吸、共命运，是我们党在百年奋斗中虽历经艰难困苦却不断取得胜利的重要密码。在社会主义市场经济条件下，持续长久赢得人民的支持和拥护，最根本最关键的还在于不断满足人民群众对美好生活的向往，让人民群众过上更加幸福的生活。新时代我国社会主要矛盾是人民日益增长的美好生活需要和不平衡不充分的发展之间的矛盾，必须坚持以人民为中心的发展思想，推动人的全面发展、全体人民共同富裕取得更为明显的实质性进展。

巩固和夯实党的长期执政基础，必须扎实推动共同富裕。进入新时代，习近平总书记强调："共同富裕是社会主义的本质要求，是人民群众的共同期盼。我们推动经济社会发展，归根结底是要实现全体人民共同富裕。"① 打赢脱贫攻坚战，全面建成小康社会，实现共同富裕已有了良好基础，但仍然任重道远。

在新征程上，要不断增强党的思想引领力，为扎实推动共同富裕凝聚广泛共识。共同富裕，从战略定位看，不仅是经济问题，而且是关系党的执政基础的重大政治问题；从基本内涵看，既包括物质生活富裕，也包括精神生活富裕，追求高品质生活与人的全面发展；从实现方式看，既要做大"蛋糕"，也要分好"蛋糕"；从重大意义看，既造福中国人民，也为世界作出贡献；从重要抓手看，既要在深化改革中完善体制机制，又要切实冲破思想观念的障碍。实现共同富裕，既要尽力而为也要量力而行，既急不得也等不得。对实现共同富裕涉及的重大问题，既要深入研究和认真回答，也要广泛宣传和加强理论武装，以正确的思想观念引领生动实践。

---

① 《中共中央关于制定国民经济和社会发展第十四个五年规划和二〇三五年远景目标的建议》，人民出版社2020年版，第54页。

从思想领域看，必须牢牢掌握意识形态工作领导权

习近平总书记强调："经济建设是党的中心工作，意识形态工作是党的一项极端重要的工作。"[①]我们既要切实做好中心工作，为意识形态工作提供坚实物质基础，又要切实做好意识形态工作，为中心工作提供有力保障；既不能因为中心工作而忽视意识形态工作，也不能使意识形态工作游离于中心工作。在意识形态问题上，应该有"防线意识"，要守住意识形态阵地。

党的十八大以来，以习近平同志为核心的党中央着力解决意识形态领域党的领导弱化问题，坚持立破并举、激浊扬清，就意识形态领域许多方向性、战略性问题作出部署，就一系列根本性问题阐明原则立场，廓清了理论是非，校正了工作导向，意识形态领域形势发生全局性、根本性转变。我们党团结带领人民创造了经济快速发展和社会长期稳定两大奇迹，取得了全面建成小康社会等亮眼成绩，社会主义意识形态的凝聚力和引领力比以往更加强大。然而，意识形态领域的斗争并不会消除。可以说，在意识形态领域，与新自由主义、历史虚无主义、西方所谓"普世价值"等的斗争，与污名化中国、宣扬"中国威胁论"等的交锋，将伴随建设社会主义现代化强国的全过程。对此，我们党必须加以重视并积极应对。

在新征程上，要不断增强党的思想引领力，牢牢掌握意识形态工作领导权。为此，必须从根本上讲清楚我们站在历史正确的一边，坚定中国特色社会主义道路自信、理论自信、制度自信和文化自信。同时，还要健全意识形态工作责任制，加强宣传舆论阵地管理，加强网络舆论监管，坚决遏制各种错误思想炒作和蔓延，使主旋律更加响亮、正能量更加强劲。更为重要的是，要坚持以人民为中心的工作导向，举旗帜、聚民心、育新人、兴文化、展形象，建设具有强大凝聚力和引领力的社会主义意识形态。

[①]《习近平谈治国理政》第1卷，外文出版社2018年版，第153页。

从防范风险看,必须坚持底线思维、增强忧患意识

"于安思危,于治忧乱",是中华优秀传统文化的思想精华。统筹发展和安全,增强忧患意识,做到居安思危,是我们党治国理政的一个重大原则。我们党要巩固长期执政地位,团结带领人民沿着中国特色社会主义道路实现中华民族伟大复兴,必须时刻准备应对重大挑战、抵御重大风险、克服重大阻力、解决重大矛盾。因此,要善于运用底线思维的方法,凡事从坏处准备,努力争取最好的结果,做到有备无患、遇事不慌,牢牢把握主动权。

有效防范化解各类风险挑战,确保社会主义现代化事业顺利推进,确保全党全国团结一致共克时艰、共谋发展,必然要求我们党把困难估计得更充分一些,把风险思考得更深入一些,从而注重堵漏洞、强弱项,下好先手棋、打好主动仗。要充分认识到,国泰民安是人民群众最基本、最普遍的愿望,安全在人民群众对美好生活的向往中占有重要分量。要充分考虑到,"黑天鹅""灰犀牛"事件有可能不时发生,并且各种矛盾风险挑战源、各种矛盾风险挑战点相互交织、相互作用,很容易相互传导、叠加、演变、升级,从而使小风险转为大风险,局部风险发展为系统性风险。

在新征程上,要不断增强党的思想引领力,坚持底线思维、增强忧患意识,以实事求是的态度分析国内外形势。既要看到成绩和机遇,进一步坚定自信;也要分析短板和不足、困难和挑战,预判风险。更为重要的是,要把这些形势和情况充分传递给全体党员干部和广大人民群众,做到居安思危、知危图安。

从技术手段看,必须高度重视互联网这个阵地和战场

互联网在推动经济社会发展方面发挥着越来越重要的作用。习近平总书记指出:"现在,以互联网为代表的信息技术日新月异,引领了社会生产新变革,创造了人类生活新空间,拓展了国家治理新领域,极大提高了人类认识世界、改造世界的能力。"①互联网和信息技术深刻改变了社会生产方式、生活方式和沟通交流方式,共同分享、广泛表达、高频互动等信息交流方式使得开放、多样的思想舆论对人们产生越来越大的影响。

习近平总书记强调,"过不了互联网这一关,就过不了长期执政这一关"②。我们必须科学认识网络传播规律,全方位提高用网治网水平,有效化解互联网带来的风险挑战,有效利用互联网发展所创造的便利和机遇,从而使互联网这个最大变量变成事业发展的最大增量。

在新征程上,要不断增强党的思想引领力,加强网络舆论引领,管好用好互联网。一方面,要按照以习近平同志为核心的党中央的战略部署,高度重视互联网这个意识形态斗争的主阵地、主战场、最前沿,健全互联网领导和管理体制,坚持依法管网治网,营造清朗的网络空间。另一方面,要不断提高运用法治思维和法治方式维护网络意识形态安全的能力,做到依法管网、用网、治网。要切实提高熟练运用各种网络技术的能力、运用网络信息判断舆情的能力、运用网络引导舆论的能力以及网络民意汇集能力等,走好网上群众路线,利用网络做好思想政治工作。同时,还要明确管理责任,因地制宜做好网络治理工作。

总之,在新征程上凝心聚力建设社会主义现代化强国,必须更加自觉地坚持以习近平新时代中国特色社会主义思想为指导,注重研究解答改革发展稳定中的重大问题,让党的创新理论转化为指导实践的强大武器,通过不断增强思想引领力助力建设强大政党、现代化强国。

---

① 习近平:《论党的宣传思想工作》,中央文献出版社2020年版,第170页。
② 中央网络安全和信息化委员会办公室编:《习近平总书记关于网络强国的重要思想概论》,人民出版社2023年版,第155页。

心得体会

中国共产党是政治领导力、思想引领力、群众组织力、社会号召力相统一的马克思主义执政党,思想引领力是党的领导水平与执政能力的重要体现。历史和现实都证明,增强党的思想引领力对于坚持和加强党的全面领导,应对各种复杂局面和风险挑战,把党锻造得更加坚强有力,具有重要意义。本文从使命任务、执政基础、思想领域、防范风险、技术手段等五个方面着眼,围绕增强党的思想引领力,挖掘其价值和意义。

本文从五个方面看增强党的思想引领力:一是从使命任务看,必须为建设社会主义现代化强国引领航向;二是从执政基础看,必须为扎实推动共同富裕凝心聚力;三是从思想领域看,必须牢牢掌握意识形态工作领导权;四是从防范风险看,必须坚持底线思维、增强忧患意识;五是从技术手段看,必须高度重视互联网这个阵地和战场。

虽然当时《经济日报》的宣传重点是习近平经济思想,但也兼顾到了对这个重要问题的具体解读与宣传阐释。

推荐阅读

郝永平、孙林:《始终走在时代前列的伟大政党》,《学习时报》2021年12月17日。

把握好文章共性与个性的关系

理论文章要体现共性，更要富有个性。

理论文章是有共性的，如很多引用的文献来源相同，包括习近平总书记重要讲话、党代会报告、党中央文件等；很多运用同样的分析方法，如历史逻辑、理论逻辑和实践逻辑，四个历史时期的考察等；很多采用相同的话语叙事，如"坚持和加强党的全面领导""坚持和发展中国特色社会主义""推进中国式现代化""坚定文化自信""进行伟大斗争"等。只有多关注、多了解、多体悟，才能更好地把握其中的共性。

同时，在遵循共性的前提下，也要充分彰显个性，要融入自己的思考、理解与领悟，选择自己分析与论证问题的独特视角、独到见解与独立表述。缺乏个性的文章大多面孔相似、内容相近、表述雷同，缺乏真知灼见，既不联系生活实际，也不触及问题实质，既不反映群众关心的热点难点疑点问题，也不回应时代之问和社会关切。

因此，要有自己的观点和论证风格、表述习惯，在共性与个性的结合中写作并写好理论文章。

示例文章

改革开放的历史性价值[①]

历史长河滚滚向前，时代潮流滔滔不息。2018年，是改革开放40周年。40年来，中国共产党带领全国各族人民进行的这场伟大革命，不仅深刻改变了中国，也深刻影响了世界。习近平总书记指出："中国40年改革开放给

[①] 郝永平、杜敏：《改革开放的历史性价值》，《中国纪检监察报》2018年8月9日。

人们提供了许多弥足珍贵的启示,其中最重要的一条就是,一个国家、一个民族要振兴,就必须在历史前进的逻辑中前进、在时代发展的潮流中发展。"①回顾40年改革开放的历史进程,我们历经了艰辛的探索,取得了辉煌的成就,也积累了丰富的经验。面对新时代新征程新挑战,只有深入总结和发掘40年改革开放对于中国和世界所具有的重要历史价值,才能在建设中国特色社会主义现代化强国、实现中华民族伟大复兴中国梦的征程中继续披荆斩棘、乘风破浪。

切入点——在破除体制机制弊端中激发社会创造活力

改革开放是一场涵盖经济、政治、文化、社会等各方面的全局性、整体性变革,其切入点是对旧有的生产关系、上层建筑作出局部或根本性的调整,是竭力破除阻碍生产力发展的一切体制机制弊端,旨在破旧立新,构建起新的体制机制和具体制度,不断解放和发展生产力,从而调动起全体人民的生产积极性,激发出全社会的创造活力,推动社会主义现代化建设。邓小平同志曾说过:"如果不坚决改革现行制度中的弊端,过去出现过的一些严重问题今后就有可能重新出现。只有对这些弊端进行有计划、有步骤而又坚决彻底的改革,人民才会信任我们的领导,才会信任党和社会主义,我们的事业才有无限的希望。"②

从党的十一届三中全会召开之日起,我国改革开放的每一步无不突破着传统体制机制的束缚。改革开放前的农村,人们在高度集中的人民公社体制下吃"大锅饭",平均主义的盛行抑制着人民群众的生产积极性,严重束缚了生产力的发展;而以家庭联产承包责任制为主要内容的农村改革的推行,彻底打破了这种局面,极大地解放了农村生产力,让广大农民重拾生产热情。在城市,单一的所有制形式和僵化的管理模式使得企业经营毫无生

---

① 习近平:《开放共创繁荣 创新引领未来——在博鳌亚洲论坛2018年年会开幕式上的主旨演讲》,《人民日报》2018年4月11日。

② 《邓小平文选》第2卷,人民出版社1994年版,第333页。

机,丧失了活力,也严重妨碍了人民物质文化生活水平的提高。改革开放后,通过以推进扩大企业自主经营权、建立现代企业制度为主要内容的国有企业改革,以及支持非公经济发展等举措,激发出企业作为市场主体的生产经营动力,促进个体、私营和外资企业不断发展,极大地提高了企业生产效率,调动起全体社会劳动者的工作热情和生产积极性。在此基础上,为了解决长期困扰老百姓的商品短缺问题,中央开始进行价格制度改革,逐步放开各类产品定价,这也带来了供求市场的繁荣。同时,传统的财税制度限制了地方发展的积极性,中央获得的税收也难以提高。针对这些问题,分税制改革逐步推开,不仅增加了中央和地方的财政收入,也推动着各项改革措施在地方的施行。随着经济体制改革的不断深入,党中央从加强和改善党和国家领导制度改革入手,将政治体制改革提上日程,通过强化权力制约和监督、废除职务终身制等措施,坚决破除抑制社会创造活力的落后的体制机制。

当前,我国已经进入改革的攻坚期和深水区,各项工作都比以往面临着更加艰难、更加错综复杂的挑战。党的十八大以来,以习近平同志为核心的党中央直面困难和挑战,加快推进以简政放权、放管结合、优化服务为主要目标的全面深化改革任务,陆续出台一大批重大体制机制改革方案,推出数千项具体改革措施,确立改革主体框架,着力补齐各项体制机制短板,紧紧抓住重要领域和关键环节,坚决破除各方面体制机制弊端。同时,给予所有企业尤其是小微企业充足的成长空间,积极营造科学健康的市场机制环境,不断加快税收、金融等体制机制改革,充分释放企业作为市场主体的生产经营动力,强力打通激发企业创新创造活力的"最后一公里"。改革开放不断破除阻碍我国生产力发展的各种体制机制弊端,不断健全和完善符合当代中国国情、充满生机活力的新的体制机制,极大地激发出全社会的积极性、主动性和创造力,释放出每个企业的生产经营动力,也给予了每一个中国人努力创造财富的机遇,成就了举世瞩目的"中国奇迹"。

主攻点——在选择市场化改革方向中提高财富创造效率

改革开放是中国共产党领导的一场伟大变革，既要先行先试，也要蹄疾步稳；既要"摸着石头过河"，也要强化顶层设计；既要大胆探索，敢闯敢干，更要始终把握好正确科学的改革主攻点。在这前所未有的变革之中，中国共产党领导全国各族人民在坚持社会主义基本原则的前提下，选择和开启了市场化的改革方向，创造性地建立起社会主义市场经济体制，实现了社会主义与市场经济的有机结合，实现了由计划经济体制向社会主义市场经济体制的转变，真正让创造社会财富的源泉充分涌流。追溯中国改革开放的理论和实践源头，我们会发现，市场机制和价值规律在经济活动中的引入，是实现中国40年经济腾飞的重要"密码"。而这也成为中国共产党人在领导改革开放的历史进程中最勇敢、最独特、最具智慧的创造。

曾经，高度集中的计划经济在特定的历史条件下发挥过重要作用。然而，随着我国经济社会的不断发展以及人民群众物质文化需求的日益增长，计划经济的弊端日益显现，单纯的计划带不来效率，也满足不了人民的美好愿望和生活需要。经过艰辛探索，1984年10月，党的十二届三中全会通过了《中共中央关于经济体制改革的决定》，这是一个有关市场化改革的纲领性文件，提出了社会主义有计划的商品经济的论断，首次把社会主义与商品经济结合起来，表明市场化的改革方向开始确立。1992年，邓小平同志发表南方谈话，揭示了社会主义的本质，阐明了"计划"与"市场"的关系，向那些对社会主义、对市场经济存有怀疑的人做出了郑重的回答，稳定了大局，稳固了人心。同年，党的十四大正式确定我国经济体制改革的目标是建立社会主义市场经济体制，也推动了我国改革开放的进程全面提速。随后，社会主义市场经济理论不断完善，市场经济在我国经济社会发展中的作用日益凸显，各类创造财富的要素在市场经济的培育下充分涌流。回望40年的改革历程，由"计划经济"转向"有计划的商品经济"，到"计划经济和市场经济结合起来"，到党的十四大正式宣布我国经济体制改革的目标是建立社会主义市场经济体制,再到党的十八届三中全会提出要让市场在资源配置中起决定性作用和更好发挥政府作用,市场经济的重要地位不断得到提升与强化。社会主义市场经济的发展充分有效地配置社会资源,实现了国民经济高效率的增长,满足了人民群众对于物质生活的基本需求,既解决了计划经济条件下物质匮乏的问题,又克服了资本主义市场经济的弊端。习近平总书记指出:"提出建立社会主义市场经济体制的改革目标,这是我们党在建设中国特色社会主义进程中的一个重大理论和实践创新,解决了世界上其他社会主义国家长期没有解决的一个重大问题。"①

回顾40年的改革开放史,可以清楚地看到,以市场化为取向的改革极大地提高了财富创造的效率。截至2017年底,中国国内生产总值已超过82.7万亿元,是1978年3678.7亿元的200多倍,稳居世界第二大经济体;中国人均生产总值已达到59660元,是1978年人均生产总值385元的150多倍。当然,必须清醒地认识到,我国经济在保持多年高速增长之后,已进入新常态,转向追求高质量发展阶段,并以建设现代化经济体系为目标。从总体上说,无论是发展效率的提高,还是实现高质量发展,都是市场化取向的改革所带来的巨大变化。

关联点——在破除自我封闭状态中融入并引领全球治理

近代以来,闭关锁国、故步自封带来的耻辱深深地刺痛着每一个中国人的内心,而中国也在寻求融入世界的过程中屡屡遭遇挫折。新中国成立后,我们党在领导人民探索社会主义建设道路的过程中,曾取得重要的成就,但因主客观条件的限制,后来犯了较为严重的"左"倾错误;除与社会主义国家和发展中国家进行交往外,与整个西方世界处于隔离状态,整个国家和社会几乎处于封闭或半封闭。

可以说,在经历百余年的斗争、探索和徘徊之后,中国共产党做出的

---

① 《习近平谈治国理政》,外文出版社2014年版,第94页。

实行改革开放的伟大决策终于为中国提供了这样一个历史关联点,提供了走向世界、融入世界的历史性机遇。在对外开放初期,我们的主要目标在于引进国外先进技术,学习国外先进的管理经验以及吸引和利用外资,并以沿海地区为先锋,创立了深圳、珠海、汕头、厦门四个经济特区,通过大胆吸收和借鉴人类社会创造的一切文明成果,打破了我国经济多年的封闭半封闭状态。而我国的对外开放也以此为契机逐步从经济领域拓展到政治、社会、文化、生态等诸多领域,从沿海逐步深入内地,从东部逐步走向西部,最终形成了全方位、宽领域、多层次的对外开放格局。特别是2001年加入世界贸易组织以来,中国从主动融入和适应全球化规则,找到了在全球经济一体化和贸易自由化框架下参与全球生产与贸易分工的接口,并开始逐步转向积极参与国际规则的制定,世界贸易大国的地位不断巩固,至今已连续八年保持全球货物贸易第一大出口国和第二大进口国;在决定国际贸易竞争诸如石油消费影响力、外汇储备、中产规模、工业制造及新兴电子商务平台等方面,中国力量已经初具规模。据海关总署统计,截至2017年,中国在全球货物贸易中的排名由1978年的第30位跃升至第1位,占全球进出口比重由1978年的0.77%提升到10%,中国外贸总额更是达到了41045亿美元,出口产品的竞争力和附加值不断提升,正在稳步迈向全球产品价值链中高端和贸易强国行列。习近平总书记指出,"当年,中国对经济全球化也有过疑虑,对加入世界贸易组织也有过忐忑""中国勇敢迈向了世界市场。在这个过程中,我们呛过水,遇到过漩涡,遇到过风浪,但我们在游泳中学会了游泳。这是正确的战略抉择"。[1]因此,中国不仅通过改革开放融入世界,更通过改革开放对世界产生着深刻影响。改革开放不仅为中国赢得了发展机遇,吸纳了充裕的资金,学习了国外先进的技术、宝贵的管理经验,吸引了众多国际化人才,而且使中国大踏步地赶上了时代,与世界各国加强了合作交往,提升了

---

[1] 习近平:《习近平主席在出席世界经济论坛2017年年会和访问联合国日内瓦总部时的演讲》,人民出版社2017年版,第4页。

中国发展的无限潜力与强大的后发优势，实现了中国与全世界的合作共赢。

党的十九大报告指出，中国秉持共商共建共享的全球治理观，将继续发挥负责任大国作用，积极参与全球治理体系改革和建设，不断贡献中国智慧和力量。经过40年的不懈奋斗，中国正在通过对外开放逐步实现由融入世界走向引领全球治理，走近世界舞台的中央。截至2017年底，中国企业已在有关国家建设75个境外经贸合作区，上缴东道国税费超过16亿美元，为当地创造了22万个就业岗位，对世界经济增长贡献率更是达到近1/3。中国广泛参与了许多重要国际合作，如中阿合作论坛、中国-拉共体论坛、中国-中东欧"16+1"合作等，进一步加深与多边和双边国家之间的理解与信任，并在其中发挥了建设性作用。中国通过主持召开"一带一路"国际合作高峰论坛、G20杭州峰会、金砖国家工商论坛等，彰显了负责任大国的重要地位，为完善全球治理体系作出了积极贡献。同时，习近平主席在国内外很多场合发表重要演讲，提出了"一带一路"倡议以及构建人类命运共同体、共商共建共享等具有中国特色的价值理念，充分展现了大国担当和领袖风范，赢得了世界各国人民的广泛认同，向世界提供着中国智慧与中国方案。

制胜点——在加强党的领导中推动中国走向强盛

在中国共产党诞生以前，中国政治舞台上的许多重要力量都尝试过带领中国人民走出困境，但都失败了。只有当中国共产党代表无产阶级登上历史舞台领导中国革命之时，才彻底改变了中国人民和中华民族的命运，建立了新中国。无论是在革命、建设还是改革的过程中，中国共产党始终是最不可撼动的领导核心。中国的改革开放是一项极为复杂庞大的系统工程，如果没有一个强有力的领导核心，根本不可能顺利推进。中国共产党作为马克思主义的执政党，正是唯一能够担负起这一历史重任的领导力量。而在改革开放的40年间，始终坚持和加强中国共产党的全面领导，也是推动中国改革开放不断取得辉煌成就的制胜点。

中国特色社会主义是改革开放以来党的全部理论和实践的主题，党的领导则是中国特色社会主义的最本质特征,是中国特色社会主义制度的最大优势。早在改革开放之初,邓小平同志就旗帜鲜明地提出坚持四项基本原则的要求,其中,坚持社会主义道路和坚持中国共产党的领导是最为重要的两个基本原则,因此就牢牢确立了社会主义方向的旗帜问题和领导核心这个根本的政治问题。改革开放以来,中国共产党带领全国各族人民在理论上不断突破,在实践中大胆探索,认真总结我国社会主义建设的历史经验,充分吸取国内外人类文明的一切积极成果,创立了中国特色社会主义事业。在这个过程中,中国共产党既坚持了马克思主义基本原理,又立足于中国正处于并将长期处于社会主义初级阶段的基本国情,在改革开放的伟大实践中不断进行着理论创新和实践创新,始终总揽全局,协调各方,不断加强党的自身建设。改革开放之所以取得巨大成功,其中最为关键的因素,就在于始终毫不动摇地坚持中国共产党的全面领导,始终在社会主义道路上推进改革,不断推动社会主义制度自我完善和发展。也正因为有中国共产党的领导,改革开放才有了正确的前进方向,各项改革才能得到统筹协调、蹄疾步稳的推进,全社会各方面的力量才能被充分调动起来,人民群众的磅礴伟力才被真正激发,从而推动中国实现从站起来到富起来的伟大飞跃。

特别是进入新时代,以习近平同志为核心的党中央将全面从严治党作为加强党的建设、加强党的领导的鲜明主题,坚定不移坚持抓思想从严、抓管党从严、抓执纪从严、抓治吏从严、抓作风从严、抓反腐从严,开辟了管党治党新境界,开创了推进党的建设新的伟大工程新局面,为全面深化改革提供了有力保障,为推动中国走向强起来提供了强大支撑。党的十九大报告强调,中国特色社会主义进入新时代,意味着近代以来久经磨难的中华民族迎来了从站起来、富起来到强起来的伟大飞跃,迎来了实现中华民族伟大复兴的光明前景。以习近平同志为核心的党中央综合分析国际国内形势和我国发展条件,不仅提出了建设经济强国、文化强国、网络强国、海洋强国、人才强国等一系列强国理念和目标,而且部署了新时代"两步走"战略,绘就了强国时间表和路线图,开启了全面建设富强民主文明和谐美丽的社会主义现代化强国的新征程。我们坚信，在习近平新时代中国特色社会主义思想的指引下，在以习近平同志为核心的党中央坚强领导下，在全国人民共同努力奋斗下，只要坚持和加强党的全面领导，不断推进全面深化改革，建设现代化强国和实现中华民族伟大复兴的宏伟目标就一定能够顺利实现。

心得体会

在认真学习与思考的基础上，在遵循文章共性的前提下，本文紧紧抓住四个点，来论证改革开放的历史性价值。一是切入点：改革开放是从破除体制机制弊端切入的，其价值是充分激发了社会创造活力；二是主攻点：中国改革开放鲜明地选择了市场化改革方向，其价值是极大地提高了财富创造效率；三是关联点：中国的改革是与对外开放相互促进的，其价值是跟上时代潮流并引领全球治理；四是制胜点：中国改革开放取得成功虽然有多方面原因，但关键在于坚持和加强党的领导，其价值是推动中国不断走向繁荣昌盛。

推荐阅读

郝永平、蒲实：《多措并举巩固拓展脱贫攻坚成果》，《经济日报》2020年10月22日。

郝永平、杜敏：《善用"勇智谋能"打赢抗"疫"斗争》，《经济日报》2020年3月25日。

> 理论文章这样写

把握好选题宏大与细小的关系

理论文章要选题得当。

大的选题涉及面广,但不太好把握、不容易写深,很可能陷于泛泛而谈,也容易出现漏洞。而选题过小,则容易忽视整体,也有可能钻牛角尖。

因此,选题不宜过大,也不宜过小;最好的选择是选题相对小,相对容易把握,以小见大,可出深度。

这就需要强化理论学习的系统性,在把握党的创新理论的严密体系的同时,将理论问题按大、中、小层次进行梳理与分类,厘清这些问题之间的逻辑关系,以便找到更合适的选题。

示例文章 1

脱贫攻坚精神的鲜明特色[①]

脱贫攻坚伟大斗争,锻造形成了激励中华儿女继续前进的伟大精神成果,即"上下同心、尽锐出战、精准务实、开拓创新、攻坚克难、不负人民"的脱贫攻坚精神。充分把握脱贫攻坚精神所具有的科学性、价值性和实践性等特点,有利于更好地发挥其引领和激励作用,为巩固拓展脱贫攻坚成果、全面推进乡村振兴、促进全体人民共同富裕提供强大精神力量。

科学性

科学性坚持一切从实际出发,秉持理性务实的态度,强调遵循规律办事,是认识事物与解决问题的前提与基础。脱贫攻坚精神强调"精准务

---

① 郝永平、孙林:《脱贫攻坚精神的鲜明特色》,《经济日报》2021年4月26日。

实"，具有鲜明的科学性。

精准识贫。贫有百样，困有千种，减贫之要首在识贫。在脱贫攻坚的实践中，以科学的贫困指标精准识贫，通过严格的"两公示一公告"流程精准认定真贫，借助信息化建档立卡锁定真贫，动态管理、定期调度，建立起大规模的扶贫信息系统，进行精准把控，因而能够啃下最后的硬骨头，为人类减贫事业贡献了可借鉴的经验和启示。

精准脱贫。在中国共产党领导人民摆脱贫困的奋斗历程中，坚持"输血"与"造血"相结合，坚持扶贫和扶志、扶智相结合；始终锚定"两不愁三保障"标准不动摇，实行扶持对象、项目安排、资金使用、措施到户、因村派人、脱贫成效"六个精准"，实行发展生产、易地搬迁、生态补偿、发展教育、社会保障兜底"五个一批"，用足绣花功夫，对症下药、精准滴灌、靶向治疗，打出了一套精准脱贫的组合拳，真正实现了拔穷根、摘贫帽。

精准退出。如何科学、精准地实现"贫困退出"，关系脱贫攻坚的进度、成效以及贫困治理的质量和成色。我们党高度重视贫困县、贫困村、贫困户退出的标准和程序，以脱贫实效为依据，以群众认可为标准，建立了严格、规范、透明的贫困退出机制。有关部门开展脱贫攻坚成效考核，采取省际交叉考核、第三方评估、扶贫资金绩效评价等方式，结合平时工作情况确定考核结果，确保退出结果真实；对摘帽县保持帮扶政策不变，留出缓冲期，建立防止返贫监测和帮扶机制，确保稳定脱贫。同时，还坚持定期开展扶贫领域腐败和作风问题专项治理，坚决反对形式主义、官僚主义，建立全方位监督体系。

价值性

价值就是指客体所具有的满足主体需要的功能和作用，价值性强调为了谁、对谁有用。脱贫攻坚精神强调"上下同心""不负人民"，体现了对人民立场的坚守，具有鲜明的价值性。

一切为了人民。"治国之道,富民为始。"习近平总书记指出:"我们推动经济社会发展,归根结底是要实现全体人民共同富裕。"①让贫困人口和贫困地区同全国一道进入全面小康社会,是我们党的庄严承诺。这些年来,党中央把脱贫攻坚摆在治国理政的突出位置,把脱贫攻坚作为全面建成小康社会的底线任务,组织开展了声势浩大的脱贫攻坚人民战争。东部9个省、14个市结对帮扶中西部14个省区市;307家中央单位定点帮扶592个贫困县,军队定点帮扶4100个贫困村;12.3万家民营企业参与"万企帮万村"精准扶贫行动,帮扶7.28万个贫困村。在脱贫攻坚的实践中,纵向上形成了"五级书记一起抓"的扶贫体制机制,横向上构建了"三位一体"大扶贫格局,形成了跨地区、跨部门、跨单位、全社会共同参与的社会扶贫体系。正是由于举国同心,合力攻坚,党政军民学劲往一处使,东西南北中拧成一股绳,才夺取了脱贫攻坚的全面胜利。

一切依靠人民。人民群众是真正的英雄,历史伟业要靠人民群众创造。"志之难也,不在胜人,在自胜。"依靠人民群众不是抽象的,而是要激发人民群众自力更生、艰苦奋斗的内生动力。脱贫攻坚,群众动力是基础。习近平总书记强调,"必须坚持依靠人民群众,充分调动贫困群众积极性、主动性、创造性"②。脱贫攻坚就是在尊重人民群众主体地位和首创精神的前提下,通过扶贫和扶志扶智相结合,把人民群众对美好生活的向往转化成脱贫攻坚的强大动能,把人民群众中蕴藏着的智慧和力量充分激发出来,攻破物质贫困和精神贫困的双重壁垒,变"要我脱贫"为"我要脱贫",进而改变命运,创造幸福新生活。

把群众满意度作为衡量尺度。脱贫攻坚的成效如何、成色好坏,要由人民群众说了算。习近平总书记强调:"我们把群众满意度作为衡量脱贫成效的重要尺度,集中力量解决贫困群众基本民生需求。我们发挥政府投入的主

---

① 《中共中央关于制定国民经济和社会发展第十四个五年规划和二〇三五年远景目标的建议》,人民出版社2020年版,第54页。

② 习近平:《在打好精准脱贫攻坚战座谈会上的讲话》,人民出版社2020年版,第9页。

体和主导作用，宁肯少上几个大项目，也优先保障脱贫攻坚资金投入"①。这些年来，中央、省、市县和社会各界真心实意帮扶、真金白银投入、真抓实干攻坚，过去行路难、吃水难、用电难、通信难、上学难、就医难等问题得到历史性解决，贫困地区整体面貌发生历史性巨变。并且，这些成绩最终都要以人民群众认可为准。比如，在脱贫摘帽第三方评估中，群众认可度必须高于90%，否则一票否决。脱贫攻坚全面胜利后，随着"三农"工作重心的历史性转移，我们党及时部署巩固拓展脱贫攻坚成果同乡村振兴有效衔接，让脱贫基础更加稳固、成效更可持续，目的就是真正让脱贫成效经得起历史和人民检验。

实践性

实践观点是马克思主义的基本观点。实践性强调主体基于实际需要、投入实践活动、解决实际问题，在艰苦奋斗、真抓实干中实现既定目标。脱贫攻坚精神源于脱贫攻坚的伟大实践，强调"尽锐出战""开拓创新""攻坚克难"，具有鲜明的实践性。

打赢脱贫攻坚这场硬仗，必须做到尽锐出战。尽锐出战，就是要把所有的精锐部队派出作战。在专项扶贫、行业扶贫、社会扶贫互为补充的大扶贫格局下，无论是定点扶贫的党政军机关、企事业单位，还是东西部扶贫协作和对口支援工作的东部地区和部门，都积极选优配强扶贫干部，把政治素质高、业务能力强、热爱扶贫工作的优秀干部选派到脱贫攻坚第一线，同数百万名乡镇干部和村干部一道奋战，汇聚起了战胜贫困的磅礴力量。

打赢脱贫攻坚这场硬仗，开拓创新是必然选择。面对如此大规模的脱贫攻坚任务，我们立足国情，把握减贫规律，出台一系列超常规政策举措，构建了一整套行之有效的政策体系、工作体系、制度体系。这些年来，我们党团结带领人民坚持目标导向、问题导向，不断改革创新，坚持精准扶贫方

---

① 《在脱贫攻坚总结表彰大会上的讲话》，《人民日报》2021年2月26日。

略,实现由"输血式"扶贫向"造血式"帮扶转变,构建起"五级书记一起抓"的扶贫体制机制,完善脱贫成效的考评体系……一系列创新之举彰显了扶贫的中国智慧,走出了一条中国特色减贫道路,在人类反贫困史上创造了中国速度、作出了中国贡献。

打赢脱贫攻坚这场硬仗,离不开攻坚克难的决心和毅力。贫困是困扰我国发展和治理的突出难题,而且越往后,脱贫攻坚任务越是艰巨,因为剩下的都是贫中之贫、困中之困,是最难啃的硬骨头。改革开放以来,按照现行贫困标准计算,我国7.7亿农村贫困人口摆脱了贫困;按照世界银行界定的国际贫困标准,我国减贫人口占同期全球减贫人口的70%以上。2020年,在遭遇新冠肺炎疫情的情况下,全党全国以更大的决心、更强的力度,做好"加试题",打好收官战。我国提前10年实现了联合国《2030年可持续发展议程》减贫目标。取得这样巨大成绩的背后是一以贯之的攻坚克难。"惟其艰难,才更显勇毅;惟其笃行,才弥足珍贵。"党和人民披荆斩棘、栉风沐雨,发扬钉钉子精神,敢于啃硬骨头,攻克了一个又一个贫中之贫、坚中之坚,脱贫攻坚取得了重大历史性成就。攻坚克难,让党向人民、向历史作出的庄严承诺得以完全兑现,取得了实实在在的脱贫成果。事实充分证明,只要我们坚持党的领导、坚定走中国特色社会主义道路,就一定能够战胜前进道路上的任何艰难险阻,办成更多像脱贫攻坚这样的大事难事,不断从胜利走向新的胜利。

心得体会

这篇文章没有讲脱贫攻坚,也没有讲脱贫攻坚精神,而是集中探讨脱贫攻坚精神的鲜明特色,并从三个方面作了阐发。

本文指出,充分把握脱贫攻坚精神所具有的科学性、价值性和实践性等特点,有利于更好地发挥其引领和激励作用,为巩固拓展脱贫攻坚成果、全面推进乡村振兴、促进全体人民共同富裕提供强大精神力量。

示例文章 2

中国共产党人的自信底气[①]

中国共产党人的自信不是盲目的,而是有底气的。这种自信来自马克思主义理论指导,来自中华优秀传统文化历史传承,来自伟大实践成就,来自人民衷心支持与拥护,来自国际影响力不断提升。我们自信不自满,必须增强忧患意识、慎终追远,始终保持艰苦奋斗的作风。

习近平总书记强调,"坚持中国特色社会主义道路自信、理论自信、制度自信、文化自信,坚持党的基本路线不动摇,不断把中国特色社会主义伟大事业推向前进"[②]。从总体上说,中国共产党人的文化自信体现了历史与现实的统一、理论与实践的统一、政党与民众的统一、民族化与国际化的统一。

马克思主义:中国共产党人自信的理论基础

习近平总书记在纪念马克思诞辰200周年大会的讲话中指出,马克思的思想理论源于那个时代又超越了那个时代,既是那个时代精神的精华又是整个人类精神的精华。中国革命、建设、改革取得的一切成就归根结底在于中国共产党人将马克思主义写在自己的旗帜上。毛泽东思想、中国特色社会主义理论体系,正是在马克思主义的指导下,结合中国具体实际,实现了创新性的结合与发展。特别是习近平新时代中国特色社会主义思想,是新时代我们党对马克思列宁主义、毛泽东思想、邓小平理论、"三个代表"重要思想、科学发展观的继承和发展,是中国特色社会主义理论体系的重要组成部分,是马克思主义中国化的最新成果,是21世纪马克思主义。马克思主义中

---

① 郝永平、洪巧英:《中国共产党人的自信底气》,《学习时报》2018年8月1日。
② 习近平:《在庆祝中国共产党成立95周年大会上的讲话》,人民出版社2016年版,第12页。

国化时代化的一系列理论成果,既一脉相承,又与时俱进。马克思主义为中国共产党人领导中国人民推进革命、建设和改革提供了真理性、价值性与实践性的科学指导。马克思主义是科学的理论,创造性地揭示了人类社会发展规律,为中国共产党领导人民进行革命、建设和改革指明了正确方向;马克思主义是人民的理论,第一次创立了人民实现自身解放的思想体系,为中国共产党秉持全心全意为人民服务的宗旨提供了科学指引;马克思主义是实践的理论,指引着人民改造世界的行动,为中国共产党进行伟大的社会革命与自我革命提供了有效方法;马克思主义是不断发展的开放的理论,始终站在时代前沿,为中国共产党人充分吸取人类文明成果、开放包容地推进伟大事业提供了理论依据。

优秀传统文化:中国共产党人自信的历史根基

习近平总书记讲到,不忘历史才能开辟未来,善于继承才能善于创新。优秀传统文化是一个国家、一个民族传承和发展的根本,如果丢掉了,就割断了精神命脉。中华民族5000年来的文明历史所孕育的中华优秀传统文化是中国特色社会主义的血脉源流。世界古代四大文明中,只有中国文明自有文字以来从未中断过,是世界上最古老且持续时间最长的文明形态。中华民族是多元一体的民族,各民族的发展都有独特内涵与价值,在相互交流、相互吸收的基础上共同构建了丰富多彩的中华文化;中华民族是自强不息、厚德载物的民族,各民族在艰苦奋斗、勤劳勇敢的实践中孕育了伟大的民族精神;中华民族具有共同的精神追求与精神家园,各民族在绵延不断、融会沉淀的历史中形成了高度稳固的身份认同。承载伟大民族品格与民族精神的中华优秀传统文化,为中国革命、建设和改革提供了以古鉴今的历史启迪和重要参考,滋养了文化传承的深厚血脉;中华优秀传统文化也为中国共产党人领导人民群众推进伟大事业建立了充分的底气与自信,赋予了不忘初心、砥砺前行的根本力量。新时代,中华优秀传统文化必将为社会主义现代化建设奠定坚实的文化基础，社会主义现代化建设也会推动中华优秀传统文化得到继承与发展。

伟大实践成就：中国共产党人自信的现实支撑

实践是认识的来源，实践是认识的动力。中国特色社会主义文化植根于中国特色社会主义伟大实践。鸦片战争后，中华民族经历了战乱频仍、山河破碎、民不聊生、备受屈辱的深重苦难，经历了无数仁人志士百折不挠、前仆后继、可歌可泣的探索与尝试。只有中国共产党人最终带领中国人民在马克思主义的指导下，推翻压在中国人民头上的帝国主义、封建主义、官僚资本主义三座大山，实现了人民对民族独立、人民解放、国家统一、社会稳定的深切期盼，诞生了党领导人民浴血奋战的革命文化，实现了中华民族站起来的伟大壮举。新民主主义革命胜利之后，农业、手工业和资本主义工商业的三大社会主义改造顺利完成，社会主义基本制度框架确立，为后来中国社会的发展和进步奠定了坚实的基础。之后，中国共产党人以开拓创新、与时俱进、自我革命的精神，顺应时代发展、合乎民意诉求、勇于改革开放，破除了阻碍生产力发展与社会进步的一切思想和体制障碍，使中国大踏步赶上时代，中国社会发生了翻天覆地的变化，使中华民族实现了富起来的伟大变革。党的十八大以来，中国特色社会主义事业取得了全方位的、开创性的成就，实现了深层次的、根本性的变革，解决了许多长期想解决而没有解决的难题，办成了许多过去想办而没有办成的大事，开启了建成富强民主文明和谐美丽的社会主义现代化强国的新时代，迎来了中华民族从站起来、富起来到强起来的伟大飞跃。习近平总书记指出："当今世界，要说哪个政党、哪个国家、哪个民族能够自信的话，那中国共产党、中华人民共和国、中华民族是最有理由自信的。"①

---

① 习近平：《在庆祝中国共产党成立95周年大会上的讲话》，人民出版社2016年版，第12页。

深化血肉联系：中国共产党人自信的力量源泉

人民是历史的主体，是社会的主体，是实践的主体，是价值的主体。习近平总书记强调，人民是历史的创造者，人民是真正的英雄。得民心者得天下，失民心者失天下。民心就是人民群众对中国共产党人领导的国家事业的积极参与，就是对中国共产党人执政绩效的肯定，就是对中国共产党人的政策方针的认同理解。中国革命、建设和改革的历史充分证明，党的事业和国家的发展离不开人民的支持，党的强大和国家的富裕离不开人民的拥护，党的事业持续发展和国家的繁荣稳定离不开人民的智慧和力量。与此同时，在推进党领导伟大事业进程中，人民也不断从党和国家的发展中获得实惠。党的十九大报告指出，过去5年，国内生产总值从54万亿元增长到80万亿元，稳居世界第二，粮食生产能力达到1.2万亿斤，城镇化率年均提高1.2%，8000多万农业转移人口成为城镇居民。另外，广大人民群众对党的十八大以来党的坚强领导和政策措施给予充分认同：对淘汰落后产能，实现高质量发展极为肯定；对破除各方面体制机制弊端，全面推进改革深化翘首期盼；对全面依法治国，实现司法公正欢欣鼓舞；对展示正能量，弘扬主旋律积极响应；对脱贫攻坚以及改善民生的各项政策拍手称赞；对治理环境突出问题，建设美丽中国坚决力挺；对强军兴军十分认可；对增强两岸互信互动非常支持；对提升国际地位，提高国际话语权满怀自豪；对党正风肃纪，"打虎""拍蝇""猎狐"刚性执行点赞叫好。一系列成就和改革接近地气、反映民意、深入人心。在十三届全国人大一次会议上，习近平同志全票当选国家主席、中央军委主席，体现了人民对习近平总书记党的核心、军队统帅、人民领袖的崇高地位的坚决维护，对以习近平同志为核心的党中央权威和集中统一领导的坚决维护。步入新时代，广大人民群众对国家的未来发展充满信心，对实现中华民族伟大复兴的中国梦翘首期盼，积极支持社会主义现代化强国建设，在伟大实践中致力于实现每个人都有人生出彩的机会。

贡献中国智慧：中国共产党人自信的外部条件

经过建党以来97年的不懈奋斗，新中国成立之后69年的持续发展，特别是改革开放40年的快速飞跃，中国共产党人领导中国人民不断为人类发展作出巨大贡献，我国正日益走近世界舞台中央。特别是党的十八大以来，中国的国际地位、国际作为和国际话语权得到了极大的提升。截至2017年底，中国企业在有关国家建设75个境外经贸合作区，上缴东道国税费超过16亿美元，为当地创造了22万个就业岗位。自2002年以来，中国对世界经济增长的平均贡献率接近30%，是拉动世界经济复苏和增长的重要引擎。当今世界比以往任何时候都需要中国向世界展示自己的智慧和方案。在G20杭州峰会、金砖国家领导人厦门会晤、海南博鳌亚洲论坛年会、上海合作组织成员国元首理事会第十八次会议上，中国提出的主张与方案得到广泛认同，由此提升了自身参与全球治理的话语权。2015年9月，习近平主席在联合国发展峰会上发表题为《谋共同永续发展　做合作共赢伙伴》的重要讲话。在习近平主席演讲结束后，二三十位国家元首等在走廊外与他握手。另外，"人类命运共同体""一带一路""共商、共建、共享"……这些耳熟能详的词汇，随着中国自身发展和对全球治理贡献的增多，被陆续写进联合国决议文件，成为彰显中国智慧的联合国官方词汇。正如党的十九大报告所指出的，中国特色社会主义进入新时代，"意味着中国特色社会主义道路、理论、制度、文化不断发展，拓展了发展中国家走向现代化的途径，给世界上那些既希望加快发展又希望保持自身独立性的国家和民族提供了全新选择，为解决人类问题贡献了中国智慧和中国方案"[1]。

中国共产党人的自信不是盲目的，而是有底气的，更是与忧患意识联系在一起的。习近平总书记指出："我们党是生于忧患、成长于忧患、壮

---

[1] 习近平：《决胜全面建成小康社会　夺取新时代中国特色社会主义伟大胜利——在中国共产党第十九次全国代表大会上的报告》，人民出版社2017年版，第10页。

大于忧患的政党。"①"无论什么时候我们都不能骄傲自满,党不能骄傲自满,国家不能骄傲自满,领导层不能骄傲自满,人民不能骄傲自满,而是要增强忧患意识、慎终追远,始终保持艰苦奋斗的作风。"②如果说自信是中国共产党人自我认可、自我激励、自我鼓舞的话,那么忧患意识源自对推动中国特色社会主义建设的危机感、责任感、使命感,两者是相辅相成的辩证关系。

心得体会

本文没有全面阐释中国共产党人的"四个自信",而是选择了一个相对较小的问题,即"自信底气从何而来?"具体来说,马克思主义是中国共产党人自信的理论基础,优秀传统文化是中国共产党人自信的历史根基,伟大实践成就是中国共产党人自信的现实支撑,深化血肉联系是中国共产党人自信的力量源泉,贡献中国智慧是中国共产党人自信的外部条件。

推荐阅读

郝永平、杨玲:《人民性是马克思主义最鲜明的品格》,《光明日报》2018年6月14日。

郝永平、孙林:《人民性是全面建成小康社会的底色》,《学习时报》2021年5月26日。

---

① 中共中央党史和文献研究院编:《习近平关于防范风险挑战、应对突发事件论述摘编》,中央文献出版社2020年版,第15页。

② 《十八大以来重要文献选编》(中),中央文献出版社2016年版,第83页。

把握好学理分析缺乏与过度的关系

理论文章要有适度的学理分析。

理论是载道之魂、弘道之器。党媒理论文章主要是通过发表议论来阐述道理、阐发事理、阐明哲理、彰显真理。

缺乏学理分析的文章,就完全变成了某种表态的模样,也难以刊发;相反,学理分析过度,极易变成抽象的演绎,可能就偏离了理论宣传的路子。

因此,必须夯实专业与学科基础,努力寻求党的创新理论中一些重要思想观点、重大政治论断、重大战略部署与自己学科专业的对接点、契合点,在认真思考、精心布局的基础上,将某一选题背后的道理、学理、哲理挖掘出来、呈现到位。

示例文章 1

增强学术自信讲清中国道路[①]

党的十九大报告指出,中国特色社会主义进入新时代,意味着中国特色社会主义道路、理论、制度、文化不断发展,拓展了发展中国家走向现代化的途径,给世界上那些既希望加快发展又希望保持自身独立性的国家和民族提供了全新选择,为解决人类问题贡献了中国智慧和中国方案。可以说,中国道路的成功正在改变世人对人类社会发展道路特别是现代化道路的固有看法,越来越彰显出其世界意义。对于中国学者来说,讲清中国道路既是一件非常重要的政治任务,又是一件非常严肃的学术研究工作。

[①] 郝永平、黄相怀:《增强学术自信讲清中国道路》,《人民日报》2018年2月23日。

讲清中国道路，对中国和世界发展都具有重要意义

今天，中国与世界的联系日益密切。向世界讲清中国道路，对当今中国和当今世界发展都具有重要意义。

中国走近世界舞台中央并发挥更大作用的客观需要。经过改革开放40年的艰苦奋斗和艰辛探索，中国创造了人类社会发展史上惊天动地的奇迹，社会生产力水平显著提高，人民生活水平显著提高，国际影响力和话语权显著提高。特别是2008年国际金融危机爆发和2010年中国超越日本成为世界第二大经济体以来，中国国际地位愈益凸显，以更加稳健、自信的步伐走近世界舞台中央。当今世界，在推进经济全球化、处理重大国际事务上，在建构更加公正合理的国际秩序方面，中国都发挥着不可替代的建设性作用，很难想象离开中国的世界会是什么样子。因此，中国需要向世界传递更多中国声音，更好地展示中国的国家形象，让世界更加了解中国、接受中国、认可中国。

为世界提供中国智慧和中国方案的现实需要。正如习近平总书记所讲，"世界那么大，问题那么多，国际社会期待听到中国声音、看到中国方案"①。当前，主要发达国家经济复苏缓慢，经济社会发展遭遇各种困境，人类对于探索更好社会制度有了更加迫切的需要。而广大发展中国家不仅有着与中国相似的历史境遇，而且面临着如何发展经济、改善民生和保持稳定这些躲不开、绕不过的治国理政难题。相比之下，中国的发展积累了很多行之有效、值得长期坚持的成功经验，赢得世界普遍赞誉。中国道路的成功实践和宝贵经验彰显中国智慧，为全球治理提供了极有价值的参考经验，给世界特别是广大发展中国家探索符合自身国情的发展道路塑造了一个十分难得、可资借鉴的好样板。随着中国日益走近世界舞台中央，处在这样一个引领世界的大趋势和大潮流之中，中国学者应当增强向全世界讲清中国道路的信心和能力。

澄清西方社会对中国的偏见与误读的必然要求。如何破解在一个人口众多、贫困落后的国家实现现代化的难题？世界上没有先例。中国不仅破解了

---

① 习近平：《习近平主席新年贺词：2014—2018》，人民出版社2018年版，第13页。

这一难题，而且做得很好。今天，中国在现代化建设中取得了举世瞩目的伟大成就，为世界发展作出重要贡献。但是，囿于意识形态偏见，甚至出于不可告人的政治目的，一些西方势力习惯于透过"有色眼镜"看中国道路与中国发展，"中国崩溃论""中国威胁论"等不绝于耳、甚嚣尘上，质疑、指责甚至攻击中国的现象此起彼伏。对此，中国学者不能熟视无睹，更不能听之任之。中国学者在澄清偏见和误读上可以大有作为。应通过学术传播与对话的方式来解读中国发展的密码与中国道路的价值，最大限度避免西方社会对中国的误解、误读、误会。

讲清中国道路要把握好几个方面

向世界讲清中国道路，要解决好讲什么的问题。从实际情况来看，需要把握好以下几个方面。

中国道路是一条来之不易的道路。中国道路不是从天上掉下来的，而是中国共产党领导中国人民历经千辛万苦、付出各种代价才找到的适合中国国情的正确道路。这条道路经由几代中国共产党人带领人民通过接续不断的实践创新和理论探索才形成，充满着苦难和辉煌、曲折和胜利、付出和收获，是经过实践检验的正确道路，来之不易、弥足珍贵。具有历史厚重感的中国道路既是历史的必然，又是人民的选择。中国人民必须倍加珍惜，切不可犯颠覆性错误。

中国道路是一条具有独特优势的道路。中国道路具有无可比拟的独特优势。比如，从经济体制上看，社会主义市场经济体制充分发挥市场和政府的作用，既保证了经济活力，又保证了宏观经济稳定，是先进的经济体制。从政治体制上看，中国政党制度是先进的、成功的，中国共产党领导的多党合作的政党制度能够发扬民主、集思广益，同时能够避免西方两党制、多党制所造成的党争不断、效率低下问题。从文化体制上看，中国特色社会主义文化建设既保证了马克思主义的指导地位，又激发全民族文化创新创造活力，推动社会主义文化繁荣兴盛。中国道路遵循人类社会发展的基本规律，顺应和平、发展、合作、共赢的时代潮流,能妥善处理经济社会发展中的重大关系,因而具有无限光明前景,必将越走越宽广。

中国道路是一条造福人民的道路。中国道路具有丰富内涵,蕴含多姿多彩的理论元素,充满博大精深的中国智慧。中国道路致力于满足人民日益增长的美好生活需要,增进人民福祉,促进人的全面发展,逐步实现全体人民共同富裕。中国道路坚持凝聚人民力量,尊重人民、依靠人民、为了人民,以实现人民的根本利益为出发点和落脚点。从改革开放以来的历史进程看,正是由于我们党顺应人民群众对美好生活的向往,秉持以人民为中心的发展思想,才充分调动起人民群众投身社会主义现代化建设的积极性主动性创造性,才使人民群众享有更多更公平的发展成果。仅就脱贫而言,近5年来,中国使6800多万贫困人口稳定脱贫,贫困发生率从10.2%下降到3.1%。中国道路之所以显示出越来越大的能量,就在于人民群众的积极认同、衷心拥护与全力参与。

中国道路是一条贡献世界的道路。近年来,随着改革开放深入推进,中国国力不断增强,影响力持续提升,为世界作出的贡献与日俱增。"中国道路究竟能为世界贡献什么",成为今天必须回答的"时代之问"。总体来讲,中国道路至少向世界作出了五大历史性贡献:生存性贡献、发展性贡献、制度性贡献、文化性贡献、和平性贡献。中国倡导世界多样、国家平等、文明互鉴、包容发展、互利互惠,推动构建人类命运共同体。近年来,中国对外贸易、对外投资、外汇储备稳居世界前列,对世界经济增长的贡献率超过30%。这就是中国道路世界贡献的有力证明。中国用马克思主义智慧、东方智慧解决现代化难题,把现代化模式由单项选择题变成多项选择题,促进了人类文明发展的多样性。

增强学术自信,以学理打动人心

中国学者向世界讲清中国道路,不能空喊口号,不能自说自话,不能强加于人,而必须强化学术表达、传播、交流与对话,用学术诠释事实,以学理打动人心。

增强学术自信。习近平总书记在党的十九大报告中指出，经过长期努力，中国特色社会主义进入了新时代，这是我国发展新的历史方位。中国学者要牢牢把握中国特色社会主义进入新时代这个根本性变化，筑牢思想根基，增强道路自信、理论自信、制度自信和文化自信，站在新时代的历史方位上讲好中国故事，站在整个世界的高度来系统讲清中国道路。自信和底气来自哪里？来自中国特色社会主义实践的伟大成就，来自放眼世界风景这边独好的优势。中国学者要构建中国自己的学术体系和话语体系，向国际社会诠释中国经验、贡献中国智慧，充分体现中国学者的学术担当和学术造诣；要用中国特色学术思想讲好中国故事、传播中国声音，向世界贡献中国学术礼物。

借鉴学术成果。中国的发展成就引起世界的持续关注，特别是吸引着国际学术界的目光。海外已经掀起中国问题研究热潮，不少知名机构和学者还取得了相当可观的积极成果。中国学者要坚持不忘本来、吸收外来、面向未来，深化中国道路和当代中国问题研究。既要立足本国实际，又要开门搞研究；既要注重原创、以我为主，又要兼收并蓄、为我所用，积极借鉴、吸纳海外学者的研究成果。比如，近年来海外学者关于中国模式、中国经验、中国经济发展、中国民主政治建设和执政党建设的最新研究成果，在视角、方法、见解方面都具有一定的启示和借鉴意义，可以成为我们加强学术研究的参考。中国学者要增强开放意识和国际交流意识，坚持以我为主，通过广泛学习借鉴，使中国学术话语、学术体系以及学术成果更具有时代性和国际性，更容易为国际学术界和国际社会所接受。

加强学术交流。随着中国的发展，中国学者的话语权正在由没有资格说、自言自语说以及失语无法说向部分引领说深刻转变，这个转变过程其实就是中国学术由理论辩护、理论阐释走向理论引领的过程。实现理论引领，向世界表达中国话语、解读中国方案、讲清中国道路，需要"走出去"与"请进来"，高度重视学术交流互鉴。要搭建学术交流平台，积极参与国际双边、多边学术活动，充分利用好各级别各层次国际论坛、讲坛和会议，建立长期而稳定的高端学术对话机制，提高学术交流质量；拓宽学术交流领域，充分表达中国的价值理念，倡导和增进人类命运共同体共识；加强国内外智库交流，引导具有影响力和说服力的学术成果"走出去"，推动海外中国学研究，让世界更好地认识中国、了解中国。

加快学术创新。时代是思想之母，实践是理论之源。理论的生命力在于创新。中国学者要秉持科学的治学态度和治学方法，切实增强创新意识，在学术命题、学术思想、学术观点、学术话语上充分体现中国特色、中国风格、中国气派，不断概括、提炼新概念、新范畴、新体系、新表述，有效增强学术成果的创新性与亲和力，彰显中国学者准确阐释中国道路的时代担当。习近平总书记指出："要围绕我国和世界发展面临的重大问题，着力提出能够体现中国立场、中国智慧、中国价值的理念、主张、方案。"①中国学者要强化学术积累，夯实学术基础，涵养学术道德，拓宽学术视野，注重历史与现实、理论与实践融合，提高学术成果的解释力。充分发挥专业特色和学术专长，进一步提炼与优化对外宣传话语，跳出用西方话语解读中国现实的窠臼，努力多出让关心中国道路和中国发展的人都爱读的高质量学术成果。

心得体会

　　本文从增强学术自信、借鉴学术成果、加强学术交流、加快学术创新等几个角度阐述了从学术上讲清中国道路的重要性，呼吁中国学者要强化学术积累，夯实学术基础，涵养学术道德，拓宽学术视野，注重历史与现实、理论与实践、中国与世界的融合，提高学术成果的解释力。文章强调，向世界讲清中国道路，不能空喊口号，不能自说自话，不能强加于人，而必须强化学术表达、传播、交流与对话，用学术诠释事实，以学理打动人心。

---

① 习近平：《在哲学社会科学工作座谈会上的讲话》，人民出版社2016年版，第17页。

示例文章 2

追求守望初心的真理和价值[①]

习近平总书记在纪念马克思诞辰200周年大会上的讲话中指出，马克思一生饱尝颠沛流离的艰辛、贫病交加的煎熬，但他初心不改、矢志不渝，为人类解放的崇高理想而不懈奋斗，成就了伟大人生。

中国共产党人是马克思主义忠诚的信奉者与践行者，追根溯源，中国共产党人的初心是马克思主义者的初心与中国具体实际相结合的产物，是马克思主义中国化的产物。马克思主义既教给了中国共产党人守望初心的真理学说，又教给了中国共产党人守望初心的价值追求，更重要的是教会了中国共产党人在实践中实现真理与价值的有机统一。

在坚守价值追求中守望初心

习近平总书记指出，马克思主义是人民的理论，第一次创立了人民实现自身解放的思想体系。马克思主义博大精深，归根结底就是一句话，为人类求解放。习近平总书记指出，人民对美好生活的向往，就是我们的奋斗目标。要着力践行以人民为中心的发展思想。从中可以清晰看到一条一脉相承又与时俱进的思想主线就是：始终站在人民群众立场上，一切为了人民、一切相信人民、一切依靠人民。这就是马克思主义的根本出发点和落脚点，也就是中国共产党人最根本的价值追求。

为绝大多数人谋利益决定了中国共产党人守望初心的血脉基因。马克思主义是为绝大多数人谋利益的学说，马克思、恩格斯在《共产党宣言》中对共产党的性质作出了明确的规定："过去的一切运动都是少数人的，或者为少数人谋利益的运动。无产阶级的运动是绝大多数人的，为绝大多数人谋利

[①] 郝永平、黄相怀：《追求守望初心的真理和价值》，《光明日报》2018年5月28日。

益的独立的运动。"①

在此意义上，习近平总书记指出，人民立场是中国共产党的根本政治立场，是马克思主义政党区别于其他政党的显著标志。党与人民风雨同舟、生死与共，始终保持血肉联系，是党战胜一切困难和风险的根本保证，正所谓"得众则得国，失众则失国"。

为绝大多数人谋利益决定了中国共产党人守望初心的实际行动。习近平总书记指出，马克思主义不是书斋里的学问，而是为了改变人民历史命运而创立的，是在人民求解放的实践中形成的，也是在人民求解放的实践中丰富和发展的，为人民认识世界、改造世界提供了强大精神力量。为了实现人民利益，中国共产党人在革命年代顽强奋斗，努力推翻不合理的旧制度，致力于建立一个为绝大多数人的利益服务的新社会制度；在建设和改革年代，他们坚持和发展社会主义，解放和发展社会生产力，不断为适应社会生产力发展调整生产关系，不断为适应经济基础发展完善上层建筑。

面向未来，当代中国共产党人要勇于全面深化改革，自觉通过调整生产关系激发社会生产力发展活力，自觉通过完善上层建筑适应经济基础发展要求，让中国特色社会主义更加符合规律地向前发展。

为绝大多数人谋利益确立了中国共产党人守望初心的根本依靠。人民性是马克思主义最鲜明的品格，这要求中国共产党人必须要紧紧依靠人民共同创造幸福生活，始终坚持人民是历史的创造者，把实现好、维护好、发展好最广大人民根本利益作为自己的出发点和落脚点，坚持人民群众的主体地位，坚持一切从人民的根本利益出发，一切为了群众，一切依靠群众；必须把从群众中集中起来的意见，拿到群众中去实践和验证，使正确的意见为群众所掌握，并将之转化为改造世界的实际行动。

正是这些根本理论判断和基本价值立场，教会了中国共产党人坚守人间的沧桑正道、天下为公的大道，坚定宗旨意识，始终把人民放在心中最

---

① 马克思、恩格斯：《共产党宣言》，人民出版社2018年版，第39页。

重要的位置，并身体力行，在为人民谋幸福、为民族谋复兴的道路上无私奉献。

在坚守真理追求中守望初心

马克思主义是科学的理论，创造性地揭示了人类社会发展规律。正是马克思主义的科学世界观和方法论，教会了中国共产党人守望初心要坚持从实际出发，坚持把握与遵循客观规律，坚持科学精神，运用科学方法，鼓足了为人民谋幸福、为民族谋复兴道路上的大无畏勇气。

辩证唯物论指明了守望初心的世界观基础。辩证唯物论科学地解决了哲学的基本问题，强调一切从实际出发，实事求是，反对主观主义，这为中国共产党人守望初心提供了科学的世界观基础。正如习近平总书记所强调的，要学习掌握世界统一于物质、物质决定意识的原理，坚持从客观实际出发制定政策、推动工作。马克思主义认为，人的全部活动都离不开认识和实践这两个方面，人的认识活动是在观念上实现主观与客观的统一，从而正确地认识世界；人的实践活动是在行动中实现主观与客观的统一，从而能动地改造世界。习近平总书记强调，要学习掌握认识和实践辩证关系的原理，坚持实践第一的观点，不断推进实践基础上的理论创新。

唯物辩证法指明了守望初心的方法论基础。事物的矛盾运动原理要求我们以对立统一的矛盾观去观察、分析、解决一切问题。习近平总书记强调，要学习掌握事物矛盾运动的基本原理，不断强化问题意识，积极面对和化解前进中遇到的矛盾。运用唯物辩证法的思维方式和基本范畴，就是以矛盾的观点去分析问题。以矛盾的观点分析问题，最重要的是掌握和运用唯物辩证法的"两点论"和"重点论"。正如习近平总书记所强调的，要学习掌握唯物辩证法的根本方法，不断增强辩证思维能力，提高驾驭复杂局面、处理复杂问题的本领。唯物辩证法摆脱了形而上学和机械唯物主义的窠臼，为中国共产党人守望初心提供了科学的方法论基础。

唯物史观拓展了守望初心的历史视野。马克思和恩格斯所创立的历史唯物主义，科学揭示了人类社会发展的一般规律，用规范性的科学概念如生产力、生产关系、经济基础、上层建筑等社会发展的基本因素来阐释人类社会发展的历史性规律，从而为我们科学认识一定社会发展阶段和经济状况下的历史现象提供了强大的思想武器。作为历史活动主体的人，不但能够认识历史规律，而且应当也必然能够顺应和运用历史规律，从而发挥对于历史的主体能动作用。一定的社会生产方式决定社会关系的性质和人的生活方式，这构成了人的实践活动的历史性前提，同时也给历史性创造活动提供了内容和发展方向。人在历史性的实践中改造外部世界，同时也改造自身，这就是人的社会实践活动的历史意义所在。中国共产党人的初心和使命，只有从历史唯物主义的视野才能得到最清晰的认知和理解。

在实践中实现真理与价值的有机统一

习近平总书记指出，实践的观点、生活的观点是马克思主义认识论的基本观点，实践性是马克思主义理论区别于其他理论的显著特征。中国共产党人对于初心的守望，归根结底要体现在追求真理、服务人民的实践之中，通过实践使真理转化为价值，通过实践使价值转化为真理，在实践的基础上实现真理与价值的相互转化和有机统一。

中国共产党人守望初心必须始终勇于改造世界。马克思和恩格斯认为，对实践的唯物主义者即共产主义者来说，全部问题都在于使现存世界革命化，实际地反对并改变现存的事物。马克思主义认为，实践是人类能动地改造客观世界的物质性活动，实践具有物质性、自觉能动性和社会历史性等基本特征。在马克思主义看来，社会生活的实践性本质主要表现在：实践是社会关系形成的基础；实践形成了社会生活的基本领域，实践构成了社会发展的动力。

这种认识使得马克思主义者必然是追求真理与价值统一的实践者，正如马克思所言，哲学家们只是用不同的方法解释世界，而问题在于改变世界。以社会革命视野观之，中国共产党领导中国人民所进行的革命、建设和改革，都是中国共产党人为了初心和使命而进行的伟大社会革命的必不可少的组成部分。

中国共产党人守望初心必须始终勇立时代潮头。实践论给了中国共产党人守望初心、坚持真理、修正错误的理论能量和思想财富。马克思主义坚持顺应时代潮流，把握时代大势，紧跟时代脉动，以此来形成正确的认识，并采取有效的行动。在新民主主义革命、社会主义建设和改革开放伟大实践进程中，中国共产党人始终勇立时代潮头，致力于回答时代提出的重大课题，在顺应时代潮流的实践中坚持真理、修正错误，在把握时代大势和社会进步中不断与时俱进，在为人民谋幸福、为民族谋复兴的道路上百折不挠。

党的十八大以来，以习近平同志为核心的党中央团结带领全党全国各族人民解难题、办大事，使中国特色社会主义取得历史性成就、发生历史性变革，从而使得中国特色社会主义进入了新时代。这是中国共产党人勇立时代潮头的一个明证。

中国共产党人守望初心必须始终勇于自我革命。自我革命是马克思主义的一贯要求，也是我们党加强自身建设的历史经验总结。马克思和恩格斯不仅强调在革命斗争中改造客观世界，而且认为必须改造自己的主观世界，"抛掉自己身上的一切陈旧的肮脏的东西"[①]。

党的十八大以来，我们党坚持以自我革命精神推进全面从严治党，以刮骨疗毒的勇气、壮士断腕的决心，直面党的自身建设积弊，猛药去疴，着力从政治建设、思想建设、组织建设、作风建设、制度建设等各个方面管党治党，取得了前所未有的成果。正如习近平总书记所强调的，勇于自我革命，是我们党最鲜明的品格，也是我们党最大的优势。这一重大政治论断，正是从中国共产党作为一个马克思主义执政党，从中国共产党人作为最忠诚的马克思主义者的角度出发作出的，它是对中国共产党和中国共产党人政治品格的精炼概括。

---

① 《马克思恩格斯选集》第1卷，人民出版社1972年版，第77页。

心得体会

从学理上说,真理与价值在社会实践的基础上实现了统一。马克思主义既教给了中国共产党人守望初心的科学真理,又教给了中国共产党人守望初心的价值追求,更重要的是教会了中国共产党人在实践中实现真理与价值的有机统一,即始终勇于改造世界、始终勇立时代潮头、始终勇于自我革命。

推荐阅读

郝永平、黄相怀、毛强:《科学世界观和方法论的生动彰显》,《光明日报》2018年9月27日。

把握好及时发声与自负责任的关系

理论文章要讲求效率与责任。

文章要及时产出。根据习近平总书记最新讲话精神、党中央重大决策部署与社会的热点事件,在第一时间产出相应的文章,及时发出负责任的声音,以便更好地尽到理论工作者的责任。

同时,应避免急于产出而造成的质量不高等问题,应处理好文章速度与质量的关系。

即使有约稿,即使时间要求很急,也要认真对待,需把问题想清楚,需把文章写明白。在确保质量的前提下加快进度,在及时发声的过程中承担应有的责任。

示例文章 1

为打赢疫情防控阻击战提供根本保障[①]

当前,牵动全国人心的新冠肺炎疫情形势依然严峻,2月3日,习近平总书记在主持召开的中共中央政治局常务委员会会议上强调:"疫情防控不只是医药卫生问题,而是全方位的工作,是总体战,各项工作都要为打赢疫情防控阻击战提供支持。"[②]2月10日,在北京调研指导新型冠状病毒肺炎疫情防控工作时,习近平总书记再次强调:"当前疫情形势仍然十分严峻,各

---

① 郝永平、赵慧:《为打赢疫情防控阻击战提供根本保障》,《光明日报》2020年2月20日。

② 中共中央党史和文献研究院编:《习近平关于统筹疫情防控和经济社会发展重要论述选编》,中央文献出版社2020年版,第39页。

级党委和政府要坚决贯彻党中央关于疫情防控各项决策部署,坚决贯彻坚定信心、同舟共济、科学防治、精准施策的总要求,再接再厉、英勇斗争,以更坚定的信心、更顽强的意志、更果断的措施,紧紧依靠人民群众,坚决把疫情扩散蔓延势头遏制住,坚决打赢疫情防控的人民战争、总体战、阻击战。"[1]习近平总书记的重要指示,为打赢疫情防控阻击战提供了根本遵循。在党中央的坚强领导下,只要我们同心协力、英勇奋斗、共克时艰,就一定能取得疫情防控斗争的全面胜利。

坚持党的领导,为疫情防控提供政治保证

中国共产党领导是中国特色社会主义最本质的特征,党是最高政治领导力量,是实现中华民族伟大复兴的根本保证。中国共产党在中国革命、建设、改革的历史征程中带领全国人民浴血奋斗,攻克一道道难关,跨越一次次险阻,开创了中国特色社会主义建设新局面。历史已经证明,坚持党的领导是中国特色社会主义伟大事业不断发展壮大的重要政治保证。

疫情防控是一场保卫人民群众生命安全和身体健康的严峻斗争,必须加强党中央集中统一领导。只有坚持党的领导,才能应对重大风险与重大挑战,为疫情防控工作把方向、谋大局、定目标、出政策;只有坚持党的领导,才能排除疫情防控过程中出现的错误思想干扰,更好凝聚共识,为打赢疫情防控阻击战画出最大同心圆;只有坚持党的领导,才能有效协调中央与地方之间的关系,将防控疫情的重大决策部署迅速转化为人民群众的自觉行动;只有坚持党的领导,才能在最大范围内凝聚起强大的社会合力,众志成城、万众一心抗击疫情。各级党委和政府要增强"四个意识",坚定"四个自信",做到"两个维护",坚定不移把党中央各项决策部署落到实处。

---

[1] 中共中央党史和文献研究院编:《习近平关于统筹疫情防控和经济社会发展重要论述选编》,中央文献出版社2020年版,第55页。

发挥制度优势,为疫情防控整合资源力量

习近平总书记强调:"我们最大的优势是我国社会主义制度能够集中力量办大事。这是我们成就事业的重要法宝。"[1]邓小平同志曾指出:"社会主义国家有个最大的优越性,就是干一件事情,一下决心,一做出决议,就立即执行,不受牵扯。"[2]当前的新冠肺炎疫情防控工作是一项复杂的系统工程,涉及国家治理体系的方方面面,是对我国治理体系和能力的一次大考。

事实证明,越是在面临艰难困苦和重大挑战的时候,就越需要发挥中国特色社会主义制度集中力量办大事的显著优势。在与疫情斗争的过程中,中国共产党领导全国人民以最短的时间、最快的速度保障疫情防控工作有序进行。我国国家制度的显著优势,在疫情防控中表现为"中国速度""中国力量",使疫情蔓延的可能性得到有效控制,使疫情对经济发展的消极影响尽可能降低。直面疫情大考,只有充分发挥我国制度的显著优势,合理配置资源,统筹做好疫情防控工作中的人力调配、物资使用、资金落地、项目实施等工作,才能从根本上保障战"疫"胜利。

坚持依法治理,为疫情防控强化法治保障

当前正处于疫情防控关键期,依法科学有序防控至关重要。习近平总书记在中央全面依法治国委员会第三次会议上强调,"疫情防控越是到最吃劲的时候,越要坚持依法防控,在法治轨道上统筹推进各项防控工作,全面提高依法防控、依法治理能力,保障疫情防控工作顺利开展"[3]。法律是维护社会公正的重要屏障,也是抗击疫情的重要屏障。

面对不断变化、复杂严峻的疫情形势,打赢疫情防控阻击战,要坚持从立法、执法、司法、守法等多个环节同时发力、同向聚力,全面提高依

---

[1]《习近平谈治国理政》第2卷,外文出版社2017年版,第273页。
[2]《邓小平文选》第3卷,人民出版社1993年版,第240页。
[3] 中共中央党史和文献研究院编:《习近平关于统筹疫情防控和经济社会发展重要论述选编》,中央文献出版社2020年版,第49页。

法防控、依法治理能力，为疫情防控提供有力的法治保障。具体来说：一是坚持科学立法。以此次疫情为契机，不断完善疫情防控相关立法，构建系统完备、科学规范、运行有效的疫情防控法律体系。二是坚持严格执法。根据《中华人民共和国传染病防治法》《中华人民共和国野生动物保护法》《中华人民共和国动物防疫法》《突发公共卫生事件应急条例》等法律法规，严格执行疫情防控和应急处置法律法规，加强治安管理、市场监管等执法工作。各级政府要运用法治思维和法治方式开展疫情防控工作，坚持依法防控、科学防控，依法保障人民群众的正当权利。三是坚持公正司法。依法规范捐赠、受赠行为，确保受赠财物全部及时用于疫情防控，依照法律保障防疫物资的合理调配与透明使用，依法做好疫情报告和发布工作，加强对相关案件审理工作的指导，及时处理，定分止争。四是坚持全民守法。在全社会范围内开展疫情防治宣传和防疫知识普法工作，组织基层开展疫情防控普法宣传；各级领导干部要强化法治意识，带头尊法学法守法用法，做制度执行的表率，引导广大人民群众增强法治意识，依法支持和配合疫情防控工作。

强化科技攻关，为疫情防控提供有力支撑

科学技术作为人类进行实践活动的方式之一，不仅是推动生产力发展的主要因素，也是历史发展的革命力量。我们看到，人工智能、云计算、大数据等多项科学技术在疫情防控工作中扮演着十分重要的角色。从自动测温仪到同行人查询软件，从5G直播"云监工"到智能疫情机器人，一项项技术的成功运用，不断增强着我们战胜疫情的决心和信心。新冠肺炎疫情是遭遇战，但病毒作为一种自然现象，有其生存、发展、传播、进化的特殊规律，高校、科研院所、企业要科学论证病毒来源，尽快查明传染源和传播途径，密切跟踪病毒变异情况，加快对病毒溯源、传播力、传播机理等研究。

疫情防控必须建立在遵循自然规律的前提下，科学有效开展防控工作。比如，传染病学专家建立了多种疫情传播模型，做好数据收集和输入，就能够帮助管理者预判趋势、早做准备。高效合理的信息化、网络化技术手段，既能够满足信息统计分析需要，又能够最大限度缩减信息流动环节，促进疫情防控工作的上情下达与下情上达。另外，要加大科研攻关和资助力度，加紧推进药物研制与疫苗研发，对症下药；深入研究病毒生存和传播机理，为阻断传播途径提供科学方法。

充分发挥党员带头作用，为疫情防控树立先进标杆

疫情防控是没有硝烟的战场，也是检验党员干部初心使命的考场。大事难事见担当，困境逆境显襟怀。越是情况危急的时候，越是任务艰险的时候，就越需要党员干部发扬斗争精神和无私奉献精神，就越需要党员干部冲锋陷阵、勇往直前。习近平总书记指出："各级党组织领导班子和领导干部特别是主要负责同志要坚守岗位、靠前指挥，做到守土有责、守土担责、守土尽责。"[1]这片"土"，就是自己所在的工作岗位。因为要守土，必然要有责；因为要守土，必然要担责；因为要守土，必然要尽责。

疫情防控工作开始以来，从奋战在一线的医疗工作人员到负责物资生产保障的普通工人，从社区工作人员到无数个志愿服务队，其中的党员干部第一时间身先士卒，积极响应党中央号召，坚定信心、顾全大局、自觉行动、顽强斗争，做了大量艰苦工作，付出了巨大努力，为疫情防控工作作出了重大贡献。重大考验面前，更能考察识别干部。对表现突出的，要给予表扬表彰、大胆使用；对作风漂浮、敷衍塞责、推诿扯皮的，要严肃问责。要广泛发动和依靠群众，同心同德、众志成城，坚决打赢疫情防控的人民战争。

坚定依靠群众，为疫情防控夯实主体力量

1938年，毛泽东同志在《论持久战》中提出："战争的伟力之最深厚的根源，存在于民众之中。"[2]毛泽东同志这个经典论断，不仅指出了抗战的

---

[1] 中共中央党史和文献研究院编：《习近平关于统筹疫情防控和经济社会发展重要论述选编》，中央文献出版社2020年版，第32页。

[2] 《毛泽东选集》第2卷，人民出版社1991年版，第511页。

发展规律，还阐明了争取抗战胜利的正确道路，在抗日战争关键时期发挥了重要的指导作用。今天，面对来势汹汹的新冠肺炎疫情，战胜这场疫情的深厚伟力依然存在于广大人民群众之中。在这场疫情防控阻击战中，群众既是疫情防控的保护对象，也是疫情防控的主体力量。

面对疫情，每一个人都要做积极参与者。当疫情将魔爪伸向全国的各个角落时，更需要人民群众同心协力，更需要全社会众志成城，更需要充分激发人民群众在疫情防控工作中的创新智慧、创造伟力，更需要积极调动人民群众在疫情防控工作中的主动性、积极性。

总之，只有坚定相信群众、依靠群众、为了群众，广泛动员群众、组织群众、凝聚群众，才能构筑起群防群治、联防联控的严密防线，尽早打赢这场疫情防控的人民战争。

心得体会

2020年2月3日，习近平总书记在主持召开的中共中央政治局常务委员会会议上强调："疫情防控不只是医药卫生问题，而是全方位的工作，是总体战，各项工作都要为打赢疫情防控阻击战提供支持。"[1]在正月初一召开这样一个特别会议，说明问题趋于严重。

理论工作者既要及时关注疫情防控形势，又要及时发声，为打赢疫情防控战营造良好舆论氛围、提出合理建议。从2020年2月3日开始，我就开始进行思考，大约在2月13日写出文章，一周后就见报了。

当时我重点思考怎样才能战胜疫情、渡过难关。经过梳理历史上我党战胜危难的经验、领会习近平总书记重要指示精神，我拟定出了写作框架，明确了基本思路。在战胜疫情的过程中，党的领导是定海神针，集中力量办大事是制度优势，依法治理是法治保障，科

---

[1] 中共中央党史和文献研究院编：《习近平关于统筹疫情防控和经济社会发展重要论述选编》，中央文献出版社2020年版，第39页。

技攻关是有力支撑，党员带头作用是示范引领，依靠群众是力量源泉。所以，文章从坚持党的领导、发挥制度优势、坚持依法治理、强化科技攻关、发挥党员带头作用、坚定依靠群众六个方面作了论述。

示例文章 2

"学党史悟思想办实事开新局"系列文章
充分把握"学史明理"的基本内涵[①]

习近平总书记在党史学习教育动员大会上提出，"全党同志要做到学史明理、学史增信、学史崇德、学史力行"[②]。在这四个目标中，明理是基础。明理的内涵是丰富的，中国共产党为什么"能"、马克思主义为什么"行"、中国特色社会主义为什么"好"是最基本的三个方面。弄明白这些道理，对提升党史学习教育成效、增强砥砺前行的信心和力量，具有至关重要的意义。

弄明白中国共产党为什么"能"的基本道理

党兴则国兴，党强则国强。习近平总书记指出，"只要我们深入了解中国近代史、中国现代史、中国革命史，就不难发现，如果没有中国共产党领导，我们的国家、我们的民族不可能取得今天这样的成就"[③]。中国共产党在中国革命、社会主义建设和改革开放的进程中发挥着无可替代的领导核心

---

① 郝永平、代江波：《充分把握"学史明理"的基本内涵》，《北京日报》2021年3月15日。

② 《学党史悟思想办实事开新局 以优异成绩迎接建党一百周年》，《人民日报》2021年2月21日。

③ 习近平：《在全国党校工作会议上的讲话》，人民出版社2016年版，第2页。

作用，领导人民创造了彪炳史册的人间奇迹。

中国共产党之所以"能"，就在于自身的先进性。世界政党发展史告诉我们，没有先进理论的指导，没有用先进理论武装起来的政党的领导，是不可能长久兴旺发达的。中国共产党是在马克思列宁主义与中国工人运动相结合的过程中诞生的，先进性是党的本质属性。在百年奋斗历程中，无论是处于顺境还是逆境，我们党从未放弃马克思主义这一科学真理的指导，从未动摇对共产主义的信仰。始终把马克思主义作为自己的行动指南，始终坚守理想信念，始终憧憬美好社会理想，是中国共产党能够始终走在时代前列、经受住各种风险考验、完成历史使命的制胜密码。

中国共产党之所以"能"，就在于没有自己的特殊利益，始终把人民利益摆在最高位置。马克思主义认为，无产阶级的运动是为绝大多数人谋利益的独立的运动，无产阶级政党是为绝大多数人谋利益的政党。我们党自诞生之日起就是中国最广大人民根本利益的忠实代表，并一以贯之地为人民谋幸福。革命战争年代，李大钊、方志敏、赵一曼等无数革命先烈为争取民族独立和人民解放前赴后继、抛洒热血。据1945年党的七大时的初步统计，北伐战争、土地革命战争及抗日战争时期，在战场上牺牲了76万多人，其中共产党员32万多人，占将近一半，而当时在军队里的共产党员最多只占1/3。这些数据足以说明，为了人民得解放、过上太平安宁的好日子，共产党人是最不怕牺牲、冲锋在前的。新中国成立后，我们党领导人民开展社会主义革命和建设，改变一穷二白的面貌，是为人民根本利益而斗争；领导人民实行改革开放，推进社会主义现代化，同样是为了人民根本利益而斗争。我们党的百年征程，就是一部共产党人为人民谋解放谋发展谋幸福的历史。

中国共产党之所以"能"，就在于始终保持自我革命精神，具有极强的自我修复能力。马克思主义认为，无产阶级革命与其他革命不同之处就在于：它自己批评自己，并靠批评自己壮大起来。勇于自我革命，是我们党最鲜明的品格，也是我们党最大的优势。在新民主主义革命时期，我们党第一部党章就专门对纪律作出规定，1926年就颁布第一个反贪腐文件，坚决查处贪污、以权谋私等消极腐化行为。在社会主义革命和建设时期，我们党成立中央和各级纪律检查委员会，发起"三反""五反"运动，开展整风、整党，着力解决党内存在的思想不纯、作风不纯、组织不纯等问题。改革开放后，我们党保持清醒头脑，作出"执政党的党风问题是有关党的生死存亡的问题"重大论断，将一手抓改革发展、一手抓惩治腐败贯穿改革开放全过程。党的十八大以来，我们党坚持"打虎""拍蝇""猎狐"无禁区、全覆盖、零容忍，坚持重遏制、强高压、长震慑，全面深入推进自我革命。这既彰显了我们党自我净化机制的强大力量，也显示出了我们党不断解决党自身存在的突出问题、建设成为世界上强大政党的决心与能力。

学史明理就是要从党走过的风云激荡的历史中，从党全心全意为人民服务的根本宗旨和长期实践中，从党始终坚持刀刃向内开展自我革命中，搞清楚我们党从哪里来、要到哪里去，搞清楚"江山就是人民，人民就是江山"的基本道理，搞清楚我们党为什么能永葆先进性和纯洁性、永葆生机活力，铸就"百年恰是风华正茂"的政党传奇，进而坚定不移听党话、跟党走。

弄明白马克思主义为什么"行"的基本道理

马克思主义是科学真理，是人类历史上的伟大创造。它的诞生，在人类历史上犹如一轮壮丽的日出，照亮了人类探索历史规律和寻求自身解放的道路，为长期在黑暗中摸索的无产阶级和广大劳动人民指明了方向。习近平总书记指出，时代在变化，社会在发展，但马克思主义基本原理依然是科学真理。这一重要论断既体现了我们党对马克思主义的坚定信心，又表明了我们党始终坚持以马克思主义为行动指南的郑重选择。

马克思主义之所以"行"，就在于它是科学的理论，至今仍占据着真理的制高点。马克思主义作为系统、完整、科学的理论体系，科学揭示了人类社会发展的一般规律，揭示了资本主义运行的特殊规律，揭示了实现共产主义的历史必然性，因而是"伟大的认识工具"，为人类指明了从必然王国向自由王国飞跃的途径。尽管我们所处的时代同马克思所处的时代相比发生了巨大而深刻的变化，但从世界社会主义500年演进历史的大视野来看，我们依然处在马克思主义所指明的历史时代，马克思主义所阐述的一般原理整个来说仍然是完全正确的。

马克思主义之所以"行"，就在于它是人民的理论，至今仍占据着道义的制高点。在马克思主义之前，社会上占统治地位的理论都是为统治阶级服务的。马克思主义第一次站在人民的立场，揭示了人民为什么是自己的主人、社会的主人、历史发展的主人，为人民探求自身自由解放的道路和最终建立一个人人平等、人人自由的共产主义社会指明了奋斗方向。它不是为某个集团或阶级代言的"私器"，而是为无产阶级和人类解放而斗争的"公器"，代表绝大多数人的利益和历史进步方向。这是马克思主义能够跨越国度、跨越时代地植根于人民之中，始终占据道义制高点的根本原因。

马克思主义之所以"行"，就在于它是实践的理论，至今仍在成功指导实践。马克思主义不是书斋里的学问，而是为了改变人民历史命运而创立的，是在人民求解放的实践中形成的，也是在人民求解放的实践中反复检验、不断发展的。中国共产党百年的光辉历史，是在马克思主义指引下改变中国命运的艰辛历程；新中国70年的沧桑巨变，是在马克思主义指引下建设社会主义取得的巨大成就；改革开放40多年的伟大飞跃，是在马克思主义指引下开创中国特色社会主义的历史跨越；党的十八大以来发生的历史性变革、取得的历史性成就，是在马克思主义指引下迈向民族复兴的崭新篇章。马克思主义在中国的成功实践，不仅深刻改变了中国，也深刻地改变了世界，无可争辩地证明了马克思主义的实践伟力。

马克思主义之所以"行"，就在于它是开放发展的理论，至今仍在与时俱进地创新发展。马克思主义不是教条，而是行动指南，必须随着实践的变化而发展。中国共产党在领导革命、建设和改革的长期实践中，坚持把马克思主义基本原理和中国实际相结合，不断推进马克思主义中国化，先后形成了毛泽东思想、邓小平理论、"三个代表"重要思想、科学发展观等重大理论创新成果，指引中国人民夺取一个又一个胜利。党的十八大以来，以习近平同志为主要代表的中国共产党人紧密结合新的时代条件和实践要求，进行艰辛理论探索，创立了习近平新时代中国特色社会主义思想，科学构建了当代中国马克思主义、21世纪马克思主义。由此可见，一部马克思主义发展史就是一部根据时代、实践、认识发展而不断推进理论创新的历史。

学史明理就是要在深学细研中，搞清楚马克思主义何以成为党和国家的指导思想，弄明白马克思主义是如何深刻改变中国、改变世界的，进而不断深化对中国化马克思主义既一脉相承又与时俱进的理论品质的认识，不断开辟当代中国马克思主义、21世纪马克思主义新境界。

弄明白中国特色社会主义为什么"好"的基本道理

中国特色社会主义承载着几代中国共产党人的理想和探索，寄托着无数仁人志士的夙愿和期盼，凝聚着亿万人民的奋斗和牺牲，是近代以来中国社会发展的必然选择。习近平总书记指出："中国特色社会主义不是从天上掉下来的，是党和人民历尽千辛万苦、付出巨大代价取得的根本成就。"[①]

中国特色社会主义之所以"好"，就在于它是历史和人民的选择。1840年鸦片战争后，近代中国陷入前所未有的民族危机。无数仁人志士前赴后继，探求救国救民的道路。这一时期，各种社会思潮轮番登场、交迭消长，科学主义、实用主义、自由主义、无政府主义等纷繁更替，都没能解决中国的前途和命运问题。直到十月革命一声炮响，中国先进分子才找到了解决中国问题的出路——社会主义。新中国成立后，我们党深入思考和探索怎样建设社会主义，在探索中取得了重要理论成果和巨大成就，为开创中国特色社会主义积累了宝贵经验、理论准备和物质基础。改革开放后，我们党根据新

[①] 习近平：《在庆祝中国共产党成立95周年大会上的讲话》，人民出版社2016年版，第12页。

的形势与任务，明确提出走自己的路、建设中国特色社会主义，并在实践中科学回答了建设中国特色社会主义的一系列基本问题，成功开创、坚持和发展了中国特色社会主义。由此可见，中国特色社会主义具有深厚的历史渊源和广泛的现实基础，既坚持了科学社会主义的基本原则，又具有鲜明的中国特色，既是历史的选择，又是人民的选择。

中国特色社会主义之所以"好"，就在于它坚持道路、理论体系、制度与文化一体化推进。中国特色社会主义是由道路、理论体系、制度和文化组成的统一整体，其内部各要素相辅相成、相互促进。其中，中国特色社会主义道路是实现路径，中国特色社会主义理论体系是行动指南，中国特色社会主义制度是根本保障，中国特色社会主义文化是精神动力，四者统一于中国特色社会主义伟大实践。其道路的开辟与拓展过程，也是理论体系的形成、制度的创立和文化的孕育过程；其理论体系的丰富发展，也为道路拓展、制度完善、文化发展提供了科学指导；其制度的发展完善则为道路的拓展、理论体系的丰富、文化建设提供了制度保障；其文化的发展，为其道路的坚持和发展、理论体系的丰富和制度的完善提供了精神动力。由此可见，坚持道路、理论体系、制度、文化一体化推进，是中国特色社会主义最鲜明的特色，也为我们坚定自信提供了有力支撑。

中国特色社会主义之所以"好"，就在于它是实现中华民族伟大复兴的人间正道。实现中华民族伟大复兴，是近代以来中华民族最伟大的梦想。经过革命和社会主义建设，党带领人民团结奋斗，为民族复兴扫清了根本障碍，创造了有利条件。改革开放是我们党的一次伟大觉醒，孕育了从理论到实践的伟大创造，使中国大踏步赶上时代，推动了中国特色社会主义事业的伟大飞跃。在中国特色社会主义道路上，中国共产党带领人民创造了世所罕见的经济快速发展奇迹与社会长期稳定奇迹，使中华民族伟大复兴展现出前所未有的光明前景。历史充分证明，中国特色社会主义这条道路走得对、走得通、走得好，是引领中华民族实现伟大复兴的人间正道。

学史明理就是要在中国特色社会主义的创立形成与发展演进中，搞清楚我们党团结带领人民是怎样经过反复比较和总结，历史地选择了社会主义道路；搞清楚只有社会主义才能救中国，只有中国特色社会主义才能发展中国的历史逻辑、理论逻辑和现实逻辑，进而更加坚定走中国特色社会主义道路的信心和决心，不为任何风险所惧，不为任何风险所惑，坚决不走封闭僵化的老路，也不走改旗易帜的邪路。

准确把握"学史增信"的目标要求[①]

在党史学习教育中增强"四个自信"，是开展伟大斗争的精神引领，是建设伟大工程的精神旗帜，是推进伟大事业的精神动力，是实现伟大梦想的精神标识。

习近平总书记在党史学习教育动员大会上强调，全党同志要做到学史明理、学史增信、学史崇德、学史力行。在这四个目标中，学史增信就是要不断增强中国特色社会主义道路自信、理论自信、制度自信、文化自信，进一步坚定理想信念。明晰学史增信的目标要求，对提升党史学习教育成效，鼓起迈进新征程奋进新时代的精气神具有重要意义。

增强自信是整体性的

自信，是一个国家、一个民族、一个政党积极向上的精神状态。习近平总书记指出："当今世界，要说哪个政党、哪个国家、哪个民族能够自信的话，那中国共产党、中华人民共和国、中华民族是最有理由自信的。"[②]这个自信就是中国特色社会主义道路自信、理论自信、制度自信、文化自信，四者统一于中国特色社会主义伟大实践。

增强中国特色社会主义道路自信。道路决定命运。在新民主主义革命

[①] 郝永平、毛强：《准确把握"学史增信"的目标要求》，《北京日报》2021年3月22日。

[②] 习近平：《在庆祝中国共产党成立95周年大会上的讲话》，人民出版社2016年版，第12页。

和社会主义革命的基础上,党领导人民进行改革开放新的伟大革命,开辟了中国特色社会主义道路,使中国大步赶上时代,创造出经济快速发展与社会长期稳定的奇迹。实践充分证明,中国特色社会主义道路是我们实现社会主义现代化的必由之路,是指引中国人民创造自己美好生活的人间正道。增强道路自信,就是保持政治定力,既不走封闭僵化的老路,也不走改旗易帜的邪路,而是坚信只有中国特色社会主义道路而没有别的道路能够引领中国进步、实现人民幸福。

增强中国特色社会主义理论自信。100年来,我们党坚持解放思想和实事求是相统一、培元固本和守正创新相统一,不断开辟马克思主义新境界,产生了毛泽东思想、邓小平理论、"三个代表"重要思想、科学发展观,产生了习近平新时代中国特色社会主义思想。习近平新时代中国特色社会主义思想开辟了马克思主义发展新境界,是指导党和人民沿着中国特色社会主义道路实现中华民族伟大复兴的科学理论。增强理论自信,就是要学懂弄通做实习近平新时代中国特色社会主义思想,用党的创新理论武装头脑、指导实践、推动工作、引领未来。

增强中国特色社会主义制度自信。100年来,我们党始终注重将有益做法与实践经验及时上升到制度层面,为推动党和人民的事业发展提供坚强保障。在新民主主义革命时期与社会主义革命和建设时期不断探索的基础上,改革开放以来,我们党不断推进社会主义制度的自我完善和发展,加强和完善国家治理,取得了历史性成就。党的十八大以来,我们党坚持改革创新,突出坚持和完善支撑中国特色社会主义制度的根本制度、基本制度、重要制度,着力固根基、扬优势、补短板、强弱项,构建了系统完备、科学规范、运行有效的制度体系,推动中国特色社会主义制度更加完善、国家治理体系和治理能力现代化水平明显提高。增强制度自信,就是既要发挥显著制度优势,又不断提升自我完善能力,把我国制度优势更好转化为国家治理效能。

增强中国特色社会主义文化自信。习近平总书记指出,文化自信是一个国家、一个民族发展中更基本、更深沉、更持久的力量。历史和现实表明,一个国家和民族要自立自强，首先在文化上要自觉自信。可以说，有没有高度的文化自信，不仅事关文化自身能否繁荣发展，而且关系到国运兴衰、民族浮沉。中国特色社会主义文化源自中华民族5000多年文明历史所孕育的中华优秀传统文化，熔铸于党领导人民在革命、建设、改革中创造的革命文化和社会主义先进文化，植根于中国特色社会主义伟大实践，积淀着中华民族最深沉的精神追求，代表着中华民族独特的精神标识，是激励全党全国各族人民奋勇前进的强大精神力量。因此，增强文化自信，就是要坚持以我为主、不忘本来、借鉴外来、面向未来，坚守举旗帜、聚民心、育新人、兴文化、展形象的使命任务，更好构筑中国精神、中国价值、中国力量。

通过党史学习教育增强"四个自信"，归根结底就是要把学习成果转化为不可撼动的理想信念，转化为正确的世界观、人生观、价值观，用信仰信念信心照亮奋斗之路，自觉做共产主义远大理想和中国特色社会主义共同理想的坚定信仰者和忠诚实践者。

增强自信是有底气的

中国特色社会主义的道路自信、理论自信、制度自信、文化自信不是盲目的，而是有底气的。这种自信来自我们党团结带领人民取得了举世瞩目的伟大成就，来自人民群众的衷心拥护和广泛认可，来自国际比较的显著优势。

来自伟大成就。实践是检验真理的唯一标准，自信的基础在于成功实践。在革命和建设的历史基础上，在开创、坚持和发展中国特色社会主义的进程中，我们党带领全国人民在实践中创造了经济快速发展和社会长期稳定"两大奇迹"。一方面，我国用几十年时间走完了发达国家几百年走过的工业化道路，成为世界第二大经济体、第一制造大国和货物贸易大国、第一外汇储备大国，经济实力、科技实力、国防实力、综合国力进入世界前列。自2002年以来，中国对世界经济增长的平均贡献率接近30%，是拉动世界经济复苏和增长的重要引擎。另一方面，我国长期保持社会和谐稳定、人民安居乐业,成为国际社会公认的最有安全感的国家之一。尤其是党的十八大以来,中国特色社会主义事业取得了全方位的、开创性的成就,实现了深层次的、根本性的变革,解决了许多长期想解决而没有解决的难题,办成了许多过去想办而没有办成的大事,迎来了中华民族从站起来、富起来到强起来的伟大飞跃。实践最有说服力。正是创造"两大奇迹"的伟大实践,为增强对中国特色社会主义的自信奠定了坚实基础。

来自人民认可。党之所以能够发展壮大,中国特色社会主义之所以能够不断前进,正是因为依靠了人民;党之所以能够得到人民拥护,中国特色社会主义之所以能够得到人民支持,正是因为造福了人民。尤其是党的十八大以来,立足于顺应人民群众对美好生活的向往,我们党深入推进反腐败斗争、打赢蓝天碧水净土保卫战、打好精准脱贫攻坚战、开展扫黑除恶专项斗争等重大举措,赢得了人心、凝聚了共识、稳定了预期。获得感幸福感安全感显著提升的人民群众,对党充满了感激之情,对美好生活增添了真切憧憬,对跟党走坚定了无比信心。

来自国际比较。进入新发展阶段,中国已开启全面建设社会主义现代化国家新征程。曾几何时,西方国家的现代化路径被奉为圭臬,更有人提出了所谓"历史终结论"。但一段时间以来,"中国之治"与"西方之乱"形成鲜明对比,尤其是在新冠肺炎疫情这场全球公共卫生危机面前,我国高质量答好疫情防控考卷,千方百计稳住经济基本盘,取得了疫情防控重大战略成果,同时成为主要经济体中第一个实现正增长的国家。相反,截至美国东部时间2021年3月16日16时26分,美国新冠肺炎累计确诊病例已超过2953万例,累计死亡病例超过53万例。同时,经济发展受到严重冲击,民众抗议此起彼伏。强烈的对比全面展示了"中国之治"的显著优势,坚定了我们的自信。

增强自信是有大用的

自信不是盲目乐观,是与忧患意识辩证统一的。习近平总书记一再告诫："无论什么时候我们都不能骄傲自满，党不能骄傲自满，国家不能骄傲自满，领导层不能骄傲自满，人民不能骄傲自满，而是要增强忧患意识、慎终追远，始终保持艰苦奋斗的作风。"①同时，增强自信是以凝心聚力和不懈奋斗为基础，以应对挑战与化解风险为前提的。在党史学习教育中增强"四个自信"，对于在新征程上统揽"四个伟大"具有极其重要的意义。

增强自信是开展伟大斗争的精神引领。在新时代进行伟大斗争具有长期性、复杂性、艰巨性，必须坚决反对一切削弱、歪曲、否定党的领导和我国社会主义制度的言行，必须坚决反对一切损害人民利益、脱离群众的行为，必须坚决破除一切顽瘴痼疾，必须坚决反对一切分裂祖国、破坏民族团结和社会和谐稳定的行为，必须坚决战胜一切在政治、经济、文化、社会等领域和自然界出现的困难和挑战。增强自信，有利于更好地激发中国共产党人永不懈怠的精神状态和一往无前的奋斗姿态，有利于做好进行伟大斗争的思想准备与工作准备，有利于发扬斗争精神、把准斗争方向、坚定斗争信心、提高斗争本领、掌握斗争艺术，进而赢得斗争胜利。

增强自信是建设伟大工程的精神旗帜。中共中央组织部统计数据显示，截至2019年底，中国共产党党员总数为9191.4万名，党的基层组织为468.1万个，是世界第一大党。在建设社会主义现代化国家的新征程上，必须把党建设得更加坚强有力，强国必先强党。增强自信，有助于在推进党的建设新的伟大工程中，消除一切损害党的先进性和纯洁性的因素，清除一切侵蚀党的健康肌体的病毒；有助于经受"四大考验"，克服"四大危险"；有助于不断增强党的政治领导力、思想引领力、群众组织力、社会号召力，确保我们党永葆旺盛生命力和强大战斗力。

增强自信是推进伟大事业的精神动力。中国特色社会主义是前无古人的伟大事业，是与现代化密切关联的。中国特色社会主义现代化既有分阶段的战略安排，又具有富强民主文明和谐美丽的全面性特征。增强自信，有利于

---

① 《十八大以来重要文献选编》（中），中央文献出版社2016年版，第83页。

进一步把握历史发展规律和大势,始终掌握党和国家事业发展的历史主动;有利于着力应对前进道路上的风险挑战,坚守不犯颠覆性错误的底线;有利于凝聚鼓舞中华民族砥砺奋进的精神力量,汇聚向第二个百年奋斗目标冲刺的磅礴伟力。

增强自信是实现伟大梦想的精神标识。实现中华民族伟大复兴是近代以来中华民族最伟大的梦想,实现这个伟大梦想是中国共产党自成立以来就肩负的历史使命。习近平总书记指出:"进入新发展阶段,是中华民族伟大复兴历史进程的大跨越。"[1]增强自信,有助于谋求最大公约数,画出最大同心圆;有助于跨越新长征路上的许多"雪山""草地",征服许多"娄山关""腊子口";有助于以更加昂扬的姿态屹立于世界民族之林,为人类追求和平与发展的崇高事业作出更大贡献。

站在"两个一百年"奋斗目标历史交会的关键节点上,拥有14亿中国人民聚合的磅礴之力,我们走自己的路,具有无比广阔的舞台,具有无比深厚的历史底蕴,具有无比强大的前进定力,具有无比坚定的自信。

在"学史崇德"中提升精神境界[2]

习近平总书记在党史学习教育动员大会上提出,"全党同志要做到学史明理、学史增信、学史崇德、学史力行"[3]。在这四个目标中,崇德是一种精神动力;学史崇德就是要崇尚对党忠诚的大德、为民造福的公德、严于律己的私德。只有做到学史崇德,学史明理才能真正入脑入心,学史增信才能坚定不移,学史力行才能务求实效,提升精神境界才能持久发力。

---

[1] 《习近平谈治国理政》第4卷,外文出版社2022年版,第151页。

[2] 郝永平、代江波:《在"学史崇德"中提升精神境界》,《北京日报》2021年3月29日。

[3] 《学党史悟思想办实事开新局 以优异成绩迎接建党一百周年》,《人民日报》2021年2月21日。

崇尚对党忠诚的大德

什么是大德？"德"在汉语中的记载，最早可追溯到先秦思想家老子所著的《道德经》一书。老子说："道生之，德畜之，物形之，势成之。是以万物莫不尊道而贵德。"可见，中国自古就有重德的优良传统，认为"德"是涵养万物的承载。"天下至德，莫大乎忠。"习近平总书记指出："对党忠诚，是共产党人首要的政治品质。"①对于共产党人来讲，忠诚于党的信仰、忠诚于党的组织、忠诚于党的理论和路线方针政策就是大德。

对党忠诚，必须忠诚于党的信仰。党的信仰就是对马克思主义的信仰，对社会主义和共产主义的信念。这是共产党人的政治灵魂，也是共产党人经受住任何考验的精神支柱。共产党人首先要修好的大德就是要铸牢理想信念、锤炼坚强党性，在大是大非面前旗帜鲜明，在风浪考验面前无所畏惧，在各种诱惑面前立场坚定。我们党一路走来，经历了无数艰险和磨难，但任何困难都没有压垮我们，任何敌人都没能打倒我们，靠的就是千千万万党员对党的信仰无限忠诚。革命年代，方志敏"敌人只能砍下我们的头颅，决不能动摇我们的信仰"的舍生取义，江善忠"死到阴间不反水，保护共产党万万年"的杀身成仁，都生动诠释了共产党人忠诚于党的信仰的大德。这也是中国共产党为什么能始终走在时代前列、经受住各种风险考验、完成历史使命的成功奥秘。

对党忠诚，必须忠诚于党的组织。党的力量来自组织。马克思主义认为，共产党是无产阶级有组织的部队，实行民主集中制和铁的纪律是其组织性的重要体现。每名党员都是党组织中的一分子，忠诚于党组织、服从于党组织是天经地义的基本要求。共产党人修大德，就是要牢记自己的第一身份是共产党员，第一职责是为党工作，做到忠诚于组织，任何时候都与党同心同德。1927年5月，党的五大选举产生了首届中央监察委员会，委员会由王

---

① 中共中央党史和文献研究院编：《习近平关于全面从严治党论述摘编》，中央文献出版社2021年版，第155页。

荷波、杨匏安等10名委员组成，他们在极端严酷的环境下开展监察工作，没有一人背叛党组织，有8人先后牺牲在刑场或战场上，1人在战争年代下落不明，最终只有1人看到了新中国的成立。回顾王荷波和他的同事们的光辉事迹，他们用鲜血书写了对党组织的无限忠诚。在新时代，共产党员更需要强化组织意识，相信组织、依靠组织、服从组织，自觉接受组织安排和纪律约束，自觉维护党的团结统一。

对党忠诚，必须忠诚于党的理论和路线方针政策。党的理论和路线方针政策是我们党坚持以马克思主义为指导，结合中国实际，在长期奋斗中探索总结出来的，并在实践中不断发展完善，具有很强的科学性和指导性，是推动党的事业发展的根本遵循。我们党自成立以来，之所以能够成功应对各种风险挑战，取得举世瞩目的伟大成就，从某种意义上说靠的就是始终以马克思主义中国化的理论创新成果为指导，贯彻落实党的路线方针政策。比如抗日战争时期，毛泽东同志和党中央就用一个电台来指挥千军万马，"嘀嗒嘀嗒"声就是党中央的决策部署，全党全军都无条件地忠实执行。正是因为坚持以毛泽东思想武装头脑，忠实执行党的路线方针政策，党领导的军队才能用"小米加步枪"战胜敌人的"飞机加大炮"。宝贵的历史经验启示我们，新时代共产党人更要自觉忠于党的理论和路线方针政策。

学史崇德，就是要从党的百年奋斗征程中感悟并崇尚一代代共产党人对党忠诚的大德，筑牢信仰之基、补足精神之钙、把稳思想之舵，牢固树立"四个意识"、坚定"四个自信"、做到"两个维护"，自觉用党的理论创新成果武装头脑，全面贯彻执行党的路线方针政策。

崇尚为民造福的公德

什么是公德？公德是指为维护社会公众的安宁和幸福所展现出来的良好品行和高尚情操。习近平总书记指出："守公德，就是要强化宗旨意识，全心全意为人民服务，恪守立党为公、执政为民理念，自觉践行人民对美好生活的向往就是我们的奋斗目标的承诺,做到心底无私天地宽。"①中国自古就有大道之行、天下为公的民本思想,强调为公就是大道、为民即是公德。中国共产党人批判地继承了民本思想的合理因素,秉持"江山就是人民,人民就是江山"的执政理念,坚持立党为公、执政为民,始终把群众路线贯彻到治国理政全部活动中。毫无疑问,造福于民是我们党坚持人民至上价值追求的集中体现,也是共产党人必须崇尚的基本公德。

为民造福,必须不怕牺牲。马克思主义认为,人民群众是历史的创造者,无产阶级的运动是为绝大多数人谋利益的独立的运动,无产阶级政党是为绝大多数人谋利益的政党。中国共产党作为马克思主义政党,党性和人民性从来都是一致的、统一的,除人民利益之外没有自己的特殊利益,党的一切工作都是为了实现好、维护好、发展好最广大人民根本利益。在党的百年波澜壮阔的历史进程中,共产党人为了人民的利益,前赴后继地进行了艰苦卓绝的斗争,付出了巨大牺牲。据不完全统计,毛泽东同志一家为革命牺牲了6位亲人,徐海东大将家族牺牲70多人,贺龙元帅宗亲牺牲2000多人,全国仅有据可查的烈士就达370多万人。事实证明,近代以来,没有一个政党能像我们党这样,能为了人民的利益作出如此巨大的牺牲。也正是共产党人用鲜血和生命践行了"为党和人民牺牲一切"的铮铮誓言,才赢得了人民的强有力支持,建立了人民当家作主的政权。

为民造福,必须不怕吃苦。《中国共产党廉洁自律准则》明确要求,共产党员要坚持吃苦在前,享受在后,甘于奉献。回望来时路,我们党取得一切伟大成就,无不是苦出来、干出来的。彭德怀同志坦言:"我彭德怀参加共产党,党给我唯一的'特权',就是带头吃苦。"在社会主义建设时期,福建东山的人民群众自发形成了一个习俗,每逢春节、清明等传统节日,都会"先祭谷公、后祭祖宗",他们带着朴素的感情缅怀带领他们艰苦奋斗、

---

① 中共中央党史和文献研究院编:《习近平关于社会主义精神文明建设论述摘编》,中央文献出版社2022年版,第197页。

战胜贫困、过上好日子的谷文昌。这只是千百万共产党人为造福人民不怕苦、能吃苦的一个缩影，展示了共产党人以苦为乐、以苦为荣、勇于吃苦、带头吃苦的壮阔胸怀和崇高品德。前进道路上，还会有新的"娄山关""腊子口"要闯，有新的"雪山""草地"要跨越，我们更要大力发扬不怕苦、能吃苦的精神，在新时代创造新的历史辉煌。

为民造福，必须不怕吃亏。不怕吃亏、甘愿吃亏体现的是共产党人"采得百花成蜜后，为谁辛苦为谁甜"的无私奉献精神，反映的是共产党人"毫不利己，专门利人"的爱民为民情怀。为了实现共同富裕，兑现"全面小康一个也不能少"的庄严承诺，我们党展开了新时代脱贫攻坚的大决战，数百万党员干部舍小家为大家，奔向边远的贫困地区，将最美的年华无私奉献给了脱贫事业，涌现出许多感人肺腑的先进事迹，如献身教育扶贫、点燃大山女孩希望的张桂梅，用实干兑现"水过不去，拿命来铺"誓言的黄大发，回乡奉献、谱写新时代青春之歌的黄文秀等。历史充分证明，我们之所以能在共同富裕道路上阔步向前，正是因为许多优秀共产党人甘于清贫、乐于奉献、勇于吃亏，不计得失地为人民办实事办好事，才使9899万农村人口全部摆脱贫困，才创造出又一个彪炳史册的人间奇迹，也必将使党同人民的血肉联系更加坚实。

学史崇德，就是要从党的非凡历史中感悟并崇尚一代代优秀共产党人在革命、建设和改革进程中展现出来的为维护人民利益而不怕牺牲不怕吃苦不怕吃亏的崇高品德，不断追求"我将无我，不负人民"的精神境界，坚守并践行全心全意为人民服务的根本宗旨。

崇尚严于律己的私德

什么是私德？私德是私人生活中的道德规范。习近平总书记指出："严私德，就是要严格约束自己的操守和行为。"[1]网络上有句流行语：私德若

---

[1] 中共中央党史和文献研究院编：《习近平关于社会主义精神文明建设论述摘编》，中央文献出版社2022年版，第197页。

是"光着脚",公德注定"无法跑"。这一语道破了"私德不立,公德难守,大德难彰"的内在关联。共产党人的私德包含很多内容,但有三个方面是最基本的:从自身修炼的方面讲,就是要严于修身,不断提升自己的思想境界,做到慎独慎微;从外在监督的方面讲,就是要习惯于在监督约束条件下工作与生活;从管好身边人的方面讲,就是要严格家教家风,做良好家风建设的表率。

严于律己,必须坚持严于修身、慎独慎微。修身是立身之基、从政之道、成事之要。马克思主义认为,共产党是由工人阶级中有共产主义觉悟的先进分子所组成的,共产党的成员必须是"最坚定的共产主义者也是最勇敢的士兵"[1]。为了保持党的先进性和纯洁性,共产党人必须进行严格的自我修炼。早在延安时期,毛泽东同志就明确指出,共产党员要做"一个高尚的人,一个纯粹的人,一个有道德的人,一个脱离了低级趣味的人,一个有益于人民的人"[2]。刘少奇同志强调"每个党员都必须从各方面加强自己的锻炼和修养"[3]。共产党人是这么说的,也是这么做的。周恩来同志经常以《我的修养要则》对照言行,吴玉章同志一辈子坚守"自省座右铭",谢觉哉同志常与自己"打官司"。老一辈革命家严于修身律己的事迹为我们学史崇德提供了历史镜鉴,树立了光辉榜样。

严于律己,必须习惯在监督约束下工作生活。能不能正确对待、自觉接受党和人民监督,是衡量党性修养和道德水平的重要标尺。中央苏区时期,我们党就提出"为了巩固工农民主专政,苏维埃必须吸引广大民众对于自己工作的监督与批评"。延安时期"让人民来监督政府"的"窑洞对"至今仍被广泛传颂。《关于新形势下党内政治生活的若干准则》明确指出,"党内不允许有不受制约的权力,也不允许有不受监督的特殊党员""领导干部要正确对待监督,主动接受监督,习惯在监督下开展工作,决不能拒绝监

---

[1] 《马克思恩格斯全集》第10卷,人民出版社1998年版,第94页。
[2] 《毛泽东选集》第2卷,人民出版社1991年版,第660页。
[3] 《刘少奇年谱(1898—1969)》上卷,中共中央文献研究室1996年版,第258页。

督、逃避监督"。①监督是阻止越轨的"刹车器",也是防止蜕变的"防腐剂"。在监督的环境下工作生活,表面上看约束多了,其实是给成长进步加了一道防波堤、上了一把安全锁。新时代的共产党人,必须树立更高标准自觉接受监督,把党和人民的监督视作最大的关心、最好的保护、最真诚的帮助,养成在监督约束下工作与生活的习惯。

严于律己,必须严格家教家风。家教家风是共产党人的私德的重要体现,具有涵养道德、厚植文化、润泽心灵的德治作用。注重家教家风建设,是我们党的优良传统,也是加强私德建设的重要内容。比如,毛泽东同志确立了"恋亲不为亲徇私,念旧不为旧谋利,济亲不为亲撑腰"的亲情"三原则",罗荣桓同志提出了"永远做老实人、靠自己的本事吃饭、不要搞特殊"的家训家规,等等。老一辈革命家以近乎苛刻的家教家风家规要求,树起了崇高的精神风范,展现了强大的人格魅力,彰显了共产党人怀德自重的精神境界。当前,面对新时代新形势新要求,面对履职尽责的各种考验和挑战,面对现实中的种种诱惑和"围猎",必须更加注重加强家教家风建设,为身边人作出榜样、当好表率。

学史崇德,就是要在党史学习中感悟并崇尚老一辈革命家严于修身律己、自觉接受监督约束、严格家教家风的伟大品格,自觉把个人追求和人生价值体现在为党和人民事业奋斗之中,做到在生死考验前大义凛然、在苦乐考验中矢志不渝、在公私考验前高风亮节,不断提升共产党人的精神境界。

在"学史力行"中彰显担当作为②

质胜于华,行胜于言,党史学习不仅在于知,更在于行。习近平总书记在党史学习教育动员大会上强调,"全党同志要做到学史明理、学史增信、

---

① 《关于新形势下党内政治生活的若干准则》,人民出版社2016年版,第37-38页。
② 郝永平、孙林:《在"学史力行"中彰显担当作为》,《北京日报》2021年4月12日。

学史崇德、学史力行"①。学史力行是明理、增信、崇德的归宿与落脚点，是开展党史学习教育的关键环节。学史力行，要行之有力、行之有效，达到"力行而后知之真"，以破解知行"两张皮"难题。在"学史力行"中彰显担当作为，必须在听从中央号令上雷厉风行，在岗位履职尽责上大显身手，在为群众办实事上尽心竭力，在提升自身修养上走在前列。

在听从中央号令上雷厉风行

习近平总书记指出："要教育引导全党从党史中汲取正反两方面历史经验，坚定不移向党中央看齐，不断提高政治判断力、政治领悟力、政治执行力……自觉在思想上政治上行动上同党中央保持高度一致，确保全党上下拧成一股绳，心往一处想、劲往一处使。"②百年以来，我们党从小到大，从弱到强，从近代中国数百个政党中脱颖而出，在世界数千个政党中卓尔不群，一条重要的经验就是上下团结一致，党中央一发出号令，党员干部就闻令而动，以"其疾如风，其徐如林，侵掠如火，不动如山"的战斗姿态，战胜前进道路上的一切困难和挑战。

从百年党史看，这条经验践行得好，党的事业就大踏步前进，反之则遭受挫折。1945年抗日战争胜利后，东北成为战略焦点，党中央高瞻远瞩地决定从各根据地抽调党员干部和部队进入东北，21名中央委员和候补中央委员、2万多名党员干部、10余万部队先后奔赴东北。这样大范围、大规模的人员调动，涉及党员干部的去留升迁，但没有人讨价还价，一切为了战略大局，一切服从中央部署。进军东北开辟解放区、打赢辽沈战役，大大促进了解放战争进程，为全国解放奠定了坚实的基础。反观1935年张国焘自恃地方力量强大，个人野心膨胀，反复拒绝执行党中央关于北上的战略方针，甚至还企图危害党中央。后率左路军南下，于10月另立"中央"，犯下反党分裂

---

① 《学党史悟思想办实事开新局　以优异成绩迎接建党一百周年》，《人民日报》2021年2月21日。

② 习近平：《在党史学习教育动员大会上的讲话》，人民出版社2021年版，第23页。

主义严重错误,最终给党的革命事业造成严重损失。

事在四方,要在中央。回顾过去,党的历史反复证明,坚持党中央集中统一领导,坚决听从党中央号令,是党的生命力、战斗力的关键所在,是党不断成长壮大、创造世纪伟业的关键所在。面向未来,我们要在新时代新长征路上突破新的"娄山关""腊子口",必须从党的历史中汲取经验与智慧,做到党中央号令,坚决响应、令行禁止、使命必达;党中央重大决策部署,不打折扣、不做选择、不搞变通地贯彻落实,以实际行动严守党的政治纪律和政治规矩,切实做到"两个维护"。

在岗位履职尽责上大显身手

时代造就英雄,伟大来自平凡。百年以来,我们党在不同历史时期进行伟大斗争、建设伟大工程、推进伟大事业、实现伟大梦想,都离不开党员干部在各自平凡的岗位上履职尽责、担当作为。正如繁星绘就苍穹、细流汇成江海,无数党员干部在不同岗位上为了共同目标倾力倾情奉献,才合力创造革命、建设、改革时期一系列举世瞩目的伟大成就。

从革命年代"人与阵地共存亡"到建设时期"为党和人民当一辈子老黄牛",从改革开放新时期"杀出一条血路来"到新时代"白衣执甲抗疫,尽锐出战扶贫",无数党员干部把岗位当作战位,大公无私、公而忘私,谱写了无数可歌可泣的动人故事。1950年11月在长津湖之战中,南逃的美军见到了这样悲壮的一幕:一排排志愿军战士俯卧在零下40多摄氏度的阵地上,手握钢枪、手榴弹,保持着战斗姿态和队形,因酷寒被冻成了"冰雕",成建制地牺牲在阵地上。"冰雕连"全体指战员在高寒地区狙敌,为了不暴露目标,在漫天冰雪中如烈火中的邱少云一样,为了战斗的胜利,宁死也要坚守战位。一名战士在绝笔诗中写道:"我爱亲人和祖国,更爱我的荣誉。我是一名光荣的志愿军战士,冰雪啊!我决不屈服于你,哪怕是冻死,我也要高傲地耸立在我的阵地上。"1960年,东北松辽石油大会战打响,王进喜带领1205钻井队参战,钻机到了,但没有吊车和拖拉机,汽车也不足。王进喜带领全队工人用撬杠撬、滚杠滚、大绳拉的办法把钻机卸下来后运到井场,仅用4天时间把40米高的井架竖立在茫茫荒原上。井架立起来后,没有打井用的水,王进喜组织职工到附近的水泡子破冰取水,带领大家用脸盆端、水桶挑,硬是靠人力端水50多吨,保证了按时开钻,在如此艰苦的工作条件下创造5天4小时打一口中深井的纪录,为会战立下大功。在百年党史上,这样的故事不胜枚举。

昨天是今天的历史,今天是明天的历史,百年党史一脉相承。新时代,我们党团结带领人民进行伟大斗争、建设伟大工程、推进伟大事业、实现伟大梦想,不是抽象地宏大叙事,而是要具体落实到每个地区、每个行业、每个单位、每个党支部直至每个党员干部。学史力行就是要继承和发扬先辈们的奉献精神,在"国之大者"中明确使命职责,在历史任务中找准角色定位,在实际工作中做到履职奉献。在工作岗位上,既正确处理好公与私、义与利、得与失的关系,做到"守土有责、守土担责、守土尽责",又积极担当作为,创造性地开展工作,做出无愧于党和人民、无愧于历史和时代的成绩,在成就党和人民的伟大事业中成就自我。

在为群众办实事上尽心竭力

为什么人的问题,是检验一个政党、一个政权性质的试金石。我们党自成立以来把全心全意为人民服务作为根本宗旨,始终把实现好、维护好、发展好人民群众的根本利益作为自己的奋斗目标。在革命、建设、改革历程中,我们党先后为民族独立、人民解放而战斗,为国家富强、人民富裕而奋斗,不断解决人民群众最关心最直接最现实的问题,赢得了人民信任,得到了人民支持,受到了人民拥护,才成功应对无数风险挑战、克服无数艰难险阻,成就百年伟业。

百年党史,是一部践行初心使命的历史,是一部与人民心连心、同呼吸、共命运的历史,也是一部为人民群众解难题、办实事的历史。在土地革命时期,毛泽东同志指出,"我们对于广大群众的切身利益问题,群众的生活问题，就一点也不能疏忽，一点也不能看轻"①。他特别强调："解决群众的穿衣问题，吃饭问题，住房问题，柴米油盐问题，疾病卫生问题，婚姻问题。总之，一切群众的实际问题，都是我们应当注意的问题。"②1933年4月，临时中央政府从瑞金叶坪迁到沙洲坝后，毛泽东同志发现当地用水紧张，就组织干部、战士用大楠竹做材料，铺设简易水管，用大木桶蓄水，缓解当地群众饮水困难。为彻底解决饮水问题，他还带着区乡干部和红军战士跋山涉水勘定水库坝址，在村里打井。有一位老婆婆双手捧起清冽的井水，高兴地说："毛主席，您真替我们把什么心都操到了。"抗日战争时期，中共关中分委驻马家堡时，农民马团儿的妻子生小孩时发生难产，情况危急。习仲勋知道后，即派警卫员帮忙请来大夫，买了药品，使婴儿顺利出生，母子平安。全家人感动得不知道说什么好！

百年以来，一代又一代共产党人正是把人民群众冷暖挂在心上，无微不至地关爱人民群众，尽心竭力为人民群众办实事、办好事，赢得了广大人民群众的认同与拥护。新时代，我国社会的主要矛盾已经转化为人民日益增长的美好生活需要和不平衡不充分的发展之间的矛盾，人民对美好生活的向往就是我们党的奋斗目标。学史力行就是要传承党的光荣传统和优良作风，在实际工作中切实满足人民群众对就业、教育、医疗、居住、养老等物质文明方面的美好生活需要，满足对自由、平等、公正、法治等政治文明方面的美好生活需要，满足思想、道德、科学、文化等精神文明方面的美好生活需要，以此检验党史学习教育的成效。

在提升自身修养上走在前列

打铁还要自身硬，不断提升自身修养、增强拒腐防变和抵御风险能力，是共产党人的自我追求和永恒主题。习近平总书记指出："党的百年历史，

---

① 《毛泽东选集》第1卷，人民出版社1991年版，第136页。
② 《毛泽东选集》第1卷，人民出版社1991年版，第136-137页。

也是我们党不断保持党的先进性和纯洁性、不断防范被瓦解、被腐化的危险的历史。"①我们党是由先进分子组成的先锋队，具有保持先进性和纯洁性的高度政治自觉。从革命、建设到改革，党勇于开展自我革命，敢于直面问题刮骨疗毒，努力消除一切损害党的先进性和纯洁性的因素，清除一切侵蚀党的健康肌体的病毒，确保党永葆旺盛生命力和强大战斗力。

百年党史，我们党在不断自我净化、自我完善、自我革新、自我提高中一路走来，不断提升自身修养是对每一名共产党员的严格要求。不管是什么人，只要不注意提升自身修养，腐化蜕变，违反党纪国法，都要被严肃问责、严格惩处。土地革命时期，叶坪村苏维埃政府主席谢步升利用职权贪污打土豪所得财物，偷盖苏维埃临时中央政府管理科公章，伪造通行证并私自贩运物资到白区出售，谋取私利。他为了掠取钱财甚至还秘密杀害红军干部。面对谢步升案，毛泽东同志非常生气并指示说："腐败不清除，苏维埃旗帜就打不下去，共产党就会失去威望和民心！与贪污腐化作斗争，是我们共产党人的天职，谁也阻挡不了！"从谢步升开始，唐达仁、黄克功、刘青山、张子善等腐败分子被清除出党的队伍，成为反面教材。在党史上，更多涌现的是道德高尚、严于律己的光辉榜样，如在第五次反"围剿"失利后，江西省苏维埃政府主席刘启耀背着金条乞讨数年，历尽千辛万苦寻找党组织继续干革命，不动用分毫党的经费。在长征过雪山途中，有个同志穿着单薄的旧衣服被冻死，指挥员让把军需处长叫来，想问问他为什么不给这个被冻死的同志发棉衣，队伍里的同志含泪告诉他，被冻死的这个同志就是军需处长。

物必先腐，而后虫生。学史力行就是要通过总结历史经验教训，在新时代全面从严治党条件下，不断提升自身修养，增强拒腐防变和抵御风险能力。要坚持慎独慎初慎微，从小事小节上正心明道，自觉净化工作圈、朋友圈，管好身边人、身边事，树立良好家风，严以修身；坚持不搞特权、不以

---

① 习近平：《在党史学习教育动员大会上的讲话》，人民出版社2021年版，第18页。

权谋私,将权力关进制度的笼子,严以用权;坚持三省吾身,心存敬畏、手握戒尺,时刻自重、自省、自警、自励,严以律己。只有在不断提升自身修养上严格要求、走在前列,才能在新时代赓续共产党人的精神血脉,在全面建设社会主义现代化国家的新征程上建功立业。

心得体会

2021年2月20日,中央召开党史学习教育动员大会,习近平总书记提出了"学史明理、学史增信、学史崇德、学史力行"的目标要求。应《北京日报》的邀请,我们及时写出理论阐释与解读文章,从3月15日到4月12日每周刊发一篇,为党史学习教育的开展及时发声,做一些有益工作。

把握好引证权威与合理的关系

理论文章要言之有据。

我们写作的是理论文章，宣传的是党的创新理论，而马克思主义中国化时代化的最新理论成果是习近平新时代中国特色社会主义思想。写作理论文章时，针对某一选题必须进行权威引证。权威引证是指在引证习近平总书记的重要讲话时在字、词、句上都要保持一致。

比如，统揽"四个伟大"，不能说成统筹或总揽"四个伟大"；坚持和加强党的全面领导，其内涵是提高党把方向、谋大局、定政策、促改革的能力和定力，不能随便增加字词；创新、协调、绿色、开放、共享，是新发展理念，不能说成是五大发展理念。

在引用时需要特别注意区分一些相近的概念。比如"布局"，有中国特色社会主义事业总体布局和战略布局，还有"5+2"党的建设总体布局。又如"目标"，有新时代坚持和发展中国特色社会主义的奋斗目标、全面深化改革的总目标，还有新时代党的建设总目标。

在引证时也要注意把握党的创新理论的正确表述。比如，总体上是习近平新时代中国特色社会主义思想，具体有习近平强军思想、习近平经济思想、习近平法治思想、习近平生态文明思想、习近平外交思想等。2023年6月概括出"习近平总书记关于党的建设的重要思想"，2023年10月发布了"习近平文化思想"，2024年1月又提炼出"习近平总书记关于党的自我革命的重要思想"，等等。

同时，权威引证还指数据、史实和有关材料一定要出自权威部门，如外交部、国家发展改革委、国家统计局、"学习强国"、人民网、新华网、央视网等，不能来自不可靠途径。

另外，引证要合理，既不能没有引证，也不能引证过多。

> 理论文章这样写

把握好语言规范性与生动性的关系

理论文章要讲究语言既规范又生动。

文章语言的规范性集中体现在语言表达的准确性、简洁性与学术性，即需要用学术性的规范用语，将研究内容简洁清晰地进行表达，避免用词生僻、含义模糊、引发歧义等。

好文章既要说清事理基础，更要兼顾升华出彩，只有入情，才能动人。党媒理论文章肩负的重要使命是，铸造人的灵魂，推动党的创新理论"飞入寻常百姓家"。只有从群众的立场和角度着笔，用心、用情书写，抒发真情实感，才能字字"生花"、句句鲜活，让文字更有深度、更有温度。

如果说规范性是基本要求、生动性是更高目标，那么坚持语言规范性与生动性的统一则是写作理论文章的可靠支撑。

示例文章 1

进行伟大斗争是复兴之路上的必修课[①]

进行具有许多新的历史特点的伟大斗争，是以习近平同志为核心的党中央治国理政的一个突出特点。党的十九大报告指出："实现伟大梦想，必须进行伟大斗争""我们党要团结带领人民有效应对重大挑战、抵御重大风险、克服重大阻力、解决重大矛盾，必须进行具有许多新的历史特点的伟大

[①] 郝永平、黄相怀：《进行伟大斗争是复兴之路上的必修课》，《经济日报》2019年6月17日。

斗争"。①深刻把握和准确阐发这一重大论断,是学习和研读习近平新时代中国特色社会主义思想的一个重要视角。党的十八大以来国内外形势的变化和我国各项事业的发展充分表明,进行伟大斗争是实现中华民族伟大复兴之路上的必修课,也是必须修好的一门主课。

新时代进行伟大斗争具有新的更加丰富的内涵

社会主义建设初期,党在领导经济建设中曾取得重要成就,但一度出现了失误,遭受了损失。为了总结经验和教训,搞好社会主义建设,毛泽东同志在1962年指出:"从现在起,五十年内外到一百年内外,是世界上社会制度彻底变化的伟大时代,是一个翻天覆地的时代,是过去任何一个历史时代都不能比拟的。处在这样一个时代,我们必须准备进行同过去时代的斗争形式有着许多不同特点的伟大的斗争。"②2012年,面对复杂多变的国际形势和艰巨繁重的改革任务,党的十八大报告提出了一个重要的表述:"发展中国特色社会主义是一项长期的艰巨的历史任务,必须准备进行具有许多新的历史特点的伟大斗争。"③作出这样一个判断,既是对毛泽东同志有关重要论述的继承和阐发,又具有新的时代背景下的深邃思考。伟大斗争绝不是一句简单的口号,而是体现为实际的行为举措。伟大斗争的指向是明确的,就是针对那些不斗争不足以解决的问题;伟大斗争的方法途径也是明确的,就是用精准有效的手段来推进;伟大斗争所追求的目标也是明确的,就是赢得主动、赢得未来、赢得胜利。由是观之,党的十八大以来,以习近平同志为核心的党中央统筹推进"五位一体"总体布局、协调推进"四个全面"战略布局,使党和国家事业取得了历史性成就、发生了历史性变革,其中无疑包

---

① 习近平:《决胜全面建成小康社会　夺取新时代中国特色社会主义伟大胜利——在中国共产党第十九次全国代表大会上的报告》,人民出版社2017年版,第15页。

② 《毛泽东文集》第8卷,人民出版社1999年版,第302页。

③ 胡锦涛:《坚定不移沿着中国特色社会主义道路前进　为全面建成小康社会而奋斗——在中国共产党第十八次全国代表大会上的报告》,人民出版社2012年版,第13页。

含着开展伟大斗争所起的不可替代的作用。

在和平年代进行治国理政需要"两手","柔"的一手和"刚"的一手都不可缺少。在"刚"的一手中,必然就包含着"斗争"这样的形式。我们既要搞和平建设,也不能放松斗争的警惕性。把伟大斗争、伟大工程、伟大事业、伟大梦想作为一个完整体系来阐述,并把伟大斗争置于首位,是以习近平同志为核心的党中央的一个重大理论创新。强调伟大斗争的作用在于,使人们能够始终对矛盾、问题和隐患保持较高的警惕、警醒和警觉,"夙兴夜寐,朝乾夕惕",不至于陷入"温水煮青蛙"的境地而不自知。这是治疗发展条件好了之后容易滋生的"富贵病"的一剂良药,也是治疗承平日久之后容易滋生的"麻木症"的一剂猛药。

需要指出的是,以理性态度科学把握其本质,厘清伟大斗争的合理边界,澄清一些模糊认识,是进行伟大斗争的重要前提。必须明确:开展伟大斗争,不是要回到极"左"思想泛滥的年代,不是要搞得你死我活,而是为应对复杂多变的客观形势与艰巨繁重的历史任务,对某些敌对势力、犯罪分子或一些重大阻力所采取的斗争行动;开展伟大斗争,不是"瞎折腾",不是搞无法治、破坏法治的运动,而是依靠人民群众的支持,在法治轨道上进行斗争;开展伟大斗争,不是淡化以经济建设为中心,也不是要动摇党的基本路线,而是服务于坚持与贯彻党的基本路线;开展伟大斗争,不是要制造紧张气氛,而是要根据不同情况选择不同斗争方式,做到居安思危,坚守底线思维,最大限度实现社会和谐,最大限度促进世界和平。

新时代进行伟大斗争是由党和国家事业发展的客观形势所决定的

对中国共产党人来说,要做好历史的答卷,不断迎接历史"大考",伟大斗争不是选修课而是必修课。当前和今后一个时期,来自国际与国内一些领域的重大风险、挑战、阻力,都是伟大斗争的对象所指。

从世情看,随着中国日益走近世界舞台的中央,"盼中国好"的力量在增加,同时"盼中国不好"的力量也在增加。特别是一些随着中国崛起而产生强烈"失落感""威胁感"的国家，必然会在国际贸易、意识形态等多个领域对中国采取不友好的态度乃至实际的行动。当一些态度和行动以极端化的方式直指中国的时候，也就是中国需要用斗争方式"亮剑"的时候。

从国情看，目前中国已进入从主要解决"发展起来"的问题，到既要解决"发展起来"的问题又要解决"发展起来以后"的问题的阶段。解决"发展起来以后"的问题，任务更加艰巨复杂。当国家的领土与安全面临严重威胁的时候，当一些腐败分子不惜牺牲国家和人民利益而违法乱纪、谋取私利的时候，当一些错误思想试图混淆群众视听、制造思想混乱的时候，就需要拿起斗争的武器。

从党情看，党面临着许多重大挑战，集中起来可以概括为"四大考验"和"四大危险"：长期执政考验、改革开放考验、市场经济考验、外部环境考验，是长期的、复杂的、严峻的；精神懈怠危险，能力不足危险，脱离群众危险，消极腐败危险，更加尖锐地摆在全党面前。上述考验和危险的任何一个因素，一旦演化为系统性的风险，无疑将对党长期安全执政与实现自身历史使命构成严重威胁。为了避免出现这样的情形，必然的选择就是进行伟大斗争。须知，任何"娄山关""腊子口""大渡河"都是打过去、冲过去的，都不是敲锣打鼓、轻轻松松过去的。

因此，伟大斗争之所以伟大，主要不在于波澜壮阔，不在于惊心动魄，不在于威武雄壮，而在于其具有崇高追求，这就是始终把人民利益摆在至高无上的地位。实现祖国完全统一是中华民族的根本利益所在，谁要是搞分裂活动、威胁到祖国的统一，就一定要与之开展斗争。坚持党的领导和社会主义制度是人民的选择，是实现好维护好发展好人民利益的最高政治力量和制度保障，谁要是否定和破坏党的领导和社会主义制度，就一定要与之开展斗争。全面发展、公平正义等代表着人民对美好生活的向往，谁要是阻挠人民需要的满足和人民利益的实现，就一定要与之开展斗争。

新时代进行伟大斗争需要更加遵循规律讲求方法

在承认斗争的重要性的前提下，运用斗争方式解决矛盾和问题的最重要原则和经验，是具体问题具体分析。简单说来就是：斗争，是必要的；何时和怎样斗争，是要看具体情况的。这就要求，新时代进行伟大斗争，要遵循斗争的特点和规律，一方面要不怕斗、敢于斗，另一方面要善于斗、巧于斗。

首先，要发扬斗争精神。斗争精神是进行伟大斗争所必备的。中国共产党人在改造主客观世界的过程中，十分注重充分发挥人的主观能动性。在既定的客观条件下，主观能动性的发挥在某种意义上具有非常重要的作用。斗争精神是人的主观能动性的集中体现，是人的精神谱系中的重要元素。"狭路相逢勇者胜"，正是由于斗争精神的发扬，中国共产党人在革命、建设、改革等不同时期，无往而不胜；面向未来，只有继续发扬斗争精神，中国共产党才能夺取新时代中国特色社会主义伟大胜利。

其次，要增强斗争本领。毛泽东同志曾指出：我们队伍里边有一种恐慌，不是经济恐慌，也不是政治恐慌，而是本领恐慌。习近平总书记在党的十九大报告中强调，"我们党既要政治过硬，也要本领高强"[1]。从现实看，当前部分党员干部在工作中面临着"老办法不管用、新办法不会用、硬办法不敢用、软办法不顶用"等问题，出现了不同程度的"本领恐慌"。进行具有许多新的历史特点的伟大斗争，不提高各种本领，显然是不行的。提高斗争本领说到底就是提高战胜艰难险阻、争取完成目标任务的能力。党员干部只有通过各种方式锤炼，不断提高各种本领，才能适应不断变化的形势，完成艰巨复杂的任务。

再次，讲究斗争策略。一般来说，革命年代的斗争敌我分明，对革命者最突出的要求就是要"一不怕苦，二不怕死"。但在新时代，一般来说，敌

---

[1] 习近平：《决胜全面建成小康社会　夺取新时代中国特色社会主义伟大胜利——在中国共产党第十九次全国代表大会上的报告》，人民出版社2017年版，第68页。

我之间的界线以及矛盾表现形式和运动特点都发生了不少变化，在需要斗争勇气的同时更需要斗争的艺术。唯物辩证法认为，矛盾在一切事物及其运动中存在的特点是不相同的，这就是矛盾的特殊性。每一事物内部的矛盾特殊性构成它区别于其他事物的特殊本质。认识事物，最主要的是认识事物的特殊性；研究问题，最主要的是研究问题的特殊性。矛盾的特殊性决定了矛盾解决方法的特殊性。

最后，坚持法治原则。运用法治思维和法治方式开展斗争，是现代社会的基本要求和特征。以破坏法治为代价搞所谓群众运动带给我们的教训极其深刻，无论如何都要坚决避免。依法治国要求推进一切工作要于法有据。在开展伟大斗争的过程中，要严格按法律办事，树立法治权威。

总之，坚持和发展中国特色社会主义，实现中华民族伟大复兴，为人类作出新的更大贡献，都离不开"具有许多新的历史特点的伟大斗争"。在新时代进行伟大斗争，实现好、发展好、维护好人民利益，捍卫好中国的国家主权和核心利益，是中国共产党的历史担当。正因为始终代表中国最广大人民的根本利益，为人类进步事业而奋斗，中国共产党才有开展伟大斗争的底气、勇气、正气，也才能在广泛的拥护与支持下修好复兴之路上的这门必修课。

心得体会

本文以规范的行文和生动的语句阐释了伟大斗争与民族复兴的关系，强调进行伟大斗争是实现中华民族伟大复兴之路上的必修课，也是必须修好的一门主课。文章提出，这是治疗发展条件好了之后容易滋生的"富贵病"的一剂良药，也是治疗承平日久之后容易滋生的"麻木症"的一剂猛药。新时代进行伟大斗争不是我们共产党人爱斗喜斗好斗，而是由客观情势决定的。

示例文章 2

紧扣民心这个最大的政治[①]

习近平总书记在第十九届中央政治局第六次集体学习时指出,加强党的政治建设,要紧扣民心这个最大的政治,把赢得民心民意、汇集民智民力作为重要着力点。"紧扣民心这个最大的政治"的要求,体现出我们党来自人民、植根人民、服务人民的本质,彰显了党的根基在人民、血脉在人民、力量在人民的特征。无论过去、现在还是将来,以人民为本、密切联系群众都是我们党从胜利走向胜利的最大政治优势,"赢得民心民意、汇集民智民力"都是我们党治国理政的永恒课题。

"意莫高于爱民,行莫厚于乐民。"紧扣民心这个最大的政治,就要始终把人民的期盼变成党的奋斗目标。坚持一切为了人民,带领人民不断创造美好生活,把人民对美好生活的向往作为奋斗目标,反映了中国共产党人的根本政治立场和根本宗旨,也是新时代中国特色社会主义的根本追求。在新时代有效赢得民心,最根本的就是要顺应人民群众的愿望要求,急人民之所急、想人民之所想,与人民同呼吸、共命运,手挽手、心连心。经过改革开放40年的发展,我国社会生产力水平明显提高,人民对美好生活的向往也更加强烈。人民群众期盼有更好的教育、更稳定的工作、更满意的收入、更可靠的社会保障、更高水平的医疗卫生服务、更舒适的居住条件、更优美的环境、更丰富的精神文化生活。习近平总书记指出:"人民对美好生活的向往,就是我们的奋斗目标。"[②]为人民谋幸福是共产党人的初心。我们任何时候都不能忘掉这个初心。新时代我国社会的主要矛盾已经转化为人民日益增长的美好生活需要和不平衡不充分的发展之间的矛盾。顺应人民对美好生活的向往,就要紧紧抓住并着力解决好这个主要矛盾,从人民群众最关心、

---

① 郝永平、黄相怀:《紧扣民心这个最大的政治》,《求是》2018年第18期。
② 《人民对美好生活的向往 就是我们的奋斗目标》,《人民日报》2012年11月16日。

最直接、最现实的利益权益问题入手，真心实意为群众谋利益，扎扎实实为群众办实事、办好事，使人民获得感、幸福感、安全感更加充实、更有保障、更可持续。

"因民之利而导之，顺民之意而能之。"紧扣民心这个最大的政治，就要坚持不懈地解决人民厌恶与痛恨的问题。无论是传统政治理论的学说，还是马克思主义的教导，包括一些国家的前车之鉴，都反复提醒我们，人民所厌恶与痛恨的问题，必须下决心解决，否则后果难以想象。人民群众最痛恨腐败，腐败问题对我们党的伤害最大，严惩腐败分子是党心民心所向，我们必须以零容忍态度，坚决彻底铲除这个寄生在党的肌体上的毒瘤。人民群众最厌恶"四风"，作风问题关系党的形象，关系人心向背，关系党的生死存亡，我们对形式主义、官僚主义、享乐主义和奢靡之风等各种人民群众深恶痛绝的不良作风必须一抓到底，决不能松口气、决不能留死角。为政清廉才能取信于民，秉公用权才能赢得人心。我们要大力营造风清气正的政治生态，大力清除一切侵蚀党的健康肌体的病毒，以自我革命的精神，勇于"刮骨疗毒""壮士断腕"，使我们党永远赢得人民群众的信任和拥护。

"民之所好好之，民之所恶恶之。"紧扣民心这个最大的政治，就要以人民的评判作为改进工作的标准。时代是出卷人，我们是答卷人，人民是阅卷人。我们党一切工作的成败得失必然要由人民来检验，以人民拥护不拥护、赞成不赞成、高兴不高兴、答应不答应作为最高标准，把党的群众观点、群众路线植根于思想中，落实到行动上，体现在标准里。群众拥护什么就鼓励什么，群众期盼什么就做好什么，群众反对什么就纠正什么。不能满足于"只要不出事，宁愿不做事""不求过得硬，只求过得去""不怕群众不满意，就怕领导不注意"。只有倾听百姓的心声，以群众是否满意为标准，才能真正检验出我们工作做得对不对、思考问题全不全、落实到位不到位；也才能切实增强服务意识、改进服务作风、提高服务能力。要充分尊重群众享有的知情权、参与权、表达权、监督权，真心实意地请群众提出问题,让群众参与监督,由群众评议效果,群策群力把工作做实、好事办好。

"理国要道,在于公平正直。"紧扣民心这个最大的政治,就要切实贯彻公平正义这个中国特色社会主义的内在要求。从最广大人民根本利益出发,实现公平正义是我们党的一贯主张。改革开放以来,我国经济社会发展取得巨大成就,但与此同时,在现有发展水平上,社会上也还存在一些有违公平正义的现象。随着人民群众公平意识、民主意识、权利意识不断增强,对社会不公问题反映越来越强烈。如果不抓紧解决,不仅会影响人民群众对改革发展的信心,也会影响社会和谐稳定。我国社会历来有"不患寡而患不均"的观念,人民群众最渴望公平正义,不仅希望做大"蛋糕",而且还希望分好"蛋糕"。我们一定要从人民群众的愿望出发,在不断发展的基础上,努力把促进公平正义的事情做好。要通过创新制度安排,努力克服人为因素造成的有违公平正义的现象,保证人民平等参与、平等发展的权利,让每个人都获得发展自我和奉献社会的机会,共同享有人生出彩的机会,共同享有梦想成真的机会,实现社会主义共同富裕。要把促进社会公平正义、增进人民福祉作为一面镜子,审视各方面体制机制和政策规定,"堵漏洞""补短板""固底板",让人民群众充分感受到公平正义的阳光。

"知屋漏者在宇下,知政失者在草野。"紧扣民心这个最大的政治,就要把党联系群众的基本渠道铺好用好。群众不光有力量,还有智慧。习近平总书记说,"在人民面前,我们永远是小学生,必须自觉拜人民为师,向能者求教,向智者问策"[①]。治国理政,只有亲身征询于田野,虚心问计于百姓,才能把握群众所思所想所盼,凝聚民心民智民力,开创改革发展新局,决不能脱离群众、高高在上、自以为是、弄虚作假,与人民离心离德。党

[①] 习近平:《在纪念毛泽东同志诞辰120周年座谈会上的讲话》,人民出版社2013年版,第18页。

的群众路线的一个光荣传统，就是坚持深入群众，从群众中汲取治国理政的经验和智慧；党的群众工作的一个宝贵经验，就是坚持群众参与，让群众在参与中贡献经验智慧、提高获得感。互联网以其平等、开放和包容的特点，使得群众获得了前所未有的表达愿望要求、利益诉求的便利条件，党员干部应当抓住用好这个渠道。要坚持在网上"问政于民""问计于民""问需于民"，体察民情民意，获取资讯信息，纠正错误失误，用互联网这个"最大变量"寻找社情民意的"最大公约数"，以更好地改善和优化自身工作。要增强在联系群众上的积极性主动性创造性，对人民群众的一些误解和模糊认识积极加以引导、及时做好解疑释惑工作，把道理讲明白，把政策说清楚，赢得群众的理解和支持。"上下同欲者胜，风雨同舟者兴。"从群众中汲取智慧和力量，始终与人民想在一起、干在一起、凝聚在一起，就能够得到群众最大限度的理解、认同、拥护，就能使我们党强基固本、永葆长盛不衰的青春活力。

心得体会

本文引用了一些古诗，以生动的语言阐述了加强党的政治建设，要紧扣民心这个最大的政治，把"赢得民心民意、汇集民智民力"作为重要着力点。

"意莫高于爱民，行莫厚于乐民"，强调要始终把人民的期盼变成党的奋斗目标；"因民之利而导之，顺民之意而能之"，强调要坚持不懈地解决人民厌恶与痛恨的问题；"民之所好好之，民之所恶恶之"，强调要以人民的评判作为改进工作的标准；"理国要道，在于公平正直"，强调要切实贯彻公平正义这个中国特色社会主义的内在要求；"知屋漏者在宇下，知政失者在草野"，强调要把党联系群众的基本渠道铺好用好。

示例文章 3

"伟大斗争"的哲学解读[①]

在习近平总书记系列重要讲话中,"进行伟大斗争"始终是重要内容之一。因此,从哲学上深入理解"具有许多新的历史特点的伟大斗争",无疑具有重要的现实意义。

"伟大斗争"的时代背景

对世情及风险的科学研判。今天,世界格局面临新调整,经济全球化存在新变数,国际政治经济格局出现了新的不确定性。作为一个深度参与经济全球化的大国,中国越发展壮大,面临的外部风险也就越多。未来一个时期是中国和世界关系深度磨合、调整适应的敏感时期,必然导致合作之中有竞争、竞争之中有合作的复杂形势,而竞争必然包含着斗争。对此,我们必须强化忧患意识,做好斗争的思想准备。

对国情及挑战的清醒认识。总体上看,目前中国已进入从主要解决"发展起来"的问题,到既要解决"发展起来"的问题又要解决"发展起来以后"的问题的阶段。解决"发展起来"的问题与解决"发展起来以后"的问题,任务是无比艰巨复杂的。当其中的风险和挑战主要以人民内部矛盾的形式显现的时候,要讲究方法和艺术,和风细雨地做润物无声的工作;当这些风险和挑战以敌我矛盾的形式露头的时候,也要明确边界和底线,做好斗争的准备。

对党情及担当的深刻把握。我党以坚持和发展中国特色社会主义为己任,承担着实现"两个一百年"奋斗目标和中华民族伟大复兴中国梦的历史使命,还要推进全面从严治党的新的伟大工程。无论是推进伟大事业、实现伟大梦想还是建设伟大工程,注定是一个不平凡的过程,会有一系列尖锐问

[①] 郝永平、黄相怀:《"伟大斗争"的哲学解读》,《学习时报》2017年9月29日。

题摆在面前，都面临着许多矛盾、困难、风险与挑战，都需要做好进行伟大斗争的准备。

"伟大斗争"的科学含义

伟大斗争是一种实际行动。实践的观点是马克思主义哲学首要和基本的观点。实践是认识的目的、动力、源泉和检验真理的唯一标准，也是解决问题与化解矛盾的手段与途径。伟大斗争绝不是一句简单的口号，而是首先体现为实际的行为举措。党的十八大以来，以习近平同志为核心的党中央不但准备进行而且实际上已经进行了许多"伟大斗争"。比如：在反腐败斗争中，我们党进行了新中国成立以来前所未有的大规模的打"老虎"、拍"苍蝇"斗争；面对若干国家搅局中国南海问题，以习近平同志为核心的党中央明确展示了中国坚定捍卫国家主权的实际行动；等等。这充分表明，伟大斗争就是一种具有现实指向性的行为举措与有力行动。

伟大斗争是一种基本手段。从哲学上来讲，同一性与斗争性是矛盾的基本属性，由于每一矛盾的性质与状况不尽相同，所以斗争的内容和形式也多种多样。长期以来，人们习惯了和平建设的思维方式，淡忘了斗争的重要性。"国虽大，好战必亡；天下虽安，忘战必危。"只有根据不同的情况，把斗争性的手段与同一性的手段配合起来使用，才能收到最大化的效果。因此，党的十八大以来，以习近平同志为核心的党中央不讳言斗争、敢于斗争、善于斗争，补足了长期以来的一个短板，反而为中国赢得了新的优势，有效维护和保障了中国国家利益。

伟大斗争是一种精神品质。从广义上说，"斗争"不仅包括解决问题的具体行为与实际行动，而且也包括不畏艰难、知难而进、迎难而上、锐意进取的坚定信念和坚强意志。习近平总书记提出进行伟大斗争，从某种意义上就是针对党员干部队伍中存在的当太平官、打太平拳、过太平日子、革命意志消退、干劲斗志不足等消极现象，旨在激发和调动广大党员干部的进取精神、战斗姿态和无畏气势。

"伟大斗争"的主要内容

同错误思想作斗争。意识形态领域面临的情况是复杂多变的,对于马克思主义,出现了过时论、无用论、有害论的错误看法;对于中国特色社会主义,出现了对中国特色、科学社会主义的基本原则、中国特色社会主义的特点和规律认识不清晰等模糊见解;对于共产主义远大理想,出现了渺茫论等错误认识。对于模糊的思想认识,中国共产党当然要遵循意识形态工作的规律,即主要采取思想教育、明辨是非、以理服人的方式来进行;但是,对于那些有意歪曲、肆意攻击党的理论和理想的错误言论,必须坚持有理有利有节的原则,进行针锋相对的斗争。

同固化利益作斗争。改革开放以来,一小部分人借机获得了特殊的小团体利益,这些利益一旦通过体制机制的途径固化下来,就会严重扭曲社会公平正义。全面深化改革本质上是一个利益关系调整和再调整的过程,这个过程必然触及方方面面的既得利益,因而就使得改革具有了"刀刃向内"的性质,即自我批判、自我开刀、自我革命。利益问题是最复杂最敏感的问题,因而向固化的利益藩篱宣战必然带来不小的压力、风险和挑战,只有勇敢者才能顶得住、扛得动。

同腐败现象作斗争。腐败变质是现代政治之癌,也是共产党的天敌。从权力的本质来说,中国共产党的一切权力都来自人民,只能用来为人民服务,因而一切腐化变质行为与中国共产党的性质与宗旨都是格格不入的。必须承认,确有一小撮腐败变质分子混迹于党内,干着权钱交易、贪污腐化等勾当,给党的威信和形象带来极大的损害。党的十八大以来打"老虎"的经验证明,一些腐败分子还具有相当的抗拒能力,甚至在一定程度上给反腐败工作带来阻碍。因此,必须以极大的政治智慧和勇气开展反腐败工作,坚决打赢反腐败这场攻坚战和持久战。

同西方渗透作斗争。世界共产主义运动发展、中国特色社会主义建设都是在与西方敌对势力的斗争中开展的。西方敌对势力并没有因为中国坚持和平发展道路、不搞意识形态输出，就放弃对中国的渗透和入侵，而是千方百计地对中国进行渗透，这种渗透包括意识形态的，也包括其他途径；特别是互联网的兴起，更为这种渗透提供了难以察觉的便利条件，使得渗透与反渗透的斗争更加复杂尖锐。必须认识到，西方的这种渗透与正常的国际交往有着本质的区别，本质上是要瓦解中国共产党的执政基础，改变中国特色社会主义的性质，因而具有敌我矛盾的性质。面对这样的渗透，必须擦亮眼睛，旗帜鲜明地进行针锋相对的斗争，采取各种途径予以有力的驳斥和反击。

同分裂势力作斗争。中国的国家统一和领土完整，是中国的核心利益、中华民族的根本利益。伴随着经济全球化的深入发展和世界政治经济格局的新变化，加上国内宗教极端思潮的抬头，境内外各种势力相互勾结、里应外合，"港独""疆独""藏独""台独"等轮番上阵，试图分裂中华民族大家庭，阻截中华民族的伟大复兴进程。对此，必须采取包括政治、经济、文化、法治和军事等在内的各种手段，进行严厉惩治与打击。历史终将证明，分裂势力是不得人心的，是注定要失败的。

同霸权主义作斗争。苏联解体、冷战结束并没有使一些西方国家放弃冷战思维，反而在一定程度上变本加厉地推行强权政治和霸权主义。中东地区的混乱不安，在很大程度上就是西方强权势力插手与破坏的结果。中国南海问题的出现，实际上也是某些西方国家作乱与搅局的结果。作为一个负责任的大国，中国不惹事也不怕事，宁可备而不战，不可战而无备。面对复杂多变的国际政治经济局势，面对一些国家搞霸权主义和强权政治不收敛、不收手，中国必须以革命的两手对付反革命的两手，做好政治、经济、文化、外交和军事领域进行全方位斗争的准备。

"伟大斗争"的基本边界

从一定意义上说，哲学发挥着对客观对象划分边界的功能。它以理性态度去科学厘清对象的边界问题，把握其与相关对象的本质区别，进而揭示出对象的特殊规定性。因此，区分与划清"伟大斗争"的边界与底线，避免片面理解和歪曲解读"伟大斗争"的真正含义,是十分必要的。

伟大斗争是有原则、有底线的斗争。进行具有许多新的历史特点的"伟大斗争",不是要搞革命年代疾风骤雨式的武装斗争,不是要搞社会主义建设初期的大规模群众运动,而是以始终遵循社会发展规律、始终维护人民根本利益、始终坚持党的宗旨与使命为前提的,是在民主和法治轨道上展开的斗争,是在维护正常社会秩序前提下展开的斗争。最为明显的是,党的十八大以来,以习近平同志为核心的党中央全面推进依法治国,把党和国家工作纳入法治轨道,坚持依靠法治手段解决各种复杂的经济社会难题,坚持运用法治手段来开展伟大斗争,有效保障了社会生活的和谐与有序。

伟大斗争是坚守人民立场的斗争。进行"伟大斗争"并不是挑起群众斗群众,在群众中制造矛盾和纷争,恰恰是为了维护最广大人民群众的根本利益而开展的,因而是有立场的斗争。马克思主义始终认为,人民是历史的创造者,人民群众中蕴藏着伟大的力量;党的力量在人民,根基在人民,血脉在人民。要想打赢"具有许多新的历史特点的伟大斗争",必须坚守为了人民的基本立场,把人民放在心中最高位置,紧紧依靠广大人民群众。

伟大斗争是具有灵活性的斗争。从哲学上来看,斗争既包括使用暴力手段的剧烈斗争,也包括使用批评和自我批评所开展的斗争。有无认真的批评和自我批评,是中国共产党和其他政党互相区别的显著的标志之一。在进行伟大斗争的过程中,面对不同的矛盾与问题时,必须对具体问题作出具体分析,对人民内部矛盾采取同一性的化解方法,对敌我矛盾采取对抗性的斗争形式。

伟大斗争是为达到和谐与和平目的的斗争。习近平总书记强调,"和平、和睦、和谐的追求深深植根于中华民族的精神世界之中,深深溶化在中国人民的血脉之中"①。因此,在新时期开展的伟大斗争,本质上是为达到

---

① 中共中央宣传部、中华人民共和国外交部编:《习近平外交思想纲要》,人民出版社、学习出版社2021年版,第110页。

国内和谐与国际和平目的的斗争。就国内来讲，通过开展同错误思潮、固化利益、腐败现象、分裂势力的伟大斗争，营造安定有序和谐的社会环境，凝聚起全党全军全国各族人民的智慧与力量，为实现"两个一百年"奋斗目标和中华民族伟大复兴的中国梦创造有利条件。就国际来讲，通过开展同错误思潮、西方渗透、分裂势力、霸权主义的伟大斗争，创造出安定、和平、友好的国际环境，以利于充分发挥中国作为一个负责任大国的重要作用，以利于积极推动人类追求和平与发展的崇高事业。

> 伟大斗争是一个严肃的话题，对此既要做规范性论述，也要用生动性语言。当其中的风险和挑战主要以人民内部矛盾的形式显现的时候，要讲究方法和艺术，和风细雨地做润物无声的工作；当这些风险和挑战以敌我矛盾的形式露头的时候，也要明确边界和底线，做好斗争的准备。
>
> 习近平总书记提出进行伟大斗争，从某种意义上来说就是针对党员干部队伍中存在的当太平官、打太平拳、过太平日子、革命意志消退、干劲斗志不足等消极现象，旨在激发和调动广大党员干部的进取精神、战斗姿态和无畏气势。

示例文章 4

依靠伟大斗争创造千秋伟业[①]

习近平总书记指出："敢于斗争、敢于胜利，是中国共产党不可战胜的

[①] 郝永平、赵慧：《依靠伟大斗争创造千秋伟业》，《学习时报》2021年8月27日。

强大精神力量。"① 我们党在伟大斗争中应运而生,又在伟大斗争中发展壮大。在苦难辉煌的历史征程中,伟大斗争已经渗透进中国共产党人的血脉和灵魂,成为鼓舞和激励中国人民不断攻坚克难、从胜利走向胜利的强大精神力量。

伟大斗争是中国共产党人推进社会革命的强大精神力量

推进伟大社会革命需要伟大斗争精神。推进社会革命需要认清斗争形势、锚定斗争对象、确立斗争目标,也离不开斗争时机的把握、斗争意志的激发和斗争行动的实施。100年来,中国共产党人逢山开道、遇水架桥,扫除前进道路上的一切障碍,创造有利于社会革命胜利的一切有利因素,不断推进社会革命,中华民族迎来了从站起来、富起来到强起来的伟大飞跃。创造新民主主义革命的伟大成就,靠的是浴血奋战的伟大斗争。中国自踏入近代以来,就被卷入反抗压迫的斗争中。从旧式农民起义到维新改良运动,再到资产阶级革命斗争,皆因革命的不彻底和领导力量的涣散而宣告破产,历史的重任终究落到中国共产党肩上。28年间,中国共产党人依靠斗争精神,在革命形势极为不利的条件下开天辟地,经过北伐战争、土地革命战争、抗日战争、解放战争,推翻了三座大山,建立了人民当家作主的中华人民共和国,实现了民族独立与人民解放。创造社会主义革命和建设的伟大成就,靠的是发愤图强的伟大斗争。新中国成立以后,面对延续几千年的封建剥削压迫制度和西方敌对势力的包围封锁,中国共产党团结带领人民再次进行社会革命。但"建设一个新世界"并不比"破坏一个旧世界"简单,中国共产党人仍然依靠斗争精神,对农业、手工业和资本主义工商业进行社会主义改造,确立起社会主义基本制度,同风云变幻的国际形势作斗争,使百废待兴的中国改天换地,实现了中华民族有史以来最为广泛而深刻的社会变革,为

---

① 习近平:《在庆祝中国共产党成立100周年大会上的讲话》,人民出版社2021年版,第17页。

当代中国一切发展进步奠定了根本政治前提和制度基础。创造改革开放和社会主义现代化建设的伟大成就，靠的是锐意进取的伟大斗争。1978年，面对高度集中的计划经济体制统得过严过死、社会经济一潭死水的境况，党顺应时代潮流和人民意愿，进行改革开放新的伟大革命。在这场决定当代中国前途命运的革命中，中国共产党人依然依靠斗争精神，破除一切僵化的思想观念和体制障碍，战胜来自各方面的风险挑战，使生产力获得极大解放，使社会活力充分释放，使人民生活发生翻天覆地的变化，党和人民事业呈现出前所未有的活跃局面。创造新时代中国特色社会主义的伟大成就，靠的是守正创新的伟大斗争。党的十八大以来，以习近平同志为核心的党中央团结带领人民继续发扬斗争精神，战胜一系列来自国际国内的重大风险挑战，在与绝对贫困作斗争中全面建成小康社会，在同新冠肺炎疫情作斗争中推动中国经济率先实现正增长，实现中华民族伟大复兴进入了不可逆转的历史进程。

伟大斗争是中国共产党人开展自我革命的强大精神力量

开展伟大自我革命呼唤伟大斗争精神。在进行轰轰烈烈的社会革命的同时，中国共产党人还开展坚决和彻底的自我革命，以自我革命引领伟大社会革命。中国共产党人注重发扬斗争精神，始终保持斗争气节，彰显斗争胆魄，敢于刮骨疗毒，敢于刀刃向内，敢于壮士断腕，促进党在思想上更加清醒、在政治上更加坚定、在作风上更加优良，确保党不变质、不变色、不变味。敢于同一切错误思想作斗争。思想上差之毫厘，行动上就会谬以千里。党内存在的错误思想倾向不仅干扰视听、蒙蔽他人，而且极易削弱党的创造力、凝聚力、战斗力，甚至断送革命前途。建党初期，随着大量农民和一些小资产阶级加入军队，流寇思想、军阀主义等非无产阶级思想在军队内恣意滋长，我们党及时进行伟大斗争，纠正了党和军队存在的问题，确立了思想建党和政治建军的路线方针。延安时期，由于"左"倾教条主义和右倾机会主义错误的存在，党内思想混乱问题长期得不到解决，我们党进行了以

"惩前毖后、治病救人"为方针的整风运动，大力整顿主观主义、宗派主义和党八股的不良之风，使党内达到了空前的团结。当前，面对"新自由主义""历史虚无主义""普世价值"等错误社会思潮的侵袭，我们党牢牢掌握意识形态主动权，旗帜鲜明反对和抵制各种错误观点。敢于同一切重大失误作斗争。敢于直面问题、勇于修正错误是我们党的显著特点和优势。中国共产党的伟大、光荣、正确，不在于不犯错误，而在于出现错误后自我反省、自我纠正，具有极强的自我修复能力。面对十年内乱的消极影响，党的十一届三中全会果断将党和国家的工作中心转移到经济建设上。正因为始终坚持以斗争精神推动自我革命，我们党才能够在危难之际绝处逢生、失误之后拨乱反正，成为永远打不倒、压不垮的马克思主义政党。敢于同一切腐败现象作斗争。腐败现象是侵蚀党的健康肌体的毒瘤，是损害党的先进性、纯洁性的大敌。但腐败与反腐败之间的较量历来曲折漫长，考验智慧和勇气。早在新中国成立初期，我们党针对一些领导干部的贪污腐败问题，在全党范围内进行了反贪污、反浪费、反官僚主义的"三反"运动。党的十八大以来，以习近平同志为核心的党中央开展"打虎""拍蝇""猎狐"等一系列行动，主动清存量、自觉防增量，一体推进不敢腐、不能腐、不想腐，坚定不移同各类消极腐败现象斗争到底，不断增强拒腐防变和抵御风险能力，在自我革命中不断实现自我净化。

伟大斗争是中国共产党人厚植群众基础的强大精神力量

厚植党的群众基础，客观上要求尊重人民主体地位、维护人民根本利益、保障人民身体健康与生命安全，这就离不开发扬伟大斗争精神。中国共产党人与人民之恨进行斗争，才加深了对人民的热爱；与人民之难进行斗争，才换来了人民的幸福；与人民之苦进行斗争，才有了人民的快乐；与人民利益的被损害进行斗争，才增强了人民的获得感。坚决同蔑视人民主体地位的现象作斗争。马克思主义认为，人民群众是历史的创造者，是推动社会发展的决定性力量。新中国成立伊始，为巩固新生的政权，毛泽东同志告诫全党:"我们一定要警惕,不要滋长官僚主义作风,不要形成一个脱离人民的贵族阶层。"①改革开放初期,面对一些人"做官当老爷"的现象,邓小平同志尖锐批驳,"不把自己看作是人民的公仆,而把自己看作是人民的主人,搞特权,特殊化"②。党的十八大以来,以习近平同志为核心的党中央坚决与官僚主义、特权意识作斗争,从反对"一言堂""家长制"到反对公款吃喝、公款旅游,再到整治特权现象、规范权力运行,采取一系列有力措施,坚决捍卫人民当家作主的权利,确保人民主体地位不受侵犯。坚决同损害人民利益的行为作斗争。人民利益高于一切,实现好、维护好、发展好最广大人民群众的根本利益是进行伟大斗争的价值追求。新中国成立初期,面对不法资本家哄抬物价、投机倒把的行为,我们党打响"银元之战""棉纱之战""米粮之战",迅速稳定了市场和群众生活。改革开放时期,我们党在推进市场化改革的进程中,及时打击制售假冒伪劣产品、不正当竞争、坑蒙拐骗等违法行为,坚决与假公济私、损公肥私、见利忘义、唯利是图等现象作斗争,致力于把维护市场经济秩序与捍卫人民群众利益结合起来。党的十八大以来,以习近平同志为核心的党中央坚持以人民为中心的发展思想,紧盯教育、医疗、就业、环境保护、食品药品安全等民生领域存在的突出问题,坚决开展扫黑除恶专项斗争,坚决与损害人民利益的行为进行斗争,依法保障人民群众的各项权益,不断提升人民群众的获得感、幸福感、安全感。坚决同威胁人民身体健康与生命安全的灾祸作斗争。生命健康权是公民最基本、最重要的权利。在人民生命健康受到严重威胁的重大时刻,中国共产党始终把人民群众生命安全和身体健康放在第一位,不惜一切代价,坚持斗争到底。在面对重大自然灾害侵袭时,如1976年唐山大地震、1998年特大洪水、2008年汶川地震等,与时间赛跑、与天灾搏斗、团结奋战、众志成城,最大限度保护生命、抢救物资;在面对重大疾病肆虐时,如天花、血吸

---

① 《毛泽东年谱(1949—1976)》第3卷,中央文献出版社2013年版,第34页。
② 《邓小平文选》第2卷,人民出版社1994年版,第332页。

虫病、"非典"、新冠肺炎等，坚持人民至上、生命至上，共克时艰、英勇奋斗，最大限度遏制病情、疫情蔓延，保障人民群众生命健康安全；在面对重大安全事故突发时，如天津港爆炸事故、"东方之星"号客轮翻沉事件等，始终把救人放在第一位，做好预案准备，宁可备而不用，不可用时无备。中国共产党在一场场保卫人民群众身体健康和生命安全的严峻斗争中展现了历史担当与深厚情怀，不断赢得人民的信任与支持。

心得体会

本文在规范论述的前提下，也注重运用一些生动性的语言。"厚植党的群众基础，客观上要求尊重人民主体地位、维护人民根本利益、保障人民身体健康与生命安全，这就离不开发扬伟大斗争精神。中国共产党人与人民之恨进行斗争，才加深了对人民的热爱；与人民之难进行斗争，才换来了人民的幸福；与人民之苦进行斗争，才有了人民的快乐；与人民利益的被损害进行斗争，才增强了人民的获得感。"

把握好字数多与少的关系

刚起步写作理论文章时只能发表短文，积淀到位后就可发表长文；角度独特、观点新颖时文章容易发得长，写得一般时难以发长文；名人的文章容易发得长，一般作者只能发短文；符合编辑风格与要求的文章容易发得长，不符合编辑口味的文章不可能发得长；约稿发得长，投稿发得短。

从总体上说，理论文章要言之求精。一般情况下，写文章应精短，精短的文章也容易刊发。因此，要树立生动活泼、新鲜有力的马克思主义文风，少说空话、套话，把论文写短些、写实些、写精些。

结　语

写作理论文章应有——

坚定的政治立场。鲜明的党性是对广大党员干部的基本要求，也是写作理论文章的根本前提。只有坚持对党忠诚，忠诚于党的信仰、党的组织、党的理论和路线方针政策，做到在党爱党、在党言党、在党忧党，才能把稳坚定正确的政治方向，才能在大是大非面前保持清醒的头脑，才能为"立心铸魂"履职尽责。

强烈的人民情怀。人民的社会实践是理论宣传的厚重源泉，扎根人民的理论宣传是最受欢迎的。写作理论文章，必须深刻领悟贯穿在党的创新理论中的人民情怀，想民之所想、急民之所急、忧民之所忧，为人民代言，由此才能提升文章的温度，才能取得更好的社会效益。

坚实的实践基础。实践是马克思主义哲学的第一观点，也是理论创新、理论研究、理论宣传的不竭动力。只有深入社会实践、加强调查研究、全面了解实情，才能写出有现实感、有针对性的理论文章，才能防止抽象、枯燥和虚幻的弊病，才能更好发挥理论宣传对社会实践的引领作用。

深厚的学术积累。"冰冻三尺，非一日之寒。"学术积累是一个长期坚持的过程，是需要下苦功夫的，是需要将零散的时间化零为整的。只有具备深厚的学术积累，才能从深层次挖掘党的创新理论背后的道理学理哲理，才能不断提升理论文章的深度与说服力。

不懈的时政关注。党的创新理论是与时俱进的，写作理论文章必须适应新变化新创造。只有及时跟进与不懈关注时政，才能追踪党的创新理论的前进步伐，才能更好领会"国之大者""党之大者"，才能使理论文章增强时代感、战斗力。

　　良好的文字功底。在写作理论文章的过程中，使用规范性语言，有利于准确分析问题、深刻把握问题；使用生动性语言，有益于推动党的创新理论"飞进寻常百姓家"。因此，必须多学习多思考多运用，不断夯实文字功底，切实提高表达能力。

　　写作理论文章永远在路上，只有更好，没有最好，不能停下前行的脚步！

后 记

如何写作理论文章是一个极富挑战性的问题,也是一个难有定论的问题,通常的情形是"文无定法""仁者见仁,智者见智"。在写作理论文章方面,国内有许多名人、高手、大家,值得我们认真学习并虚心求教。我之所以出版这本书,既是因为受到广东人民出版社反复的真诚邀约,更是因为将它视作一次交流与分享自己粗浅体会的重要机会。

这些年来,我对写作理论文章抱有兴趣,也发表了多篇理论文章,积累了一些初步的心得与认识。"精心布局篇"和"精细把控篇"这两部分,都是以我近年来发表的文章为例,力求从实战出发,期望对正在或准备写作理论文章的青年人有所启发、有所参考、有所帮助,也恳请大家予以批评指正。

在我写作理论文章的过程中,团队合作发挥了重要作用。黄相怀、浦实、高惺惟、孙林、杜敏、洪巧英、聂文婷、田田、吴江华、杨玲、毛强、代江波、赵慧等年轻博士经常与我探讨问题、切磋选题、交流心得,都致力于为加强党的思想理论建设多做有益的工作,也致力于不断提升自身的理论水平与写作能力。由业缘与合作结下的深厚情谊是至诚至深的,也是值得珍惜的。

收录于本书的文章只涉及《求是》《人民日报》《光明日报》《经济日报》《解放军报》《中国纪检监察报》《学习时报》《中国社会科学报》《人民政协报》《北京日报》等报刊。因篇幅所限,本书没有汇集我在《人民论坛》《红旗文稿》《党建》《党建研究》《中国党政干部论坛》《理论动态》《科学社会主义》等杂志上发表的理论文章。

后 记

在成书过程中，我先后做了三次较大的修改，增加了不少解释性、说明性的内容。虽然下了很大功夫，但不足之处肯定是难以避免的。

衷心感谢广东人民出版社黄少刚、卢雪华、曾玉寒、李宜励的信任与指导，以及编辑团队的敬业与专业！对博士生吕哲在书稿汇集过程中所付出的辛劳与协助，在此一并致谢！

郝永平

2025年3月